教育部、财政部提升专业服务产业发展能力建设项目成果

上册

"校·园"合作开发

# 幼儿科学教育

## 案例精选

| 主　编 | 李桂英 |
| --- | --- |
| 副主编 | 王淑华　刘嵬嵬 |
| 参　编 | 李雪勤　毕聪君　曲继泓　孙冬梅　刘红梅　李丽红　张　华　司　进 |

图书在版编目（CIP）数据

幼儿科学教育案例精选/李桂英主编. —北京：经济管理出版社，2014.8
ISBN 978－7－5096－3048－8

Ⅰ.①幼… Ⅱ.①李… Ⅲ.①科学知识—教案（教育）—学前教育 Ⅳ.①G613.3

中国版本图书馆 CIP 数据核字（2014）第 068040 号

组稿编辑：王光艳
责任编辑：许　兵
责任印制：黄章平
责任校对：陈　颖

出版发行：经济管理出版社
（北京市海淀区北蜂窝 8 号中雅大厦 A 座 11 层　100038）
网　　址：www.E－mp.com.cn
电　　话：（010）51915602
印　　刷：北京地大彩色印刷有限责任公司
经　　销：新华书店
开　　本：720mm×1000mm/16
印　　张：28
字　　数：457 千字
版　　次：2014 年 8 月第 1 版　2014 年 8 月第 1 次印刷
ISBN：978－7－5096－3048－8
定　　价：78.00 元（上、下册）

·版权所有　翻印必究·
凡购本社图书，如有印装错误，由本社读者服务部负责调换。
联系地址：北京阜外月坛北小街 2 号
电　　话：（010）68022974　邮编：100836

# QIAN YAN 前言

　　21世纪需要的是具有创新能力和实践精神的人才，从小培养幼儿科学兴趣、形成科学态度、提升科学能力是每一个幼儿教育工作者的重要责任。

　　幼儿有着与生俱来的好奇心和求知欲，好奇、好问、求知、探索是幼儿的年龄特点。幼儿科学领域的学习与发展，不仅是幼儿科学学习的目标，也是幼儿科学学习的途径。幼儿在与大自然和现实生活中真实事物与现象的互动中，萌发探究兴趣、体验探究过程、发展探究能力，进而丰富生活经验，提高发现问题和解决问题的能力。

　　幼儿的科学学习是在探究具体事物和解决实际问题中，尝试发现事物间的异同和联系的过程。幼儿在对自然事物的探究和运用数学解决实际生活问题的过程中，获得和丰富感性经验，充分发挥形象思维，初步尝试归类、排序、判断、推理，逐步发展逻辑思维能力，为其他领域的学习奠定基础。

　　幼儿教育工作者应充分认识幼儿科学领域的学习与发展的重要意义，从幼儿科学领域中科学探究与数学认知两个方面，结合教学目标，科学组织幼儿进行各种探究活动，包括集体教学活动、活动区活动以及生活中多样化的科学活动，创设支持性的心理氛围、选择贴近幼儿生活的探究内容、提供适宜适度的材料、开展灵活多样的活动，培养幼儿亲近自然、喜欢探究的态度，在探究活动中认识周围的事物和现象，培养幼儿的探究能力。

　　同时，通过引导幼儿感知和发现生活中的数学，观察了解幼儿的数学认知能力、确定学习内容与目标、在生活情境中促进幼儿数学认知能力的发展，进而促进幼儿思维的发展，并为后续学习打下良好的基础。

# QIAN YAN

大连职业技术学院学前教育专业团队在课程建设中，一直将幼儿科学领域作为幼儿教师教育课程体系重要的一部分，多年来进行了深入的学习和研究，创新了高校牵头、校企联合的课程建设模式，采取学习、研讨、观摩、互动以及教学示范等多种形式，丰富科学领域的教育行为，促进教师依据《3~6岁儿童学习与发展指南》进行科学领域教育研究，进而提高科学教育能力。

本书是由大连职业技术学院专任教师与校企合作幼儿园的广大幼儿教师在深入学习贯彻《3~6岁儿童学习与发展指南》的基础上，多次进行学习研讨，反复筛选的来自于教学一线的幼儿科学领域教育活动的优秀案例，其中不乏多篇在省、市、区获奖的优秀教学案例和活动设计，在此分享给广大幼儿教师，为大家提供科学教育活动设计和实施的借鉴和参考。

本书的形成凝聚着高校教师和一线幼教人的心血和汗水，大连海事大学幼儿园刘晓莉园长，大连理工大学幼儿园刘洁园长，沙河口区教师幼儿园潘义红园长，沙河口区第三幼儿园吴娟园长，沙河口区第四幼儿园张红霞园长，沙河口区第五幼儿园康红文园长、王清副园长，沙河口区第九幼儿园于香园长，甘井子区教育局二园王晓馥园长，甘井子区教育局三园刘巍园长，甘井子区海辰中心幼儿园梁科萍园长，大连希望之星幼儿园张梅园长，甘井子区加州洋房幼儿园王丽园长，甘井子区龙泉幼儿园谷雨华园长，大连市实验幼儿园邵晓晨园长，西岗区教师幼儿园潘立新园长，中山区春童幼儿园孙月枝园长，金州新区第三幼儿园朱晓华园长，旅顺口区中心幼儿园李珺园长，长兴岛临港工业区幼儿园和长兴岛临港工业区三堂幼

儿园司进园长，长海县幼儿园李华园长等对于本书的形成提供了全力的支持和配合。为保证案例质量，我们还聘请了大连市部分幼儿园优秀的业务园长按照年龄班对活动案例进行了进一步的指导和初审，她们是：大连希望之星幼儿园李雪勤（大班数学）、甘井子区教育局三园孙冬梅（中班数学）、大连海事大学幼儿园曲继泓（小班数学）、大连海事大学幼儿园毕聪君和甘井子区海辰幼儿园李丽红（大班科学）、大连理工大学幼儿园刘红梅（中班科学）、甘井子区教育局二园张华（小班科学），借此机会，对各位所给予的支持配合和付出的辛苦努力表示衷心的感谢！

　　由于时间紧迫、水平有限，本书的编撰难免会有很多不足和遗憾之处，在此恳请阅读和使用此书的专家、学者和幼儿教师给予批评指正，并及时提出意见和指导建议，以期使之更好地完善。

编写组

2014 年 7 月 1 日

# 目录

## 上册

**模块一　科学探究活动（小班）/1**

　　案例一　五彩的泡泡 /2

　　案例二　变色花 /5

　　案例三　各种各样的鞋子 /8

　　案例四　颜色变变变 /12

　　案例五　快看！变了，变了！/14

　　案例六　小小工作衣 /18

　　案例七　糖果Party /21

　　案例八　好玩的水 /25

　　案例九　交通工具真不少 /28

　　案例十　小鼻子闻一闻 /31

　　案例十一　小汽车来聚会 /34

　　案例十二　玩颜色 /38

**模块二　科学探究活动（中班）/42**

　　案例一　滚起来 /43

　　案例二　神奇的静电 /46

　　案例三　蔬菜发芽了 /49

　　案例四　玩纸船 /52

　　案例五　纸桥力量大 /55

　　案例六　水娃娃搬家 /58

　　案例七　气球变大了 /61

　　案例八　苹果里的秘密 /65

　　案例九　神奇的磁铁 /69

　　案例十　好玩的沙子 /72

　　案例十一　有趣的蛋 /74

　　案例十二　让铅笔站立起来 /78

　　案例十三　有趣的糖 /82

　　案例十四　树叶对对碰 /85

　　案例十五　吹泡泡 /88

　　案例十六　制作不倒翁 /92

　　案例十七　多彩的果味奶 /95

　　案例十八　水滴和纸的游戏 /100

　　案例十九　找空气 /103

案例二十　口袋里的秘密 /107

案例二十一　蛋宝宝 /109

案例二十二　我和蛋儿做游戏 /113

案例二十三　水的秘密 /116

**模块三　科学探究活动（大班）/120**

案例一　出生的秘密 /121

案例二　杯子里的纸巾 /124

案例三　种子的旅行 /127

案例四　神奇的碘酒 /130

案例五　毛虫变变变 /133

案例六　找"眼睛" /136

案例七　纸桥力量大 /140

案例八　美丽的月亮 /143

案例九　有趣的关节 /146

案例十　各种各样的种子 /149

案例十一　会变的月亮 /152

案例十二　"火箭"飞上天 /156

案例十三　有趣的多米诺骨牌 /158

案例十四　磁铁碰碰车 /162

案例十五　睡莲开花 /165

案例十六　方糖哪去了 168

案例十七　站起来　别倒下 /172

案例十八　充气玩具鼓起来 /175

案例十九　神奇水柱 /178

案例二十　运水 /183

案例二十一　我认识的国家 /188

案例二十二　有趣的陀螺 /192

案例二十三　美丽的蝴蝶 /194

案例二十四　谁吸得快 /197

案例二十五　神奇的"磁悬转轮" /200

案例二十六　美丽的水母 /206

案例二十七　胎生与卵生 /210

案例二十八　不倒翁 /212

案例二十九　冬天来了 /215

案例三十　好玩的磁铁 /218

# 模块一　科学探究活动 小班

**目标1**　亲近自然，喜欢探究

喜欢接触大自然，对周围的很多事物和现象感兴趣。

经常问各种问题，或好奇地摆弄物品。

**目标2**　具有初步的探究能力

对感兴趣的事物能仔细观察，发现其明显特征。

能用多种感官或动作去探索物体，关注动作所产生的结果。

**目标3**　在探究中认识周围事物和现象

认识常见的动植物，能注意并发现周围的动植物是多种多样的。

能感知和发现物体和材料的软硬、光滑和粗糙等特性。

能感知和体验天气对自己生活和活动的影响。

初步了解和体会 动植物和人们生活的关系。

# 案例一 五彩的泡泡

## 一、设计意图

《3~6岁儿童学习与发展指南》中指出："幼儿科学学习的核心是激发探究兴趣，体验探究过程，发展初步的探究能力。"小班的孩子对洗手、洗头、洗澡时出现的大大小小、五颜六色的泡泡充满了兴趣，各种各样的吹泡泡玩具也深受孩子们的喜爱，孩子们也经常追打着泡泡玩。我根据小班幼儿的年龄特点，设计了《五彩的泡泡》的活动，让幼儿通过动手尝试和操作，学习使用不同形状的工具吹泡泡，积累更多关于玩泡泡的感性经验，感受到玩中探索的乐趣，培养他们探索的兴趣。通过玩泡泡的游戏，锻炼了幼儿观察、比较、记录的科学探索能力，同时也留下了对泡泡进一步探索的兴趣。

## 二、活动目标

学习使用不同形状的工具吹泡泡。

通过运用不同形状的工具吹泡泡，发现泡泡的变化。

体验吹泡泡游戏带来的乐趣。

## 三、活动重点、难点

重点：学习使用不同形状的工具吹泡泡。

难点：发现用不同形状的工具吹出泡泡的变化。

## 四、活动准备

用铁丝绕成不同形状的铁丝框若干、集体记录单、记号笔，各种不同材料制作的吹泡泡工具。

## 五、活动过程

**1. 导入**

（1）教师用圆形的铁丝框吹泡泡，请幼儿分别观察泡泡的形状、大小及颜色。

教师：看看老师为小朋友准备了什么？泡泡是什么形状的？大小一样吗？是什么颜色的？

（2）请幼儿尝试用圆形的铁丝框吹泡泡，学习吹泡泡的方法。

教师：请小朋友一起来吹泡泡，在吹泡泡的时候，我们先将圆形的铁丝框在泡泡液中蘸一下，然后轻轻地放在嘴边，要小心泡泡液不要碰到嘴上，然后轻轻一吹，就会吹出很多的泡泡了。

2．猜想

（1）逐一出示不同形状的铁丝框请幼儿观察并猜想（见图1-1-1）。

教师：这是什么形状？猜猜用它吹出的泡泡是什么形状的？

（2）教师把幼儿的猜想记录在集体记录单上（见图1-1-2）。

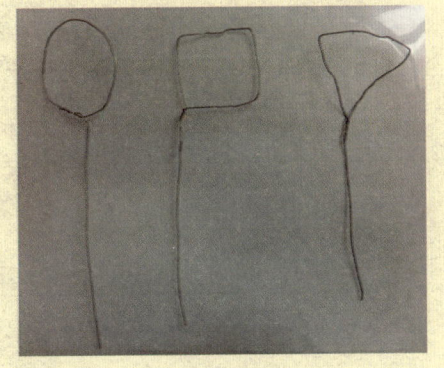

图1-1-1

图1-1-2

图1-1-3

3．操作

（1）请小朋友自己选择不同形状的铁丝框来吹泡泡，以证实自己的猜想（见图1-1-3）。

教师：下面请小朋友选择你喜欢的形状来吹泡泡，看看和你想的一样吗？

（2）在幼儿吹泡泡的过程中引导幼儿。

教师：你拿的铁丝框是什么形状的？吹出的泡泡是什么形状的呢？

（3）幼儿尝试用不同形状的铁丝框来吹泡泡，看看其他形状的铁丝框吹出的泡泡是什么形状的？

4．交流

（1）教师与小朋友一起交流操作的结果，将正确的图形贴在记录单上。

（2）得出结论：用各种不同形状的铁丝框吹出的泡泡都是圆的。

5．延伸（例如吸管、泡泡枪等）

教师：这些工具也可以吹泡泡，我们把它放在活动区里，以后小朋友还可以试着用不同的工具吹泡泡，看看用它们吹出的泡泡有没有不同？

## 六、活动反思

在《五彩的泡泡》活动中，孩子们通过观察发现了泡泡的形状、大小及颜色；通过尝试学会了使用不同形状的工具吹泡泡的方法，完成了本节活动重点。通过猜想与操作，知道了使用各种不同形状的铁丝框吹出的泡泡都是圆的这个结论，突破了活动的难点。活动目标得到达成，幼儿在操作中学习、发现，对活动非常感兴趣，参与活动的积极性非常高，教师在活动中与孩子们相互交流真正的参与到了孩子们活动中来，并在孩子遇到困难时鼓励他们自己解决，与幼儿积极交流，有效互动。

本节活动的亮点就是教师为幼儿提供了充足的操作材料，让幼儿在操作中自主学习，提高了小班科学活动的有效性。以往我总是认为，小班的孩子因为年龄小，经验少，语言表达能力差，所以开展探究活动会比较困难。但通过今天的活动让我感觉到，只要教师能选取孩子们感兴趣的对象，遵循他们探究事物的特点，小班幼儿也能很好地开展科学探究活动。让他们真正的通过自己动手得出结论，增长生活中的经验。

教师在活动中对个别幼儿的观察与指导不够及时，在今后的教学过程中，教师要逐步提高对幼儿的观察能力，有针对性地对幼儿进行指导，关注参与活动的每一名幼儿。

**活动设计**：大连市甘井子区教育局加州洋房幼儿园　盛晓彤

**活动指导**：大连市甘井子区教育局加州洋房幼儿园　王丽

## 案例二 变色花

### 一、设计意图

《幼儿园教育指导纲要（试行）》（以下简称《纲要》）中指出："幼儿园教育活动的内容，应既贴近幼儿的生活来选择幼儿感兴趣的事物和问题，又有助于拓展幼儿的经验和视野。"小班的幼儿热爱大自然，喜欢花草树木，更喜欢玩水，但是水对植物有什么样的影响，植物又是通过什么途径吸收水分的，对这方面的了解还是很少的。所以根据《纲要》精神，我设计了"变色花"这一活动，希望通过此活动拓展幼儿的经验和视野，让幼儿更喜爱大自然，喜欢做实验并愿意与同伴交流分享实验中的发现。在活动中，通过引导幼儿观察白色的花朵分别插入红、黄、蓝、绿四种颜色的水中的变化，直观形象地让幼儿了解植物的根茎把从杯子中喝到的水分，通过茎运送给叶子和花朵这一科学知识。通过活动让幼儿学会观察、比较、操作、实验的方法，提高幼儿分析问题和解决问题的能力，帮助幼儿不断积累经验，并运用到新的学习和活动中，形成受益终身的学习态度和能力。

### 二、活动目标

通过实验了解植物吸收水分的现象。

学习将清水调合成带颜色的水。

体验实验带来的乐趣。

### 三、活动重点、难点

**重点**：通过实验了解植物吸收水分的现象。

**难点**：将清水调合成带颜色的水。

### 四、活动准备

红、黄、蓝、绿四种颜色的染料；透明的小瓶子四个，装半瓶水；透明的花瓶四个，并装有半瓶清水。

"变色花"集体记录单、记录笔。

白色的鲜花16朵（分四组），各种颜色的花的图片。

## 五、活动过程

### 1. 导入

出示四种颜料及白色的鲜花,引导幼儿利用多种感官观察、交流(见图1-2-1)。

教师:今天老师带来了四种颜色,看看都是什么颜色?

教师:我的鲜花要枯萎了怎么办?

### 2. 猜想

出示图片,提出问题,引导幼儿猜想。

图1-2-1

教师:图片上的花是什么颜色?跟哪些颜色相同?

我的这些花也想变成这么漂亮的颜色,怎么办呢?

### 3. 操作

(1)观察材料,讲解实验要求。

教师:小朋友刚才都说了,我的花插在水里就不会枯萎了,那么老师有一个办法,就是把这些水变成花儿们喜欢的颜色,这样我的这些花儿就会变成自己喜欢的颜色了,那现在我先把这几瓶清水变成漂亮的彩色的水。

(2)教师示范,把水分别变成红、黄、蓝、绿四种颜色。

教师:老师给每组小朋友准备了一个花瓶,里面有半瓶水,现在六个小朋友一组,请小朋友选择自己喜欢的颜色,找到自己的组,小朋友一起将水变成你们喜欢的颜色。(幼儿按他们选择的颜色分四组,每组六人,四个组分别负责红、黄、蓝、绿颜色。)

(3)幼儿实验。

教师:在实验中你发现了什么?

教师:为什么颜料到了清水里会变淡?

教师:调成想要花变成的颜色,可以再加些颜料。

（4）分装鲜花（见图1-2-2）。

教师：老师给每位小朋友准备了一朵白色的鲜花，请大家把花插到花瓶里。下周回来我们再看看，我们的花变成了什么颜色？

教师：现在我把这个实验的过程记录在集体记录单上。（组织幼儿回忆实验过程。）

图1-2-2

### 4. 交流

教师：谁能说一说当你把颜料放到水中时，你发现了什么？

现在老师想请小朋友帮个忙，刚才小朋友在做实验的时候，把花瓶里的水调得太浅了，小花说它想要再浓一些的颜色，大家帮忙再调浓一些好吗？

将插好的花及花瓶摆在窗台便于幼儿观察的位置，并且有阳光照射。每天请幼儿观察花的变化，并记录在操作单上，当花完全变成水的颜色后，实验成功（见图1-2-3、图1-2-4）。

图1-2-3

图1-2-4

### 六、活动反思

活动通过感知、猜想、操作、交流四个环节进行，让幼儿感受到花吸收水分后变颜色这一现象，幼儿非常感兴趣，幼儿在猜想与操作中达成了活动的目标。由于此活动的实验结果要三天左右才能出来，所以幼儿当时看不到结果，难免有些失望。但是他们都能猜想出白色的花放到什么颜色的水里就会变成什么颜色，讲述理由时，幼儿们能积极大胆地发言。幼儿在操作中学会了将清水调合成带颜色的水，幼儿对这一环节的操作非常感兴趣，突破了活动的难点。

本节活动教师构思巧妙，采用白色鲜花来做实验，让幼儿来理解植物的吸水性，效果非常好，虽然实验成功需要的时间比较长，但是带给幼儿的经验与收获，是非常大的，而且有助于幼儿养成连续对植物进行观察的好习惯。

教师对幼儿提的要求有些简单。应该让幼儿仔仔细细地观察花的各个部分是什么样子的，为接下来的实验做好准备，我想在接下来的科学教学中，更应该注重观察引导。让幼儿都爱上科学实验，从小就喜欢问"为什么"，让幼儿在探究中学习、发展。

> **活动设计：** 大连市甘井子区教育局加州洋房幼儿园　贾丹丹
> **活动指导：** 大连市甘井子区教育局加州洋房幼儿园　王丽

## 案例 3　各种各样的鞋子

### 一、设计意图

《3~6岁儿童学习与发展指南》（以下简称《指南》）中指出："幼儿的科学学习是在探究具体事物和解决实际问题中，尝试发现事物间的异同和联系的过程。成人要善于发现和保护幼儿的好奇心，充分利用大自然和实际生活中的机会，引导幼儿通过观察、比较、操作、实验等方法，学习发现问题、分析问题和解决问题的能力；帮助幼儿不断积累经验，并运用于新的学习和活动中，形成受益终身的学习态度和能力。"小班幼儿年龄小、自理能力较弱，每天起床后，我都会发现有几个小朋友穿错鞋子；也常常听到家长抱怨孩子自己挑选喜欢的鞋子穿，但是和季节、天气又不相符合，而鞋子是人们生活中的必需品，也是小朋友的小伙伴，每天他们都会穿鞋子，对于鞋子的颜色、图案、花纹、形状也是他们最感兴趣的。结合《指南》中对科学活动的要求，以及班级幼儿的特点我设计了本次活动，在活动中通过直接感知、亲身体验和实际操作的方法，让孩子们探索和了解生活中各种各样的鞋子，知道鞋子在大小、名称、材质、外形、功能等方面各有不同，了解生活中常见的鞋子，体验和鞋子做朋友的快乐。

## 二、活动目标

了解生活中常见的鞋子，知道它们的用途。

能比较并说出鞋子的异同。

乐于主动参与游戏活动。

## 三、活动重点、难点

**重点**：了解生活中常见的鞋子，知道它们的用途。

**难点**：能比较和说出鞋子的异同。

## 四、活动准备

收集鞋子图片；各种大小、颜色、形状、用途不同的鞋；鞋架2个。

## 五、活动过程

### 1. 导入

创设鞋展柜，鼓励幼儿说说生活中常见鞋的名称（见图1-3-1）。

图1-3-1

图1-3-2

教师：今天班级有个展览会，我们看看展览了什么？

你认识哪双鞋？

你见过谁穿这样的鞋？是什么时候穿的？

2．配对

（1）引导幼儿按鞋的颜色、形状、大小等特征为鞋配对。

教师：这里的鞋放得乱乱的，我们帮忙整理一下，好吗？怎样的两只鞋才算一双呢？

（2）引导幼儿共同观察每双鞋是否匹配，共同总结鞋子配对的方法：鞋一定要一只左脚、一只右脚才配成一双，摆在鞋架上是一双一双的。

3．交流

（1）鼓励幼儿介绍自己穿的鞋和喜欢的鞋（见图1-3-2）。

教师：小朋友谁来说一说，你穿的鞋是什么样子的？你最喜欢什么样的鞋？（幼儿互相介绍自己穿的鞋子）

（2）出示鞋子的图片，让幼儿观察、交流鞋子的名称和用途。

教师：这里也有很多的鞋，我们一起来看一看、说一说，这些是什么鞋？在什么时候穿这样的鞋？

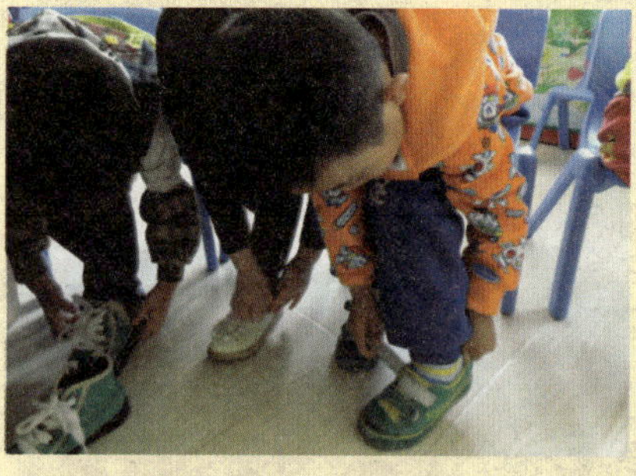

4．体验

（1）请幼儿体验穿不同鞋子的乐趣（见图1-3-3）。

教师：今天我们一起来试试这些鞋子好吗？在穿鞋的时候要看清楚，不要穿错呀！

让我们的小脚穿上舒服的鞋子吧（幼儿尝试穿鞋子，感知鞋子的正确穿法）！

图1-3-3

（2）幼儿穿好鞋后，在教室里随意走。教师可请幼儿之间交换鞋子，来体验穿不同鞋子带来的快乐（交换鞋子，体验穿不同鞋子的快乐）。

5．游戏

（1）教师讲解《找朋友》游戏的玩法。

教师：我们一起来玩个找朋友的游戏，好吗？小朋友根据老师说出的天气，在鞋子游戏卡中，找到合适的卡片，看谁找的又快又对！

（2）教师组织幼儿进行游戏（见图1-3-4），（利用操作游戏卡，认识鞋子的多种多样，了解不同鞋子的特点和用途）。

图1-3-4

**6．分享**

教师：小鞋子虽然很漂亮，但是我要根据天气来选择合适的鞋子，这样小鞋子才能发挥它们的作用！

## 六、活动反思

小班幼儿年龄小，前期的经验积累很重要，所以在活动前我利用家庭资源，请家长和幼儿一起收集各种不同鞋子的实物及图片，一起说说鞋的样子和穿这些鞋子的时间，为活动的开展做铺垫。幼儿的学习是孩子自主、自愿的参与到活动中的，亲自让幼儿整理鞋柜环节就是从孩子的兴趣点出发，用孩子感兴趣的活动来调动幼儿学习的兴趣和愿望。幼儿对活动内容非常感兴趣，通过这节活动，让幼儿了解了生活中常见的鞋子，知道它们的用途；能比较并说出鞋子的异同，知道根据天气特点来选择不同的鞋子，活动目标完成情况比较好。

在体验环节，教师充分让幼儿自愿、自主地学习，亲自去尝试穿各种不同的鞋子，体验不同鞋子穿在脚上的感觉。教师要善于发现幼儿的兴趣点，从兴趣入手，调动幼儿保持良好的积极性和兴趣性，参与到活动的各个环节之中。

最后的游戏环节，教师的观察指导不到位，有的幼儿是看到其他小朋友选择的游戏卡而更改自己的游戏卡片，教师对每个孩子的活动情况不能很好地把握。针对这些问题，我把课程与区域教育结合，把活动中的游戏材料投放到区域中，利用区域活动进行知识巩固，观察幼儿的操作情况，对个别幼儿进行指导，加深对鞋子的认识。

**活动设计**：大连市金州区第三幼儿园　葛骏
**活动指导**：大连市金州区第三幼儿园　张梅

# 案例四 颜色变变变

## 一、设计意图

《3~6岁儿童学习与发展指南》中指出："3~4岁的幼儿具有初步的探究能力，对感兴趣的事物能仔细观察，发现其明显特征。"小班幼儿对颜色非常敏感，在美工区里，孩子们最喜欢玩颜色的游戏，色彩的变化会让他们惊奇、兴奋，对于新事物有着强烈的好奇心，可是他们对颜色之间的有趣关系却不是很了解，根据这一情况，为了进一步满足孩子们的好奇心，所以我设计了《颜色变变变》这节活动，让幼儿通过观察、操作、交流、游戏等形式探索、发现两种颜色混合后发生的变化，鼓励幼儿用自己喜欢的方式，创造性地表现色彩，感受色彩变化的神奇和有趣。

## 二、活动目标

探索发现两种颜色混合后变化的现象，产生探究的欲望。

能用简单的语言表达自己观察到的混色现象。

乐意参加活动，体验玩颜色的乐趣。

## 三、活动重点、难点

重点：能按照自己的想法进行配色。

难点：能用简单的语言表达自己观察到的混色现象。

## 四、活动准备

红、黄、蓝三原色每个幼儿一套，用透明的塑料杯子装好；三棵没有树叶的大树；人手一块小抹布；毛笔若干。

## 五、活动过程

### 1. 导入

教师出示三原色的塑料杯子，引导幼儿观察杯子中的颜色（见图1-4-1）。

教师：小朋友看看杯子中有什么？
杯子中的水是什么颜色？

图1-4-1

2. 猜想

教师：老师用杯子中的水来变魔术，看看能发生什么变化？

两个杯子中的水是什么颜色的？猜猜把蓝色和黄色两种颜色混在一起会变成什么颜色？

3. 操作

（1）教师把其中的蓝色和黄色两种颜色混在一起，然后进行搅拌，让幼儿观察杯子中的水变成了绿色。

教师：小朋友看，水变成了什么颜色？你们想不想也来变一变呢？

（2）幼儿体验玩颜色的乐趣。

教师：老师给我们小朋友也准备了这三种颜色，红色、黄色、蓝色，你喜欢哪种颜色？也可以选择两种颜色来变一变。

（3）幼儿进行玩色操作，教师对幼儿进行个别指导（指导幼儿说出哪两种颜色混在一起，能变成什么颜色）（见图1-4-2）。

4. 交流

教师：小朋友你杯子的水变成了什么颜色？

你看看哪个小朋友的颜色和你的一样呢？

小朋友看到什么东西也是这个颜色？

5. 游戏

（1）教师讲解《颜色归类》游戏的玩法：出示没有树叶的大树，引导幼儿为大树印上彩色的树叶。

图1-4-2

教师：老师这里有三棵大树，可是它们还没有叶子，现在春天来了，它们也想长出漂亮的叶子，第一棵树喜欢绿色的叶子，第二棵树喜欢橙色的叶子，第三棵树喜欢紫色的叶子，小朋友用我们自己变出来的颜色，擦在我们的手上，然后给大树印上它们喜欢的树叶吧。

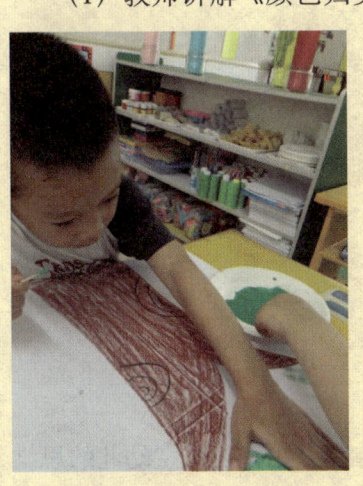

（2）幼儿给大树印树叶，进行颜色分类（见图1-4-3）。

图1-4-3

6. 延伸

（1）在科学区内放置三原色，让幼儿继续探索颜色混合后的变化。

（2）在美工区里放置宣纸让幼儿进行染纸活动。

## 六、活动反思

本次活动幼儿通过观察、猜想及动手操作环节来完成，活动目标得以完成，教师以魔术的形式吸引幼儿的注意力，激发幼儿的兴趣，充分调动幼儿的感官参与活动；通过让幼儿尝试配色，使幼儿初步感知两种颜色混合后的变化，并鼓励幼儿大胆用语言进行表达，激发了幼儿进一步探索的欲望，突破了活动的重难点，在教师与幼儿共同的交流中，让幼儿进一步了解颜色混合后的变化特点，也加深幼儿对颜色的了解。

在活动中，教师具有较强的感染力，能充分调动起幼儿参与活动的兴趣，使幼儿参与活动的积极性非常高，每个环节也初步达到预设的目标。尤其是活动的游戏环节，幼儿用自己变出来的颜色来印树叶，使每个孩子都非常有成就感。

整个活动也有不足之处：因为每个幼儿的三种颜色都是在桌子上，孩子操作过程中有点混乱，教师应让幼儿有目的性地进行拿放。在这个环节中教师应出示两种颜色，当幼儿充分探究以后，再出示第三种颜色。另外装三原色的容器应该准备适合小班幼儿操作用的上细下粗的容器。在体验色的变化时只提问了个别的幼儿，缺少了幼儿自主讨论的过程。

活动设计：大连市金州区第三幼儿园　吴严严

活动指导：大连市金州区第三幼儿园　孔晓华

## 案例五　快看！变了，变了！

### 一、设计意图

《3~6岁儿童学习与发展指南》（以下简称《指南》）中指出："幼儿的思维特点是以具体形象思维为主，应注重引导幼儿通过直接感知、亲身体验和实际操作进行科学学习。"3~4岁的幼儿喜欢接触自然,对周围的很多事物和现象充满兴趣,经常问各种问题或好奇地摆弄物品。结合《幼儿园教育指导纲要(试行)》及《指南》中关于科学领域的目标相关要求,我选择了木耳这一生活中常见的食物,让幼儿感知木耳泡发后由小变大的有趣现象,让幼儿通过直接感知、亲身体验和实际操作进行科学学习,和幼儿一起发现并分享周围新奇、有趣的事物或现象,一起寻找问题的答案,因此我设计了小班科学活动《快看!变了,变了!》。

## 二、活动目标

感知木耳泡发后由小变大的有趣现象。

愿意动手尝试泡发木耳的过程,会观察并能用简单的语言进行表达。

体验科学活动的有趣。

## 三、活动重点、难点

重点:感知木耳泡发后由小变大的有趣现象。

难点:愿意动手尝试泡发木耳的过程,会观察并能用简单的语言进行表达。

## 四、活动准备

木耳若干、透明玻璃杯2个、小碗(1个/人)、盛有温水的大盆4个、布1块(不透明)、小碟4个、盘子4个、炒菜铲、节奏变化较强的音乐。

## 五、活动过程

**1. 导入**

以手指游戏《变变变》激发兴趣,引起幼儿的好奇心。

教师:老师的手会变魔术,你们想看吗?

一根手指头,一根手指头;变变变变,变成毛毛虫……

教师:老师有一个本领,会把两个一样的东西变得不一样,你们信不信?

**2. 猜想**

(1)出示两块大小基本一样的木耳,教师展示实验。

教师:知道老师手里拿的什么?这两块木耳一样大吗?

教师:一会儿,老师要把它们分别放在这两个杯子里。在一个杯子里倒上温水,另一个杯子里不倒温水,小朋友猜猜木耳会有什么变化?(用布将两个杯子盖住)

(2)鼓励幼儿大胆进行猜想。

教师：木耳会变成什么样子呢？

（木耳变大了？木耳变小了？木耳大小没变化？木耳变没了？）

3．操作

(1)教师揭开布，请幼儿观察。

教师：小朋友，请你们看一看，两个杯子里的木耳有没有变化呢？

它们发生了怎样的变化？和你想的一样吗？

老师请小朋友来看看，并说说两个杯子里的木耳都是什么样的？

(2)请幼儿尝试木耳的泡发。

教师：小朋友，老师有件事情想请你们帮忙，食堂的阿姨中午要做"木耳炒肉"这道菜，你们能帮阿姨泡一些木耳来做菜用吗？

(3)请幼儿观察教师准备了哪些材料？并向幼儿提出操作要求。

(4)幼儿动手泡发木耳，进一步感知验证（见图1-5-1、图1-5-2）。

图1-5-1

图1-5-2

幼儿在等待验证结果时，启发幼儿进行生活经验联想：你还知道哪些食物泡发后会发生变化？鼓励幼儿说说自己的发现。

4．交流

教师与幼儿结合两个杯子中木耳发生的变化，一起交流木耳泡发后由小变大的有趣现象（见图1-5-3、图1-5-4）。

图 1-5-3　　　　　　　　　　　图 1-5-4

**5. 游戏**

与幼儿一起玩《变呀变》的游戏：请幼儿变成木耳原地不动、准备，教师随音乐讲述木耳由小变大的过程，幼儿随音乐变化动作，让自己越变越大，变到最大。教师用道具（炒菜铲）随音乐"搅拌翻炒食品"，幼儿则翩翩起舞。

## 六、活动反思

自从我学习了《幼儿园教育指导（纲要）》及《3~6岁幼儿学习及发展指南》以来，面对科学活动，我更加注重尝试运用"做中学"的教育理念，多元化、多角度地实施教学活动。那么，《快看！变了，变了！》这节科学活动以什么样的形式更能吸引幼儿呢？除了考虑到让幼儿亲历探究的全过程外，还要通过猜想、操作、游戏、音乐、肢体语言等多元化形式，引导幼儿在轻松愉悦的环境中感受科学的奥秘，活动目标达成效果比较好，重难点得以突破。幼儿对活动内容非常感兴趣，能大胆表达自己观察到的结果，师幼间能够较好地进行互动。当幼儿看到水中的木耳变大了后，他们都兴奋地拍起手来"变大了！变大了！"就在活动结束时，好多幼儿还意犹未尽。

我觉得活动效果比较好的原因和以下因素有关：一是活动贴近幼儿生活，从幼儿熟悉的食物（木耳）入手。二是幼儿亲手验证感受变化，满足了参与活动的愿望。三是活动在比较轻松的氛围中进行，并且以游戏、音乐的形式，用肢体语言感受了木耳的变化。

教师在开始出示木耳的时候，可以先请幼儿通过触摸的形式，让幼儿直观地感受到木耳在泡发前是什么样子？在泡发后也应该让幼儿触摸木耳发生了哪些的变化？以此来丰富幼儿的生活经验，让幼儿的猜想与操作有更直观的感受，活动的效果会更好。

*活动设计：大连市甘井子区龙泉幼儿学苑　隋晶*

*活动指导：大连市甘井子区龙泉幼儿学苑　顾雨华*

## 案例六　小小工作衣

### 一、设计意图

《3~6岁儿童学习与发展指南》中指出："幼儿科学学习的核心是激发探究兴趣，体验探究过程，发展初步的探究能力。成人要善于发现和保护幼儿的好奇心，充分利用自然和实际生活机会，引导幼儿通过观察、比较、操作、实验等方法，学习发现问题、分析问题和解决问题；帮助幼儿不断积累经验，并运用于新的学习活动中，形成受益终身的学习态度和能力。"小班幼儿对生活中的一些有趣的现象非常感兴趣，教师应支持和鼓励幼儿在探究的过程中积极动手动脑，寻找答案或解决问题。小班幼儿适合直观的探索实验活动，针对小班幼儿的这一特点，我设计了《小小工作衣》这节科学活动，通过为手偶布布设计不怕湿的工作衣为线索，让幼儿了解塑料材质的防水特点，丰富幼儿的相关日常生活经验。

### 二、活动目标

感受不同材质与水接触后发生的变化。

了解塑料材质的防水特点。

养成认真观察、实验的习惯。

### 三、活动重点、难点

**重点**：感受不同材质与水接触后发生的变化。

**难点**：了解塑料材质防水特性。

### 四、活动准备

喷水壶一个；人手一块小海绵；幼儿数量两倍的小布袋、小纸袋、小塑料袋；手偶数与幼儿数相同；片状塑料袋与幼儿数相同，小粘贴若干。

## 五、活动过程

### 1. 导入

（1）教师出示手偶布布及喷水壶进行情景故事讲述，激发幼儿兴趣。

教师：布布穿着布衣服在田里工作，突然下起了大雨（喷水壶喷水），把布布淋湿了，这可怎么办？还要继续工作呢，小朋友你能帮我想想办法吗？换一件什么样的衣服才不怕雨呢？

（2）交代任务：今天布布就请小朋友帮忙选材料，做一件不怕湿的工作衣。

### 2. 猜想

（1）出示操作材料，请幼儿看一看、摸一摸、说一说是什么材料？

教师：布布带来了好多的袋子，请你看一看、摸一摸这些袋子是什么材料的？

（2）请幼儿猜想防水的材料。

教师：你觉得什么样的材料可以做成防水的工作衣呢？

### 3. 操作

（1）请幼儿选择一种材质，并将干的小海绵放进自己选的袋子里。

教师：你摸一摸，小海绵是干的还是湿的？

请你把小海绵装进袋子里。

（2）指导幼儿将手中的装有海绵的袋子放入水中，观察袋子及海绵的变化（见图1-6-1）。

图1-6-1

图1-6-2

教师：请你用手将装有小海绵袋子袋口握紧，然后把袋子放入水里，看看你的小袋子能不能保护好小海绵。

你的袋子是什么材质的？你的袋子放进水里怎么样了？把小海绵拿出来，它又怎么样了？你的袋子保护好小海绵了吗？

让我们一起来试一试这种材质进到水里怎么样了（见图1-6-2、图1-6-3）？

教师分别带领幼儿将三种材质入水特点进行再次验证。

图1-6-3　　　　　　　　　　图1-6-4

（3）请幼儿相互讨论工作衣的材质应用。

教师：请你和小朋友相互讨论一下，你觉得哪种材质能做成防水的衣服，保护好布布工作时不被淋湿？为什么？

4．制作

（1）教师示范，给手偶布布和她的好朋友制作工作衣。

教师：让我们为布布的好朋友也制作好看的工作衣吧。

（2）请幼儿制作小小工作衣（见图1-6-4）。

## 六、活动反思

《小小工作衣》这节活动以为手偶布布设计不怕湿的工作衣为线索，让幼儿了解塑料材质的防水特点，活动设计有情境性，非常符合小班幼儿的特点，增加了活动的趣味性。在活动材料的选择上我有意识地选择了幼儿生活中经常接触到的三种吸水性差异非常明显的材料,这将保证幼儿在实验中得到的结果反差大而明显,能够体验到实验的乐趣,保持幼儿积极参与的热情,活动目标得以完成。

在重难点的突破中,我准备了适合幼儿操作的实验材料,幼儿通过完成实验就能自然地突破重点,教师在幼儿单独实验环节过后再次进行集体实验,为了让幼儿更加明确地感受到不同材质入水后的效果,加深幼儿的印象,进一步感知塑料材质的防水性,通过让幼儿自己探索后得出结论,并让幼儿相互讨论分享,以完成难点的突破。

在操作环节中,教师应留给幼儿更多的思考与讨论的环节点;对于在实验中操作有困难的幼儿,教师应及时关注,对幼儿进行个别指导,让幼儿的实验顺利进行,得出实验结果。

**活动设计**:大连市沙河口区第四幼儿园 张钟允
**活动指导**:大连市沙河口区第四幼儿园 张红霞

## 案例七 糖果Party

### 一、设计意图

《3~6岁儿童学习与发展指南》(以下简称《指南》)中指出:"幼儿的思维特点是以具体形象思维为主,应注重引导幼儿通过直接感知、亲身体验和实际操作进行科学学习。"糖果是幼儿熟悉、喜爱的食品,它包装精美、形态各异、色彩鲜艳、口味繁多,对幼儿有着巨大的诱惑力,尤其对小班孩子来说更是如此。因此,选择糖果这个幼儿既熟悉又感兴趣的内容,让幼儿运用各种感官,获得直接的经验;主动探索,学习认识事物的方法,产生探索周围事物的兴趣和欲望,具有一定的教育价值。根据小班孩子的年龄特点,我设计了小班科学活动《糖果Party》,让幼儿运用多种感官,在看一看、摸一摸、捏一捏、尝一尝的多种体验和发现中进一步增进对糖果的认识,同时在交流探讨中,体验分享发现的乐趣。

## 二、活动目标

感知糖果外形、味道的多样性。

大胆表述自己的发现。

乐意与同伴交流分享。

## 三、活动重点、难点

重点：感知糖果的特征。

难点：大胆表述自己的发现。

## 四、活动准备

各种各样的糖果；用彩纸做成三角形立体纸包，纸包里包上糖果，粘贴在每个幼儿的小椅子下；铺满各式各样糖的长桌，用布蒙起来；欢快的音乐、纸篓一个（见图1-7-1）。

图1-7-1

## 五、活动过程

### 1. 导入

和幼儿一起玩《小孩小孩真爱玩》的游戏，导入主题，引发幼儿兴趣。

教师：咱们一起来玩"小孩、小孩真爱玩"的游戏好吗？

小孩、小孩真爱玩，摸摸这儿，摸摸那儿，摸摸桌子（摸摸柜子、摸摸墙壁）快回来。

摸摸椅子下面，看看有什么？

### 2. 感知

（1）引导幼儿找到糖果，初步观察、感知糖果（见图1-7-2、图1-7-3）。

图1-7-2

图1-7-3

教师：我们把纸撕开来，看看里面是什么呀？

你认识这些糖吗？它们都是什么糖？你知道它们都是什么味道的吗？

看一看糖的外面包着什么？你看到的糖纸是什么样子的？

透过包装纸看一看，糖果是什么颜色的？

什么形状的？摸一摸、捏一捏有什么感觉？（教师适当提醒：糖的外面包着什么？）

你看到的糖纸都有什么样的？（颜色、图案）你都看到什么形状的糖？（方方的、圆圆的）

捏糖果的时候都有什么感觉？（硬硬的、软软的）

（2）感知不同的糖果特征，进一步交流分享（见图1-7-4）。

教师：哦！听说今天糖果果们要到咱班来开Party（掀开桌布），哇好多糖！

我们把找到的糖果也送到这里来开Party吧！

让我们围过来仔细看一看吧！这些糖跟你刚才看到的一样吗？有什么不一样？

图1-7-4

3. 交流

（1）鼓励幼儿表达自己的发现。

教师：你还看到了什么样的糖？让我们说一说和大家一起分享我们的发现吧！

（2）教师总结糖果的多样性。

教师：小朋友看得仔细，说得又好。糖果有各种各样的，有圆的、有方的，形状不一样；有红的、有绿的，颜色不相同；有软的、有硬的，糖纸也是五颜六色的。

（3）提示幼儿吃多糖不利于牙齿的健康，养成吃糖后漱口的习惯。

教师：糖果很好吃，可是吃多了可不行，对我们的牙齿不好，会长蛀牙，牙齿会变黑，还会牙疼。所以要少吃糖，吃完糖要喝水漱口或刷刷牙。

**4. 分享**

（1）引导幼儿讨论分享的心情。

教师：在家里有好吃的东西你喜欢和谁一起吃呢？和家人一起吃好东西，你的心情怎样？

在幼儿园里有好吃的东西，你愿意和谁一起分享呢？和好朋友、老师一起分享，你的心情会怎样？

（2）鼓励幼儿与他人分享，感受分享的快乐。

教师：谁来说说你想和谁分享？请你来取两块喜欢的糖送给好朋友一块，自己一块。现在让我们一起分享美味的糖果吧！边吃边和好朋友说说你吃到的是什么味道的糖？（播放欢快的音乐）

**5. 活动延伸**

将幼儿吃过的糖纸投放到美工区，引导幼儿利用糖纸做成"糖纸蝴蝶结"布置主题墙。

## 六、活动反思

小班科学活动《糖果Party》，能依据《指南》精神，针对本班孩子的年龄特点和实际发展水平设定活动的三维目标，重难点突出、教学环节合理、思路清晰。兴趣是幼儿学习的前提，活动开始，我带孩子们一起玩了他们最喜欢、最熟悉的游戏"小孩小孩真爱玩"，在摸摸玩玩中调动幼儿的兴趣，逐步导入主题，在不知不觉中，开始了活动。当幼儿在摸到五颜六色的小纸包时，感到异常兴奋，"里面是什么呢？"引发了幼儿极大的探究欲望。通过多种感官的感知，进一步增进了对糖果的认识，在交流探讨中，体验了分享、发现的乐趣。幼儿在看一看、摸一摸、捏一捏、尝一尝的多种感官体验中，了解了糖果是各种各样的，有圆的、有方的，形状不一样；有红的、有绿的，颜色不相同；有软的、有硬的、有甜的、有酸的，口味不一样；糖纸也是五颜六色的。活动体现了递进式的分享，幼儿从感知交流的分享过渡到品尝上的分享、情感上的分享，在学习不同的分享中，幼儿一次又一次体验到了与人分享的快乐。

科学活动中同时关注了幼儿社会性和健康教育的引导，例如在探究糖果特征的过程中，引导幼儿在游戏中注意谦让、小心碰撞，提醒幼儿将撕开的纸和剥掉的糖纸扔到纸篓里,教育幼儿吃糖后要刷牙漱口,从社会性和健康的角度出发,培养了幼儿良好的行为习惯。

不足之处就是在对小班孩子说话时,在语气的把握上要更加亲切,才会更加适合小班孩子接受。

**活动设计:** 大连市沙河口区第五幼儿园　张春雨
**活动指导:** 大连市沙河口区第五幼儿园　康红文

(此活动是主题活动《甜甜蜜蜜》中的一节科学教育活动,该主题活动获2011年沙河口区幼儿教师教育教学能力大赛一等奖)

## 案例八　好玩的水

### 一、设计意图

《3~6岁儿童学习与发展指南》中建议:"为幼儿提供一些有趣的探究工具,用自己的好奇心和探究积极性感染和带动幼儿。"小班幼儿的思维还处于直觉行动向具体形象过渡的阶段,他们对事物的理解往往要通过自己的亲身活动来实现,因此,整个活动是以幼儿的操作摆弄为主,同时由于小班幼儿的认知能力还比较弱、他们很难自觉发现水会流动的特性。在活动中借助了塑料筐、杯子、勺子、叉子等材料设法使水的这一特性显露出来,使幼儿亲眼目睹这一现象,帮助幼儿容易理解。

### 二、活动目标

在玩的过程中感知水是无色、无形、可流动的液体的基本特性。

能运用多种工具探究发现水的特性。

体验玩水的乐趣。

### 三、活动重点、难点

**重点:** 感知水是无色、无形、可流动的液体的基本特性。

**难点:** 能运用多种工具探究发现水的特性。

## 四、活动准备

玩水池、塑料筐、杯子、各种形状的瓶子、勺子、叉子、水车。

## 五、活动过程

### 1. 导入

出示玩水池,引起幼儿玩水的兴趣(见图1-8-1)。

教师:今天老师给小朋友带来了一个好朋友,看它们是谁?

教师:水是什么颜色的?

### 2. 操作

给幼儿提供各种玩水工具,在玩中感知水的基本特性。

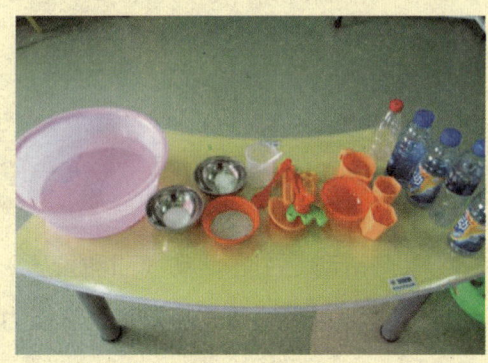

图1-8-1

教师:老师准备一些玩水工具,我们一起来玩水,看看你会发现什么现象?

组织幼儿玩水,感知水的无形、流动的特性(见图1-8-2、图1-8-3)。

图1-8-2

图1-8-3

### 3. 讨论

交流玩水的感受,了解不同工具玩水的效果,探究水的基本特性。

教师:你刚才用什么工具玩水,你发现水是什么形状?

教师:筐玩水的时候,为什么盛不住水?水跑到哪里去了?

教师:叉子为什么不能舀水?

教师：水车为什么能动起来？

**4. 交流**

通过总结让幼儿加深对水的特性的理解。

教师：我们通过和水做游戏，知道了水是无色、无形、可以流动的，它还有哪些特性呢？在以后的活动中我们再来探索。

## 六、活动反思

水是幼儿每天都能接触到的、熟悉的、喜欢的东西，本次活动目的是让幼儿通过亲自动手操作，了解到水是无色透明的，没有固定的形状，是会流动的特性。这次活动不仅让幼儿学习探索事物的简单方法，提高动手动脑能力，能仔细观察、乐于尝试，在玩中完成活动目标。活动目标的定位准确，符合小班幼儿的认知特点。结合小班幼儿的年龄特点、兴趣点、前期经验的积累，将活动目标确定幼儿"跳跳"可掌握到的内容，可操作、可检测。给幼儿充足的探索操作空间。在活动中，让幼儿自己亲自动手操作，选择自己喜欢的材料、方式去探索、观察，给予了幼儿充分玩的机会，而非单一的传授。在活动中，教师也充当了幼儿的玩伴，同他们一起游戏，使幼儿在有趣的游戏中发现水的基本特性，这是很符合幼儿年龄特点的学习方式。

提供有探索价值的工具，便于幼儿探索发现水的基本特性。为了能很好地完成活动目标，针对水无形、可流动的特性，为幼儿提供了塑料筐、叉子、各种形状的瓶子等，让幼儿充分体验到水是无形的、可流动的液体。在活动中能充分调动幼儿的积极性，使幼儿积极主动地参与探索，比起教师生硬地将知识塞给幼儿要好得多，而且教师组织活动也相对会轻松些，有助于更好地进行师幼互动。

本活动不足之处是，在每个活动环节的时间把握上还比较欠缺，如幼儿自主探索的时间可以适当延长，让幼儿能发现更多的水的特性。

**活动设计：** 大连市甘井子区希望之星幼儿园　刘思雨
**活动指导：** 大连市甘井子区希望之星幼儿园　李雪勤

## 案例九 交通工具真不少

### 一、设计意图

《幼儿园教育指导纲要》指出:"科学活动的内容要从幼儿身边熟悉的事物和现象出发,引导幼儿对生活中常见的事物和现象的特点、变化规律产生兴趣和探究欲望。"孩子在咿呀学语期间便对汽车产生了浓厚兴趣和特殊的感情,汽车能发声,能行驶,能将人或物从一个地方送到另一个地方,幼儿每天都能看见各种不同的汽车。他们爱观察不同车辆,有时也会把小椅子作为汽车、火车,嘟嘟、呜呜地开着,在此基础上,我设计了这节教学活动,让幼儿在直观形象的基础上,通过学习、复习、巩固对交通工具的认识,使幼儿在轻松愉快的教学活动过程中认识几种常见交通工具,初步了解它们的用处。

### 二、活动目标

认识几种常见的交通工具,初步了解它们的用处。

能用简单的语言表达自己对交通工具的了解。

体验乘坐交通工具的乐趣。

### 三、活动重点、难点

重点:认识几种常见的交通工具,初步了解它们的用处。

难点:能用简单的语言表达自己对交通工具的了解。

### 四、活动准备

录音磁带、多媒体PPT课件(各种交通工具)、背景图、各种交通工具图、拼图若干。

### 五、活动过程

**1. 导入**

随教师一起听着音乐、做开小汽车的韵律活动,进入活动室找位置坐好。

教师:小朋友,刚才我们是开着什么进教室的?

今天早上你是怎样来幼儿园的?你还见过哪些交通工具?

2. 感知

演示课件请幼儿观察,并说出这些交通工具的名称(见图1-9-1、图1-9-2)。

图1-9-1

图1-9-2

图1-9-3

图1-9-4

教师:刚才小朋友说了很多的交通工具,现在我请小朋友看一看,老师给小朋友带来了哪些交通工具?

这是什么?它在哪里飞?(播放PPT)

飞机怎么样飞呀?我们一起做飞机飞的动作。

小结:这是飞机,飞机在蓝天上飞。

教师:这是什么?它在哪里开?(播放PPT,见图1-9-3)

小结:这是轮船,轮船在大海里开。

教师:这是什么?它在哪里跑?(播放PPT)

自行车的铃声怎样叫？我们学学自行车的铃声。

小结：这是公共汽车、自行车，它们都在马路上行驶。

教师：你还在马路上见过哪些交通工具（见图1-9-4）？

小结：我们看到的交通工具很多，有飞机、轮船、汽车、自行车等，我们可以根据需要选择所要乘坐的工具。

### 3．游戏

出示（天空、海洋、陆地）的背景图片，将小卡片交通工具放到合适的位置上。

教师：老师给小朋友带来了几幅图片，我们一起看看它们都是什么？老师还给小朋友准备了许多交通工具的小卡片，请小朋友选自己喜欢的交通工具，然后，放到大图片合适的位置上（请全体幼儿一起拿，引导幼儿说出自己拿的是什么？为什么放在那里）。

教师：你拿的是什么交通工具，把它放在哪里？为什么呀？

### 4．延伸

请幼儿在区域活动中完成各种交通工具的拼图。

教师：小朋友认识了许多的交通工具，我们可以到活动区中来拼一拼，看看你认识的交通工具（出示飞机、轮船、汽车、自行车的拼图）。

## 六、活动反思

在活动中，教师选择的内容是幼儿熟悉的事物（交通工具），教师注重从孩子的兴趣入手，在激发孩子兴趣的情况下，让孩子根据自己兴趣来从事活动。本节活动让幼儿认识几种交通工具的名称及初步了解它们的用途，并能大胆表达自己的想法，培养幼儿从多角度考虑问题并解决问题的能力。在整个活动过程中，我设计了"通过前期经验导入"、"认识交通工具"、"给交通工具分类"、"拼图游戏强化" 四个教学环节。

在活动开始的时候，我使用了谈话法和幼儿交流，从幼儿已有的生活经验出发，可以激发起他们的兴趣和学习探究的欲望，因为兴趣是幼儿学习活动的最好切入点。现在的幼儿接触外面事物的途径很多，因此课前让幼儿通过各种方式搜集大量交通工具的资料、图片、模型等，老师也搜集了很多图片，制成课件作为课堂教学的辅助材料，以便给幼儿增加更多方面的感性认识，提高他们的兴趣。在对幼儿进行观察和探索过程的训练中，我请幼儿根据自己的认识对交通工具进行分类，能用简单、准确的词汇说出几种常见交通工具的名称和用途。

在活动中，我按照幼儿的认知水平，设计了观察、比较、分类的活动顺序，体现了循序渐进的教学原则。但是在观察这个环节，我忽视了与幼儿共同讨论、交流，给他们相互交流的时间有些少。

**活动设计**：大连市沙河口区第三教师幼儿园　石伟
**活动指导**：大连市沙河口区第三教师幼儿园　吴娟

## 案例 ✚ 小鼻子闻一闻

### 一、设计意图

《3~6岁儿童学习与发展指南》中建议："3~4岁幼儿能用多种感官或动作去探索物体，具有初步的探究能力"，小班幼儿的嗅觉感官经验较少，他们对气味的概念大多停留在好闻与不好闻，香与臭的水平。因此，我设计了《鼻子闻一闻》这节探究活动，目的是给幼儿提供一个积累嗅觉经验的机会，尝试用鼻子辨别不同物体的气味，在猜想环节中，学会用手轻轻将味道扇进鼻子，学习闻气味的正确方法，让幼儿知道要保护好自己的鼻子，同时鼓励幼儿大胆地表达自己的感受，将自己闻到的气味与同伴进行交流，体验科学活动的有趣。

### 二、活动目标

尝试用小鼻子辨别物体的气味。
愿意发现和表达自己的感受。
了解简单的保护鼻子的方法。

### 三、活动重点、难点

重点：尝试用小鼻子辨别物体的气味。
难点：愿意发现和表达自己的感受。

## 四、活动准备

用纱布蒙好的小纸杯若干,里面分别装有巧克力和榴莲;

蛋糕、大葱、大蒜、橘子、芒果、纸盘。

## 五、活动过程

### 1. 导入

出示纸杯,引导幼儿猜一猜、闻一闻里面有什么(见图1-10-1)。

教师:今天,老师给每组小朋友准备了两个神秘的纸杯,里面装着宝贝,想知道是什么吗?

### 2. 猜想

(1)请幼儿通过闻,来猜想纸杯里装的是什么。

教师:如果不用眼睛去看,还有什么方法能知道里面装的是什么?

我请小朋友来闻一闻,然后猜一猜里面装的是什么(引导幼儿不要将鼻子直接贴近纸杯,学习用手轻轻将味道扇进鼻子闻气味的正确方法)?

图1-10-1

(2)引发幼儿用语言表达自己的感受。

教师:它是什么味道的?它的味道好闻吗?为什么(见图1-10-2、图1-10-3)?

图1-10-2

图1-10-3

图 1-10-4

**3. 验证**

(1) 打开纸杯,验证幼儿的猜想。

教师:让我们打开盒子看一看,你们猜对了吗?

(2) 引发幼儿用表情表达自己的感受。

教师:它有什么样的味道?我们表情是什么样子的?小朋友们一起来做一下(见图 1-10-4)。

**4. 交流**

(1) 引导幼儿回顾已有经验。

教师:你还闻过哪些好闻的东西?(小朋友们互相说一说)这时候我们的表情是什么样子的?

你还闻过哪些不好闻的东西?这时候我们的表情是什么样子的?

教师:闻到不好闻的东西怎么办?

(2) 把准备好的食物拿出来让幼儿闻一闻。

教师:我们一起闻一闻,这些食物是什么味儿的?

(3) 教育幼儿要保护鼻子。

教师:小鼻子可以帮助我们做什么?怎样保护你的小鼻子?

小结:鼻子的用处可真大,能闻到很多气味,我们应该好好保护它,不挖鼻子,不把东西放进鼻子里,用手帕擦鼻涕,等等。

## 六、活动反思

活动通过尝试用小鼻子辨别物体的气味,培养幼儿的辨别能力。能积极参与活动,激发幼儿对科学活动的兴趣。活动开始前,让每个小朋友都知道鼻子可以闻气味,然后,我端出预先准备好的榴莲和巧克力。当一出示这些时,幼儿的情绪立即高涨,纷纷抢着说出这些名称,我趁此提问,你怎么知道的?幼儿立即说,榴莲是臭臭的,巧克力是甜甜的。我们一起把小眼睛闭起来,多数幼儿能说出是用鼻子闻出来的,接着通过对各种食物气味的感知与表达,突破了活动的重难点。教师利用这个有效时机教育幼儿要保护好自己的鼻子,平时要用干净的手帕擦鼻涕,不把异物放入鼻孔,通过这次活动,幼儿尝试用小鼻子辨别物体的气味,并学会了闻气味的正确方法。

教师在活动中鼓励幼儿大胆表达自己的想法，培养了幼儿的语言表达能力。整个活动探究气氛浓厚，一直在幼儿感知、表达的积极状态下完成本节活动，教师为幼儿提供的各种气味明显的食物让活动的目标得到有效达成。

在第二个环节中，由于教师提问的语言表述不是很清晰，幼儿在回答问题时没有正确领会到教师的意图，所以今后教师在语言的简洁性与逻辑性方面有待于提高。整节活动中的问题，都把"气味"这个词，表述为"味道"是不正确的。容易误导幼儿的正确思维，需要严谨。

**活动设计：** 大连市沙河口区第三教师幼儿园　吴洋
**活动指导：** 大连市沙河口区第三教师幼儿园　吴娟

## 案例十一　小汽车来聚会

### 一、设计意图

小班幼儿对汽车有着浓厚的兴趣和特殊的感情，他们经常对建筑区里的汽车玩具爱不释手，乐此不疲地摆弄着。《3~6岁儿童学习与发展指南》（以下简称《指南》）中就指出："幼儿科学学习的核心是激发探究兴趣，体验探究过程，发展初步的探究能力。成人要善于发现和保护幼儿的好奇心，充分利用自然和实际生活机会，引导幼儿通过观察、比较、操作、实验等方法，学习发现问题、分析问题和解决问题。"看到幼儿对汽车这么喜爱，我决定从幼儿感兴趣的事物入手，设计了《小汽车来聚会》活动，丰富幼儿对各类汽车的相关经验。

### 二、活动目标

认识常见的车，了解其用途。
能说出车子的典型特征。
愿意与同伴分享玩具。

### 三、活动重点、难点

重点：认识常见的车，了解其用途。
难点：能说出车子的典型特征。

## 四、活动准备

开汽车音乐、录音机；与幼儿共同收集玩具车，分类布置成车展；创设停车场情境，并用常见车的图片及红、黄、绿箭头划分出各区域；画有火灾、小朋友、货物、小偷的图片。

## 五、活动过程

### 1. 导入

创设游戏情境，教师与幼儿随着音乐，共同乘坐"公共汽车"进入活动场地。

教师：我是车展馆的引导员，来邀请小朋友们去看我们的车展，可是车展馆离我们很远，这可怎么办？

教师：我们一起坐上小汽车，出发吧。

### 2. 感知

（1）请幼儿玩一玩自己喜欢的车，鼓励幼儿相互交流车的名称及用途（见图1-11-1）。

教师：车展馆到了，欢迎小朋友来到这里！看看，你都认识哪些车？我们车展馆有各种各样的车，不仅有小轿车、公共汽车，还有货车、消防车、警车，小朋友们想不想玩一玩？请你们选一辆自己最喜欢的车玩玩吧！

教师：你刚才玩的是什么车？它有什么用？

（2）引导幼儿观察、比较车的共同点和不同点（见图1-11-2）。

教师：小朋友仔细看一看，这些车什么地方一样？什么地方不一样？

图1-11-1

图1-11-2

3. 操作

引导幼儿按汽车的种类,将车停放到停车场(见图1-11-3)。

教师:小汽车本领真大,帮我们做了这么多的事,想想看,这些车应该停在什么地方?

教师:这里有三个停车场:载客车停车场、货车停车场、特种车停车场,现在车展馆就请你来当小司机,选个自己喜欢的车,把它停到停车场里。

4. 游戏

与幼儿玩开汽车游戏,观看图片,在不同情境下感受各种车的用途(见图1-11-4)。

图1-11-3

图1-11-4

教师:现在我们一起玩个游戏开汽车,我们也把自己变成小汽车,一起开起来吧!

这儿发生什么事情了,我们可以变成什么车救火呢?

这些小朋友要去哪儿,我们可以变成什么车送他们到目的地呢?

这些是什么?我们可以变成什么车把货物送到商场呢?

这个人是谁?他在做什么?我们可以变成什么车去抓他呢?

小朋友在车展馆玩得真开心,现在要回家了,我们该坐什么车回去呢(幼儿随音乐做开车动作结束活动)?

六、活动反思

《指南》在科学探究活动中提出:"幼儿的思维特点是以具体形象思维为主,

应注重引导幼儿通过直接感知、亲身体验和实际操作进行科学学习，不应为追求知识和技能的掌握，对幼儿进行灌输和强化训练。"小班孩子对周围世界充满浓厚的兴趣，对新鲜事物具有强烈的好奇心，注意特点是无意注意占主导优势，有意注意只初步形成，所以我以车展馆引导员的身份，创设的游戏情境，引导幼儿参与活动，充分满足了幼儿的情感体验和操作需求。

情境一：我带领幼儿乘坐"公共汽车"参观车展馆，以情景和幼儿原有的生活经验为起点，用比较有激情的语言吸引幼儿主动观察汽车玩具。在教师的引导下，让幼儿玩玩喜欢的车，相互交流车的名称和用途，用比较法观察出车的共同点和不同点，使幼儿的认知观察能力、比较能力、分类能力、颜色认识能力都得到了锻炼和提高。

情境二：引导幼儿将喜欢的车停放到停车场。针对小班幼儿的思维特点是具体形象思维为主，我用三个色彩鲜艳、直观的常见车图片，划分出三个停车场，幼儿充当小司机，帮助这些车停到停车场里。为了培养幼儿的一一对应能力，教师分别用若干个红、黄、绿箭头，粘贴到三个停车场里，引导幼儿观察，按颜色和箭头方向停好车，使幼儿交通规则意识和责任心得到了提升。

活动的最后部分是开汽车游戏，这也是整个活动的亮点。幼儿把自己变成小汽车，我逐一出示画有小朋友、货车、火灾和小偷的图片，作为此环节的辅助手段，通过提问的方式，让幼儿感受在不同情境下，各种车的用途，使活动达到了高潮。在活动中，我与幼儿融为一体，使枯燥的说教变成生动有趣的活动，教学环节也能紧紧围绕观察和比较这两个核心要求开展，幼儿在不知不觉间，认知、情感、能力得到了提升。

在幼儿将自己喜欢的车送到停车场这个环节，我组织时有点仓促，有小部分幼儿随意地把车开到一个停车场，导致不少车停放位置错误。应该让幼儿进行充分的观察、交流后，再送到停车场里，这样幼儿目的性会更强。停车场分类后的验证环节，幼儿参与有些少，教师说得有点多，应让幼儿进行充分的自我验证，即自己观察去找出停放错误的车辆，这样幼儿主动性就会被充分地调动起来，参与活动的兴趣提高了，幼儿记忆也会更加的深刻。

活动设计：大连市金州区第三幼儿园　华远
活动指导：大连市金州区第三幼儿园　朱晓华

## 案例十二　玩颜色

### 一、设计意图

《3~6岁儿童学习与发展指南》中指出："幼儿科学学习的核心是激发探究兴趣，体验探究过程，发展初步的探究能力。"幼儿园科学活动深受孩子们的喜爱，孩子们身边常见的事、物、自然现象都可生成有价值的科学教育活动。幼儿对鲜艳的颜色非常敏感，颜色的变化使幼儿感到兴奋、惊奇，从而产生浓厚的探索愿望。为了满足幼儿对颜色变化的好奇心，感受色彩变化的有趣，我精心设计了本次活动，努力创设了与活动相适应的教学情景，引导幼儿初步探索不同的颜色混合在一起会发生的变化。带领孩子一起尝试"玩颜色"的活动，目的是让孩子在感知红、黄、蓝三原色基础上，进一步认识绿色、紫色、橙色，体验颜色变化带来的快乐。

### 二、活动目标

感知两种颜色混合后变化的现象。

能观察、发现颜色的变化。

感受颜色混合后变化的神奇。

### 三、活动重点、难点

重点：感知两种颜色混合后的变化。

难点：能观察、发现颜色的变化现象。

### 四、活动准备

装有小半瓶水的透明小矿泉水瓶人手1个，盖内分别涂有红、黄、蓝颜料；分别贴有橙、绿、紫色标志的筐3个；欢乐的音乐；抹布若干。

### 五、活动过程

**1. 导入**

教师出示塑料瓶，引导幼儿观察水的颜色。

教师：小朋友，看！瓶子里装的是什么？水宝宝是什么颜色的？

教师：水宝宝是无色的、透明的。

**2. 猜想**

教师进行魔术表演，幼儿猜想。

教师：老师现在要用水宝宝开始表演魔术了，先请小瓶子跳个舞，小朋友猜猜，看看水会发生什么奇妙的事情（教师边轻轻地摇晃瓶子边念儿歌"瓶宝宝爱跳舞，上跳跳，下跳跳，左跳跳，右跳跳，小瓶子摇啊摇，小瓶子啊变变变"）！

教师：看一看，瓶子里的水有什么变化？它变成什么颜色了？

**3. 体验**

（1）引导幼儿摇晃塑料瓶，体验玩颜色的快乐（见图1-12-1）。

教师：请小魔法师们拿着小椅子后面的小瓶子一起来变魔法吧，我们和它一起跳舞，不要忘了念咒语哦（此处播放较欢快的音乐配合幼儿摇晃的气氛）！

（2）引导幼儿观察瓶子里水的颜色（见图1-12-2和图1-12-3）。

图1-12-1

图1-12-2

图1-12-3

教师：咦，你的水宝宝变成了什么颜色？谁的颜色和老师的一样？

老师的小瓶子要和它亲一亲，它们是什么颜色呢？

谁的颜色和我的不一样？是什么颜色呢？

谁和这位小朋友的颜色是一样的，也请你把瓶子举起来！

教师：你看到的什么东西是这个颜色？

教师：小魔法师们可真棒，奖励你们一朵小花，把和你变出的颜色一样的小花贴在你的小瓶子上吧！

（3）教师换一个瓶盖，摇晃瓶子，引导幼儿观察瓶里颜色的变化。

教师：这个水宝宝是什么颜色的？如果我换上其他颜色的盖子，摇一摇，那你们猜一猜瓶子里的水会不会变色呢？会变成什么颜色呢（幼儿再次进行猜想）？

教师：老师现在就要再次变魔术了，请小朋友仔细看（教师边轻轻地摇晃瓶子边念儿歌"小瓶子爱跳舞，上跳跳，下跳跳，左跳跳，右跳跳，小瓶子摇啊摇，小瓶子啊变变变"）。

教师：哇，我的小瓶子里的水又变成什么颜色了？为什么水宝宝又变色了？

瓶子为什么会变成这种颜色呢？

（4）幼儿相互交换瓶盖，尝试将两种不同的颜色混在一起，观察色彩变化（见图1-12-4）。

教师：水宝宝都着急了，赶快找一个和你颜色不一样的小瓶子，和它换一换瓶盖，摇一摇，看你的水宝宝变成了什么颜色（此处播放较欢快的音乐配合幼儿摇晃的气氛）？

图1-12-4

### 4．交流

组织幼儿交流，感知两种颜色混合可以变出新的颜色。

教师：小魔法师们，你们的水宝宝又变成了什么颜色？

你之前的水宝宝是什么颜色?现在是什么颜色了?你是怎样变出来的(引导幼儿找找变色的原因在哪里,尝试在瓶盖上找一找)?

小结:原来是瓶盖里装上了颜料,颜料加入水中,水就会变颜色了,换一个瓶盖颜色,水的颜色又改变了,颜色可真有趣,不同的颜色混在一起就会变成另一种颜色!

**5. 辨别**

引导幼儿按颜色将瓶宝宝送回家(出示3种颜色的框子家)。

教师:小朋友们玩得开心吗?可是颜色宝宝又蹦又跳,玩累了,要回家休息了,我们把它们送回家吧。橙色的瓶宝宝送到橙色的家里,绿色的瓶宝宝送到绿色的家里,紫色的瓶宝宝送到紫色的家里。

## 六、活动反思

本次活动来源于幼儿的日常活动,教师抓住了幼儿的兴趣点,激发了幼儿的好奇心和探究欲望,发展了认知能力。在活动中,我带着目标去观察孩子的实验操作,重点引导幼儿通过实验发现颜色变化的现象,感受其中的乐趣,给幼儿充分自主探索的空间。活动开始,我先让幼儿观察水的颜色,为之后的颜色变化做铺垫,能对比突出颜色的变化。

以魔术的方式更能吸引幼儿的兴趣,观察颜色的变化。在幼儿体验玩颜色的乐趣中,配合比较欢快的音乐,烘托了很好的氛围,幼儿很兴奋也很投入摇晃瓶子变颜色的探索中,所以前两个环节中都处理得比较好。当幼儿在讨论如何变出另一种颜色时,能简单地说出是因为换瓶盖,瓶盖的颜色也不一样,水宝宝的颜色才变了,这已经达到了本活动的目标。

在幼儿尝试换一种颜色的瓶盖进行变色的环节中,部分幼儿变出来的颜色不是标准的橙、绿、紫色,教师在这个环节中对幼儿的引导不够,因为活动的关键在于让幼儿体验两种颜色混合后变化的现象,幼儿能观察并说出颜色的变化就很好地达成了活动的目标。

**活动设计:** 大连长兴岛临港工业区幼儿园 宋松
**活动指导:** 大连长兴岛临港工业区幼儿园 司进

## 模块二　科学探究活动　　中班

**目标1**　亲近自然，喜欢探究

喜欢接触新事物，经常问一些与新事物有关的问题。

常常动手、动脑探索物体和材料，并乐在其中。

**目标2**　具有初步的探究能力

能对事物或现象进行观察比较，发现其相同与不同。

能根据观察结果提出问题，并大胆猜测答案。

能通过简单的调查收集信息。

能用图画或其他符号进行记录。

**目标3**　在探究中认识周围事物和现象

能感知和发现动植物的生长变化及其基本条件。

能感知和发现常见材料的熔解、传热等性质或用途。

能感知和发现简单物理现象，如物体形态或位置变化等。

能感知和发现不同季节的特点，体验季节对动植物和人的影响。

初步感知常用科技产品与自己生活的关系，知道科技产品有利也有弊。

## 案例一 滚起来

### 一、设计意图

　　《3~6岁儿童学习与发展指南》（以下简称《指南》）中科学领域的发展目标中指出，"中班幼儿应具备能对事物或者现象进行观察比较，观察其相同与不同；能根据结果进行大胆猜测，并能用图画或者符号进行记录。中班幼儿喜欢探索，对滚动的物体有一定的兴趣，但对什么物体可以滚动，什么物体不能滚动，还缺少认识和了解。因此，我结合《指南》精神，并根据我班幼儿的实际情况，设计了'滚起来'这一科学活动。"

### 二、活动目标

　　通过主动探索，发现滚动物体的形状特征。

　　能尝试运用符号记录会滚动的物体。

　　体会探索活动的乐趣。

### 三、活动重点、难点

　　重点：了解滚动物体的形状特征。

　　难点：能尝试运用符号记录会滚动的物体。

### 四、活动准备

　　方形、三角形、圆形积木、乒乓球、纸杯、羽毛球、露露罐、托盘；彩笔、记录单人手一份，集体大记录单一份。

### 五、活动过程

**1．感知**

出示物品，引导幼儿观察物品的形状特点。

教师：请小朋友看一看老师带来了什么物品？它们都是什么形状？

**2．猜想**

（1）鼓励幼儿大胆猜测，并用语言表述。

教师：猜猜看，它们会滚动吗？

教师：请你把猜想的结果，分别记录在记录单里。

(2)鼓励幼儿用不同的方法记录猜想结果,可以用"★、▲;A、B;✓、X;○、□"等记录方法。

3.操作

(1)教师提出实验要求。

教师:大家说的对不对呢?我们一起来试试就知道了。

教师:请小朋友从托盘里取出物品放在桌上,用手轻轻一推,看它是否会滚动,要注意每一样物品都要试一试哦。试完之后,别忘记把实验结果记录在记录单上(见图2-1-1)。

(2)幼儿操作实验并记录,教师指导(见图2-1-2)。

教师:你选择了什么物体,滚滚看。

教师:它会滚动吗?

教师:请把实验结果记在你的记录单上。

图2-1-1

图2-1-2

4.交流

(1)引导幼儿讨论物品会滚动的原因。

教师:检查一下你的记录单,看看实验结果与你的猜想一样吗?

教师:哪些物品会滚动?它们为什么会滚动呢?

(2)引导幼儿表达不同的发现。

教师:你还有哪些新的发现,说给大家听一听?

教师：生活中，你还知道哪些物品会滚动？它是怎样滚动的？

（3）教师与幼儿共同小结。

教师：今天的小实验让我们知道了：有角的物品不会滚动，圆圆的物品会滚动，比如铁环、呼啦圈、车轮等。细心的小朋友还发现：球形的积木、乒乓球滚得又快又远，羽毛球只有一头是圆形的，所以只会在原地滚动几下就停下来了。其实，生活中还有许多会滚动的物品，请小朋友仔细观察，把你的新发现和大家分享。

## 六、活动反思

"滚起来"是一节让幼儿充分猜测与实验的科学活动。中班幼儿对科学实验活动非常感兴趣，但缺少正确的实验过程引导，因此，根据幼儿的年龄特点及能力水平，在组织活动中，我通过感知—猜想、记录—操作—交流的流程，使幼儿的主体性得到了充分的尊重，在自主探索中发现滚动物体的形状特征，并学会运用符号记录会滚动的物体，本活动的重点、难点得到解决，目标完成比较好。

活动中的材料都是我和幼儿共同收集准备的，幼儿直接参与收集材料的过程，既让他们提前接触材料、熟悉材料，产生"这些东西能用来干什么"的好奇心，又锻炼了他们的实际动手能力与收集能力。

整个活动以幼儿操作、感知为主线，教师帮助及时梳理有关经验。第一环节为观察回忆收集的物品，主要目标是引导幼儿感知会滚动物体的形状特征，激发操作兴趣；第二环节为大胆猜测会滚动的物体，主要目标是学会猜测并使用不同符号进行记录，这一环节是本活动的难点部分，我没有限制幼儿的记录方法，而是鼓励幼儿用自己喜欢的图形、图案、标记去做记录。实践证明，幼儿是有能力去尝试记录的；第三环节为操作实验，主要目标是体验探索成功的乐趣，并对自己的猜测进行验证的过程；第四环节是组织幼儿展开交流讨论，在明确会滚动物体特征的基础上，进一步引发寻找生活中会滚动的物品，以拓展幼儿的已有经验，特别是在我的启发性提问"你在实验中还有哪些新发现"的引导下，幼儿思维的积极性被充分调动。通过本次活动，我有几点较深的体会：

一是目标的定位一定要建立在了解幼儿的基础上，不能太多，也不能太难。

二是中班的幼儿不能一次提很多个重点问题，因此，教师的提问要精心设计，每个环节要重点解决一个问题。

三是通过这次活动，我真切地感受到，在科学活动中，教师要敏锐地察觉到幼儿的兴趣点，并能够判断此兴趣点所蕴含和能够实现的关键经验是什么。这需要教师不仅了解本年龄阶段幼儿的发展水平及观察幼儿活动的能力，而且在必要的情况下，教师要亲身去实践一下幼儿的探究活动，体验幼儿可能碰到的困难与思考。在正确判断能够实现的关键因素的基础上，采用适宜的教育策略，引导幼儿主动探究，帮助幼儿通过兴趣达到既定目标。

活动设计：大连市金州区第三幼儿园　魏爽
活动指导：大连市金州区第三幼儿园　孔晓华

## 案例二 神奇的静电

### 一、设计意图

《幼儿园教育指导纲要》指出，幼儿园科学教育活动要结合和利用幼儿的生活经验，帮助幼儿认识自然，初步了解自然和生活的关系。由于中班幼儿乐于运用感官感知事物、喜欢亲自动手、动脑去发现问题、解决问题，因此，我根据中班幼儿这一特点，设计了《神奇的静电》这一科学探究活动。

### 二、活动目标

感知摩擦起电现象的神奇。
尝试用不同的摩擦方法使物体带电。
乐于探索、喜欢动手做小实验。

### 三、活动重点、难点

重点：感知摩擦起电现象的神奇。
难点：尝试用不同的摩擦方法使物体带电。

### 四、活动准备

彩色小纸屑若干、托盘；梳子、塑料尺子每个幼儿一把；塑料绳（撕开后一端打结）若干；绸子、毛皮。

## 五、活动过程

### 1. 导入

以梳子变魔术的神秘语气,激发幼儿的活动兴趣。

教师:小朋友,今天老师带来了一把梳子,它可是一把会变魔术的梳子,怎么变呢?

### 2. 感知

(1)幼儿尝试梳头,观察头发的变化(见图2-2-1)。

教师:请小朋友也拿一把梳子和老师一起变魔术吧。用梳子在自己的头上或同伴的头上梳一梳头发,看看会发生什么神奇的事情?

教师:那是什么原因会发生这样的变化呢?

图 2-2-1

(2)教师小结。

教师:哦,原来是梳子与头发摩擦,引起了静电,所以头发就飞起来、飘起来,变起魔术来了,真神奇啊!

### 3. 操作

(1)教师出示尺子和彩色纸片,引导幼儿想办法用尺子吸住纸片。

教师:小尺子也想变魔术,它很希望能粘住这些漂亮的小纸片,怎么办呢?

(2)幼儿尝试各种摩擦方法使尺子吸起小纸片,教师观察指导。

(3)教师小结。

教师:有的小朋友用尺子在裤子上、衣服上、头发上摩擦,产生静电后,小纸片就被尺子吸住了,这些办法非常好。

(4)出示绸子、毛皮,引导幼儿猜测、尝试。

教师:这是绸子,如果用尺子在绸子上摩擦后放在彩色纸片上,彩色小纸片和尺子会怎样呢?用毛皮试试会怎样呢?

教师:让我们试试看(见图2-2-2,图2-2-3) 。

图 2-2-2

图 2-2-3

**4. 交流**

（1）引导幼儿交流讨论实验中的发现。

教师：刚才用绸子、毛皮和尺子摩擦，你发现了什么？为什么尺子吸起了纸片？

（2）师幼共同总结。

教师：刚才我们做了实验，发现尺子在绸子上、毛皮上摩擦也会很快带上静电，所以就把纸片吸上来了。

**5. 游戏**

师幼共同游戏《好玩的章鱼》

教师：现在我们来玩个游戏，名字叫《好玩的章鱼》。请每人拿一端打结、另一端散开的塑料绳，用散开的一端在衣服上搓几下，放开绳子，就会有神奇的现象发生。

教师：仔细看，塑料绳子变得像什么呢？

教师：章鱼的脚为什么会四散开呢？

教师：让章鱼在你的脸上、胳膊上、衣服上爬一爬，好吗？

我们再带章鱼到外边去玩吧，看看它还会吸住什么东西。

## 六、活动反思

本节活动我运用了梳子变魔术、游戏《好玩的章鱼》等教学策略，使幼儿对摩擦起电现象产生了浓厚的兴趣，同时突出了活动的重点——感知摩擦起电现象的神奇。其中，对活动的难点部分我则采取猜想、实验、讨论等方法，鼓励幼儿尝试使用各种摩擦的方法使尺子产生静电,从而吸起彩色纸片。幼儿在充分的动手动脑、自主探索中较好地完成了本活动的目标。

其中,有的幼儿认为:任何物品摩擦后都能将纸吸起来。对此,我没有急于否定,而是计划活动后在活动区中投放一些铁质小棒、不锈钢盖子、积木、玻璃杯等材料,目的是让幼儿通过实验操作,自己去发现问题,自己尝试解决问题。

总之,我认为在科学活动中,教师要让幼儿在充分的动手操作中去观察、比较、发现、质疑,积极寻求问题的答案,教师的作用是支持、鼓励,并为幼儿提供指导。培养幼儿从小对科学的兴趣,尊重事实的科学态度,这些对于幼儿来说比掌握科学知识更为重要。

> **活动设计:**大连市甘井子区龙泉幼儿学苑　隋晶
> **活动指导:**大连市甘井子区龙泉幼儿学苑　顾雨华

## 案例三 蔬菜发芽了

### 一、设计意图

《3~6岁儿童学习与发展指南》(以下简称《指南》)科学探究的目标中提到,要"亲近自然,喜欢探究,以及在探究中认识周围事物和现象。"中班幼儿对动植物非常感兴趣,春天到了,很多植物的种子和根系到了发芽的时候了,于是我利用这一季节的特点,决定以贴近生活的蔬菜为探究内容,适宜地鼓励幼儿感知和发现植物发芽的生长变化,从而使幼儿懂得关爱植物,对植物有浓厚的兴趣。

### 二、活动目标

知道春天里有许多植物发新芽。

能细心观察和比较,发现蔬菜新芽的不同之处。

萌发探究植物发芽的兴趣。

### 三、活动重点、难点

**重难点:**能细心观察比较,发现蔬菜新芽的不同之处。

### 四、活动准备

活动前带幼儿到户外观察周围的树木;将发芽的胡萝卜装在有洞的纸盒里,只露出嫩芽部分;土豆、白菜、洋葱和胡萝卜发芽的实物和植物发芽的图片。

### 五、活动过程

**1. 导入**

谈话导入,激发幼儿活动兴趣。

教师:春天到了,小朋友们有没有发现,我们周围的树有什么变化?

教师:树枝发芽了。那除了树以外,你们还见过什么会发芽呢?

教师:你们见过蔬菜发芽吗?

**2. 猜想**

出示胡萝卜纸盒道具,引起幼儿好奇,并提出问题。

教师:今天我们的科学区来了位害羞的蔬菜朋友,它只露出它的嫩芽让大家看,请你们猜一猜它是谁?

教师:好,我们一起来看一看它到底是谁吧(教师打开纸盒)!

教师:哦!原来它是胡萝卜!

**3. 操作**

(1)观察几种蔬菜的新芽,比较发现植物的新芽是各种各样的。

教师:老师还有几种发芽的蔬菜朋友,我们一起来看看都有谁呀?

教师:对,是土豆、白菜和洋葱。

(2)幼儿交流,师幼共同总结。

教师:请你们仔细看看,它们的芽一样吗?哪儿不一样?和旁边的小朋友一起说说。

教师:土豆的芽颜色比较深,白菜的芽长得像小白菜,洋葱的芽看起来像蒜苗(可依据幼儿发言总结)。(见图2-3-1、图2-3-2、图2-3-3)

图 2-3-1

图 2-3-2

图 2-3-3

**4. 游戏**

教师与幼儿共同玩《猜一猜》游戏。

教师：下面我要把蔬菜遮挡住，只露出新芽来，请你们猜一猜，这是谁的芽，看谁看得仔细，说得准确！

**5. 延伸**

（1）出示图片，引导幼儿观察其他植物的新芽，激发其对植物发芽的兴趣。

教师：老师还有更多植物发芽的图片，我们一起来看一看都有哪些。

（2）激励幼儿进一步到大自然中寻找发芽的植物。

教师：春天是植物发芽的季节，请小朋友们在户外时细心观察各种各样的植物，找一找还有哪些植物长出了新芽？把你们更多的发现告诉大家。

## 六、活动反思

《指南》颁布之后，我认真研读了其中科学领域的发展目标及指导建议，其中提到：要和幼儿一起发现并分析周围新奇、有趣的事物或现象，一起寻找问题的答案。根据这一建议，我开始留意生活中有哪些有趣的科学现象，正好前几天我在家中择菜时发现卷心菜的叶子剥开后，菜心里发了很多小芽，此时我立刻意识到这是让幼儿认识发芽现象的极好机会，于是我把发芽的菜心拿到幼儿园，果然引起了幼儿的极大好奇，他们便纷纷讨论起来：这是什么菜？菜的里面怎么还有菜……孩子们的问题此起彼伏，因此，我及时抓住幼儿的兴趣点，选取贴近幼儿生活的蔬菜作为素材，与幼儿共同探索植物发芽这一科学现象，从而培养幼儿对周围事物的关爱以及细心观察的科学态度。

在活动材料的选择上，我选择了土豆、白菜和洋葱三种隶属茄科、十字花科、百合科的植物，这些科基本涵盖了包括茄子、萝卜、大蒜、卷心菜等常见蔬菜品种，颇具代表性。因此，选择适宜的科学活动材料，既能保证幼儿在实验中的积极性，又能使幼儿体验到科学实验与生活的密切关系，感受到科学是有趣的、有用的。

在重难点的突破上，我运用了观察法、比较法以及游戏法引导幼儿在充分感知、交流的基础上，发现蔬菜新芽的不同之处，为进一步探索其他植物的发芽现象奠定了基础。整个活动幼儿在轻松、愉悦的过程中收获了科学知识，激发了浓厚的科学兴趣。

> **活动设计**：大连市沙河口区第四幼儿园　王友明
> **活动指导**：大连市沙河口区第四幼儿园　张红霞

## 案例四 玩纸船

### 一、设计意图

玩纸船是幼儿喜欢的游戏，但不同的纸船在水中漂浮的时间又会有所不同，为什么不一样呢？这正是他们困惑的地方。因而利用幼儿的兴趣，运用玩纸船这一游戏，引导幼儿去探索、发现纸能吸水的特性，并进一步去了解纸的质地不同会影响其在水中漂浮的时间。

### 二、活动目标

感知纸能吸水的特性，不同质地的纸吸水速度不同。

能在实验中进行观察并记录结果。

体验实验操作活动带来的乐趣。

### 三、活动重点、难点

重点：感知纸能吸水。

难点：了解不同质地的纸吸水速度不同。

### 四、活动准备

蜡光纸、皱纹纸若干；每组有蜡光纸、皱纹纸折成的小船各半，一个稍大的水盆，抹布；"玩纸船"幼儿集体记录单、记录笔。

### 五、活动过程

1. 观察

出示蜡光纸、皱纹纸，引导幼儿观察。

教师：仔细看一看这两种纸有什么不同？

2. 猜想

（1）出示蜡光纸、皱纹纸小船，引导幼儿猜想。

教师：老师用蜡光纸和皱纹纸分别折了一艘小船，猜一猜，如果把这两艘小船同时放到水里会怎样？

教师：哪艘小船沉得快？为什么？

（2）出示"玩纸船"记录单，引导幼儿记录。

教师：老师给小朋友准备了一张记录单，记录单上面是小问号，下面是小手。小问号是你猜想的结果，现在把你刚才猜想的结果记录下来。你认为哪艘小船沉得快，就在哪艘小船的下面画一个圆。

（3）汇总幼儿猜想结果。

3. 操作

（1）幼儿尝试实验操作，观察实验现象。

教师：老师给小朋友准备了用蜡光纸和皱纹纸折成的小船，现在请你选一艘小船，当老师说"一二三，放小船"时，大家一起将小船放到水中，仔细观察，看看你发现了什么？（见图2-4-1、图2-4-2、图2-4-3）

（2）幼儿操作实验后，引导幼儿将自己的发现记录在记录单上（见图2-4-4）。

图 2-4-1

图 2-4-2

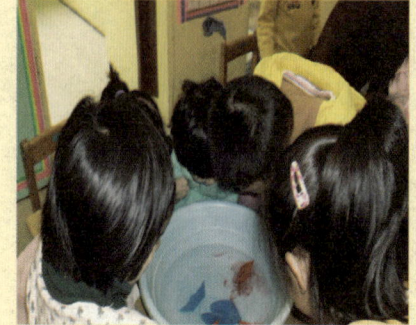 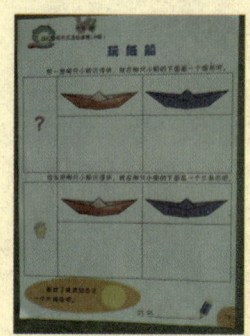

图 2-4-3　　　　　　　　　　　图 2-4-4

教师：你发现哪艘小船沉得快，就在哪艘小船下面画一个三角形，要把三角形画在有小手的那一行。

（3）汇总幼儿实验结果。

### 4．交流

展示幼儿记录单，鼓励幼儿互相交流自己的发现。

教师：谁来说一说，把小船放到水里后，你发现哪艘小船沉得快？为什么？

教师：小船为什么会湿？

### 5．小结

师幼共同总结实验结果，小结纸能吸水的现象。

小结：因为纸能吸水，当纸吸入过多水分时，就会变得很沉，这时就会沉入水里。而不同质地的纸，它吸水速度又是不一样的，吸水快的沉得就快，吸水慢的沉得就慢，我们以后再来探索其他不同质地的纸吸水速度是怎样的。

## 六、活动反思

科学实验活动的特点是让幼儿在动手实验操作活动中，主动去探索、发现现象。因而在活动中，教师通过各环节的教学口语启发、引导幼儿去思考、探索、发现，逐步地帮助幼儿理清思路、梳理经验。

如教学口语"仔细看一看这两种纸有什么不同？"目的是将幼儿的注意力引到对两种纸张质地的观察，幼儿就会发现"蜡光纸上面没有小条条，皱纹纸上有小条条。""皱纹纸有点粗糙，蜡光纸光滑。""蜡光纸是红色的，皱纹纸是蓝色的。"初步了解到两种纸张存在一定的差异，为最终的实验结果做好铺垫。

在猜想环节的教学口语"猜一猜，如果把这两艘小船同时放到水里会怎样？""哪艘小船沉得快？为什么？"幼儿会利用自身已有的经验来回答："蜡光纸的小船放在水里会沉下去。""蜡光纸的小船沉得快，因为它厚。""因为蜡光纸沉，它就沉得快。""皱纹纸柔软，它就沉得慢。"我从中可以了解到幼儿已有的生活与知识经验达到什么程度，同时也是检测本节活动对幼儿知识的重新建构是否有意义。

在交流环节中，运用教学口语"谁来说一说，把小船放到水里后，你发现了哪艘小船沉得快？为什么？""小船为什么会湿？"在层层递进的指导语的引导下，幼儿会自己主动地将活动前后的经验进行梳理，从中找出适合问题的答案来。

**活动设计**：大连市甘井子区希望之星幼儿园　李雪勤
**活动指导**：大连市甘井子区希望之星幼儿园　张梅

## 案例 五 纸桥力量大

### 一、设计意图

4~5岁的幼儿兴趣广泛，善于观察，对周围世界有着积极的求知探索态度，能够体会和感知到周围环境和生活中事物的细微变化。他们已经不满足于"是什么"，而且想知道"为什么"。根据中班幼儿的认知特点和兴趣点，我选择了生活中常见的各种纸，与幼儿一起在观察、探索、操作中感受纸的力量，从而培养对周围常见事物乐于探索的兴趣。

### 二、活动目标

初步感知纸的承受力与纸的材质有关。

能大胆观察、猜想、操作，知道不同的纸承受力的大小不同。

体验实验操作活动带来的乐趣。

### 三、活动重点、难点

**重点**：感知纸的承受力。

难点：探索不同纸的承受力大小的不同。

## 四、活动准备

卡纸、报纸、面巾纸、泡沫纸、亮片纸、图画纸、雪花片、集体操作单；每个幼儿两张姓名贴，事先放到幼儿桌垫下；每组一筐插塑玩具。

## 五、活动过程

### 1．感知

通过撕、拉的方法，感受纸的力量。

(1) 教师给每位幼儿一张材质相同的纸，通过撕或拉的方法感知纸的力量。

(2) 引导幼儿讨论。

教师：为什么同样的纸，轻轻一撕就能撕开，而向两边拉时，用了很大的力气也拉不开？

(3) 教师小结。

### 2．猜想

(1) 教师出示各种纸，引导幼儿说出纸的名称。

(2) 请幼儿猜测哪种纸可以用来做桥面，并说明理由。

教师：小朋友现在我们想用积塑和纸来搭一座纸桥，想想看，用哪种纸做桥面结实，如果把雪花片放在上面会不会掉下来呢？

(3) 请幼儿从桌垫下取出一个姓名贴，将猜想的结果贴到集体操作单上。

### 3．操作

通过操作验证不同材质的纸承受力的大小不同。

(1) 幼儿尝试实验操作，观察实验现象。

教师：请小朋友来试试哪种纸做桥面最结实。在实验时，小朋友要相互谦让，可以自己做实验，也可以和小朋友一起做实验。

(2) 将实验后的结果记录在集体操作单上。

教师：这次你认为哪种纸可以承受住雪花片，将你的姓名贴贴到相应的纸下面。

### 4．交流

(1) 请幼儿说说不同材质的纸承受力大小的变化，并将猜想与实际结果进行对照。

(2) 教师与幼儿共同小结。

教师：薄的、软的纸承受力小，厚的、硬的纸承受力大。

## 六. 活动反思

我设计本活动原因：一是纸在幼儿的生活中随处可见，幼儿熟悉纸、使用纸，但对纸承受力的大小了解的并不多。二是我班幼儿对任何事物都充满了兴趣，而且已经具备了一定的探究能力。此活动的目标达成比较好，能够将孩子的关注点和兴奋点引导到有意义的探究活动当中，极大地满足了幼儿的心理需求和发展需要，本活动的亮点如下：

### 1. 内容的选择贴近幼儿

纸是幼儿生活中常见的随手即可收集到的材料，同时纸在生活中的用处相当多。本活动中提供的纸张是幼儿经常能够使用到的，它的特性具有一定的普遍性和代表性。

### 2. 材料提供适宜幼儿的发展和需求

准备的各种实验用的玩具，源于幼儿生活，便于幼儿操作，对纸张的选择有一定的针对性，易于幼儿探索发现纸张的承受力不同。卡纸、报纸、面巾纸、泡沫纸、亮片纸、图画纸，这些纸都是幼儿生活中常见的纸，比较有代表性。

### 3. 教育策略运用得当

组织方法多样、灵活，以操作法为主让幼儿亲自动手操作，从而得出结论，避免了简单说教和传授知识；讨论区域与操作区域适当分离，给幼儿提供了更好的操作空间，同时便于幼儿观察、记录、对比。

**活动设计**：大连市甘井子区希望之星幼儿园　刘婕
**活动指导**：大连市甘井子区希望之星幼儿园　张梅

## 案例六 水娃娃搬家

### 一、设计意图

水是幼儿天天都能接触到的东西,是实际生活中必不可少的资源。喜欢玩水是幼儿的天性,尤其是在洗手时,他们经常故意拖延时间想和水来个"长久接触"。他们也喜欢问一些有关水的问题,如"水从哪里来?水要流到哪里去?"等。这些特点,正像《3~6岁儿童学习与发展指南》(以下简称《指南》)科学探究领域中所指出的:4~5岁幼儿常问一些与新事物有关的问题,常常喜欢动手动脑探索物体和材料,并乐在其中。因此我利用幼儿爱玩水这一特点,并结合《指南》中的指导建议,设计了本节活动,旨在引导幼儿在探究水的过程中学习发现问题,尝试解决问题,培养他们参与探究的兴趣。

### 二、活动目标

感知水是会流动的,了解一些材料的吸水性。

尝试运用多种方法帮助水娃娃搬家。

喜欢动脑筋想办法。

### 三、活动准备

每组一个装水的蓝色小盆、一个稍大的空盆子、海绵、筷子、汤勺、泡沫、针管、石头、杯子;幼儿记录单、集体记录单、记号笔。

### 四、活动重点、难点

尝试运用多种方法帮助水娃娃搬家。

### 五、活动过程

**1. 导入**

谈话导入,激发幼儿活动兴趣。

教师:你们在哪里看到过水?是什么水?

教师:水娃娃的家住在美丽的小池塘里(出示蓝色盆里装的水),有一天它们觉得太挤了,想搬到一个更宽敞的地方(出示一个比蓝色盆更大的盆子),小朋友请你想想怎么办呢?

**2. 猜想**

(1)鼓励幼儿猜想帮助水娃娃搬家的方法。

教师：请你们想一想，怎样把水娃娃从蓝盆里搬到另一个大盆里呢？

教师：想好后，请在你认为能运水的工具旁边画上水的标记。

（2）教师将幼儿的猜想记录在集体记录单上。

**3. 操作**

为幼儿提供操作材料验证猜想。

教师：刚才小朋友们把猜想记录下来，现在我们一起来试一试你猜想的对不对。

教师：下面请小朋友将工具放在水里，试试这些工具到底能不能运走水，并把结果记录在表里（见图2-6-1、图2-6-2、图2-6-3、图2-6-4、图2-6-5）。

图2-6-1

图2-6-2

图2-6-3

图2-6-4

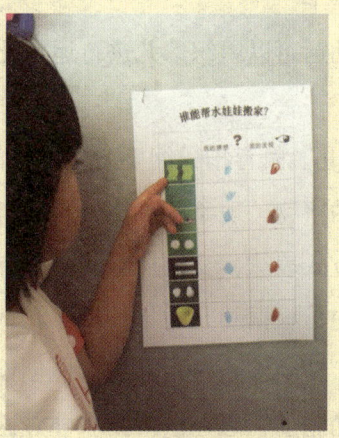

图2-6-5

教师：还可以用其他工具试一试，如果能运水，也画在记录单中。

**4. 交流**

（1）引导幼儿相互交流帮助水娃娃搬家的方法。

教师：请说一说你是怎样帮助水娃娃搬家的？

哪些工具能吸水？它们是怎样吸水的？

哪些工具能运水？哪些工具不能运水？为什么呢？

教师：你认为哪种"搬家"的方法比较好？为什么？

（2）教师汇总帮水娃娃搬家的方法，记录在集体记录单上。

（3）师幼共同总结。

教师：每一个小朋友都能动脑筋、想办法帮助水娃娃搬家，水娃娃真高兴。

在实验中我们有很多的发现：帮水娃娃搬家的方法有吸的方法和舀的方法。①能吸水的工具有针管、海绵，只要抽拉针管的上端，水就会被吸进针管，然后再压动针管，水就搬家了；把海绵放到水里，水就会跑到海绵里，然后把海绵里的水挤到另一个盆里就可以了，海绵的吸水性最强。②能运水的工具有海绵、针管、汤勺、杯子，其中海绵、针管还可以吸水。有的小朋友还发现因为杯子大装水多，所以运水的速度最快。

教师：其实，生活中还有许多可以吸水、运水的工具，请小朋友仔细观察，看谁还会有新的发现。

**5. 延伸**

活动后可以组织幼儿进行运水比赛。

## 六、活动反思

《幼儿园教育指导纲要》（以下简称《纲要》）中指出："科学领域的目标是对周围的事物、现象感兴趣，有好奇心和求知欲；能动手动脑，探究问题；能用适当的方式表达、交流探索的过程和结果"。根据《纲要》的精神，我在组织活动过程中，根据幼儿的年龄特点和认知规律，利用谈话的方式激发幼儿对水探索的兴趣，帮助水娃娃搬家的情境创设，幼儿的注意力一下被吸引住了，他们情不自禁地动脑筋、想办法帮助水娃娃搬到更大的家里。他们通过亲自尝试运水的过程，探索出帮助水娃娃搬家的好办法有——用海绵吸水、针管吸水、勺子舀水、杯子舀水，整个活动中，幼儿是主动去建构自己的知识，而不是被动接受，体现了幼儿是活动的主体。

在探索过程中，有的幼儿只顾玩得开心，却忘了记录，我知道这是幼儿的特点，因此我没有责怪他们，而是悄悄提醒幼儿记录，告诉他们记录会帮助我们记住实验结果，要不然就会忘记，这种教育策略幼儿会欣然接受。

在交流环节有的幼儿发现汤勺和针管能让水娃娃搬家，但它们的使用方法是不一样的，搬家的速度也是不一样的，他们认为汤勺得一勺一勺舀，有些麻烦，而针管往外一抽，水就出来了，针管帮水搬家要比汤勺快一些。幼儿讨论得很激烈，他们各执己见，纷纷发表自己的看法，这些正是我们幼儿园科学活动的目的所在，那就是培养幼儿从小具有浓厚的科学兴趣、探究欲望以及良好的科学态度、思维方法。

**活动设计：** 大连市中山区春童幼儿园　任嘉桢
**活动指导：** 大连市中山区春童幼儿园　孙月枝

## 案例七　气球变大了

### 一、设计意图

《3~6岁儿童学习与发展指南》中明确指出，幼儿科学学习的核心是激发探究兴趣，体验探究过程，发展初步的探究能力。同时《幼儿园教育指导纲要》中指出，幼儿园教育活动内容的选择应"既贴近幼儿的生活，选择幼儿感兴趣的事物和问题，又有助于拓展幼儿的经验和视野。"中班幼儿的思维特点是以具体形象思维为主，幼儿对科学活动充满兴趣，喜欢通过自己动手发现问题，因此我们应注重引导幼儿通过直接感知、亲身体验和实际操作进行科学学习，由此我选择本次科学活动《气球变大了》。

### 二、活动目标

感知白醋和苏打混合在一起会产生气体让气球变大的现象。

能大胆表达和交流自己的观察、发现。

体验科学活动的乐趣。

### 三、活动重点、难点

重点：耐心、细致与同伴合作试验，观察记录现象的变化。

难点：学习与同伴合作把气球套在瓶口上的操作技能。

### 四、活动准备

白醋、苏打、塑料瓶、漏斗、吸管、气球、小汤匙、步骤图一张（见图2-7-1）；小记录单人手一张、记录笔。

### 五、活动过程

**1. 导入**

（1）情境导入。出示操作材料导入活动，激发幼儿兴趣。

图 2-7-1

教师：今天老师给小朋友们准备了一些材料，我们一起来看看它们都是什么？

（2）认识实验材料——醋与苏打粉。

教师：猜一猜这是什么？闻一闻告诉老师，你是怎么知道的？

教师：你们猜对了，这种有酸味道的东西是醋。

教师：看一看，猜一猜这是什么？

教师：这种白色粉末状的东西是苏打粉。

（3）启发幼儿猜想。

教师：小朋友想一想，如果把苏打粉放到醋里，会发生什么变化呢？

**2. 操作**

观察醋和苏打粉加在一起的现象变化。

（1）提出操作与观察要求。

①尝试将一勺苏打粉倒入醋里。

②幼儿进行观察，并与同伴分享看到的现象。

（2）幼儿动手操作，观察醋和苏打粉加在一起的变化。

教师：将一勺苏打粉倒入醋里，你发现了什么？

教师：这些是小朋友们用眼睛可以看到的秘密，告诉你们哦，这里还藏着一个你们用眼睛直接看不到的秘密，你想知道吗？秘密就藏在这里（出示步骤提示图）。

### 3. 探索

（1）出示步骤提示图，了解实验操作的步骤（见图2-7-2）。

①幼儿观看步骤图，简单说一说步骤图的操作提示。

②教师结合步骤图，讲解示范试验操作的步骤。

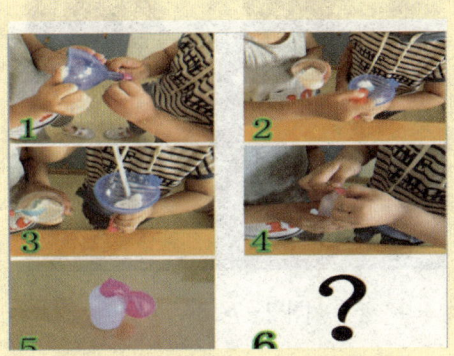

图2-7-2

教师：步骤一：一个人扶住漏斗，另一个人把气球套在漏斗口上。

步骤二：用漏斗往气球里倒入苏打粉。

步骤三：用吸管把苏打粉推入气球内。

步骤四：用食指和大拇指拉开气球的嘴巴，靠近瓶口边缘。

步骤五：一个人扶住小瓶子，另一个人把装有苏打粉的气球的口朝上，把气球套在装有东西的瓶口上。

教师：气球里的苏打粉倒入醋里会有什么样的事情发生呢？让我们自己动手试试吧。

（2）提出实验的要求。

①把气球套在漏斗口的时候要轻轻地用手将气球撑开；把气球套在瓶口的时候要用手用力将气球撑开。

②学会协商合作完成，按步骤提示，两个小朋友相互配合进行实验操作。

③操作完成后要认真观察气球的变化，然后把发现记录在记录单上（见图2-7-3）。

④做完后把材料收放到盘子里。

（3）幼儿两人合作，学习按步骤图提示进行实验，教师巡回指导（见图2-7-4）。

图2-7-3

图2-7-4

（4）鼓励幼儿大胆表达、交流自己的发现。

教师：把气球里的苏打倒入醋里后发生什么事情了？

　　　气球发生什么变化呢？

　　　气球为什么会变大呢？

**4. 交流**

教师小结。

教师：把气球里的苏打倒入醋里后会变成一种气体，淘气的气体钻进了气球扁扁的肚子里，把气球撑大了。

**5. 延伸**

提出问题，引发幼儿思考，拓展活动。

教师：刚才我们用了几勺的苏打粉和醋来做实验？

　　　小朋友们想一想，如果用两勺、三勺或者更多的苏打粉和醋加在一起，气球又会有什么样的变化呢？老师把这些材料放在科学区里，小朋友可以继续进行实验，别忘了把你发现的秘密记录下来，然后和大家一起来分享。

### 六、活动反思

这节活动的目标包含了认知、情感、能力三个维度方面的内容，适合中班幼儿的年龄特点和发展水平，具有很强的操作性。幼儿积极参与活动，专注力较强，说明幼儿对活动非常感兴趣。通过与同伴的合作完成了实验探究，发现了苏打粉和醋在一起可以使气球变大的这个神奇现象，活动目标得到达成。活动采取集体教学、小组合作、个别指导相结合，提高了教学效率，让幼儿在较短的时间里学习到新知识，也培养了幼儿间的合作意识。

科学活动主要是引导幼儿发现有趣的科学现象，进而自主探索，尝试解决问题。而白醋和苏打粉混合在一起会让气球变大的这一活动内容幼儿从未尝试过，可以满足幼儿的好奇心和探究欲望。活动中教师出示步骤图让幼儿理解操作步骤，引导幼儿探索，较好地培养了幼儿观察能力及思维的条理性。

在活动中也存在一些不足，例如：在幼儿实验的过程中，我更多关注幼儿对实验结果的记录，而忽视了用语言表述实验的过程和结果，因此，今后要注意多为幼儿提供大胆表达实验结果的机会，这样会使幼儿在表达过程中，更加感受到科学活动的神奇和有趣。

> **活动设计：** 大连市甘井子区教育局第二幼儿园　李寒冰
> **活动指导：** 大连市甘井子区教育局第二幼儿园　王晓馥

## 案例八　苹果里的秘密

### 一、设计意图

中班幼儿的思维具有具体形象的特点，他们已经不满足于表面上看到的，而是想追根问底，想知道更多的秘密。苹果是常见的一种水果，它的颜色、味道等特征幼儿已经有所了解，但苹果的内部构造是怎样的呢？这也是一个值得幼儿探究的问题，同时也会满足幼儿喜欢探索、喜欢发现的特点。因此，我选择并组织了"苹果里的秘密"这一活动，与幼儿共同探索苹果内部的"秘密"。

## 二、活动目标

通过观察，了解苹果的内部特征并尝试记录。

尝试切开苹果找到种子。

能积极参与科学探索活动。

## 三、活动重点、难点

了解苹果的内部特征。

## 四、活动准备

苹果若干，餐盘、餐刀幼儿人手一份，毛巾、托盘；"苹果里的秘密"幼儿记录单、集体记录单、记录笔。

## 五、活动过程

**1. 导入**

以猜谜语形式，激发幼儿的活动兴趣。

教师：小朋友，我们来玩个猜谜语的游戏，请大家仔细听，开动脑筋，衣服有红又有绿，长在树上真美丽，味道酸酸又甜甜，咬上一口脆又脆，猜猜是一种什么水果。

教师：谁能说一说是什么？让我们一起来看一看。

**2. 猜想**

(1) 出示苹果，提出问题，幼儿猜想，教师记录。

教师：如果我们把苹果切开，里面会有什么呢？

(2) 教师小结幼儿的猜想。

教师：小朋友的想法真是千奇百怪，有的小朋友认为苹果里有种子，有的小朋友认为苹果里有小虫子，我们一起来看看苹果里到底有什么。

**3. 讨论**

(1) 与幼儿讨论怎样把苹果切开。

教师：我们要怎样切才能看到苹果的里面呢？

(2) 教师总结切开苹果的方法。

教师：小朋友说得都很好！我们可以竖着切，也可以横着切。在切开苹果的时候要切苹果中间的位置，这样我们就会发现苹果里的秘密。

### 4. 操作

(1) 教师示范讲解切苹果及如何记录的要求。

教师：我们用刀切苹果时，要一手拿刀，一手按住苹果，刀子要离按苹果的手远一点，一定要注意安全。

教师：当你切开苹果后，你就会发现苹果里的秘密，将你的发现记录在记录单上。记录单分为竖着切苹果和横着切苹果两栏。如果你是竖着切开苹果的，就把你的发现记录在竖着切这一栏，如果你是横着切开苹果的，就把你的发现记录在横着切那一栏。

(2) 幼儿动手操作，教师巡回指导（见图2-8-1、图2-8-2）。

图 2-8-1

图 2-8-2

### 5. 交流

(1) 观察交流，进行讨论。

教师：请你和旁边的好朋友说一说，你是怎样切开苹果的？你发现苹果里都有什么？

(2) 梳理发现，集体记录。

教师：现在我们一起来看看苹果里面到底有什么。竖着切开苹果的小朋友，谁能来说一说在你切开的苹果里发现了什么（果肉、果核、种子）？

教师：果核是什么形状？什么颜色？在什么位置呢？种子是什么样子的？

(3) 教师小结。

教师：刚才小朋友说了，有果肉，果核是圆形的，种子像两个小水滴一样住在果核里，我们一起来看看是不是这样的？

教师：横切苹果的小朋友，谁来说说你的发现，你发现了苹果里有什么？它们都是什么样子？我们一起来看看，和你开始想的一样吗（见图2-8-3）？

(4) 与幼儿品尝苹果。

图 2-8-3

教师：今天小朋友们发现了不同的方法切开的苹果里面会有不同的秘密，老师要把这些苹果奖励给小朋友，现在我们一起去洗手品尝好吃的苹果吧！

## 六、活动反思

  本节科学探索活动中我遵循《幼儿园教育指导纲要》中对于科学领域的要求，为幼儿努力创设一个宽松的探究环境，鼓励幼儿运用多种感官看一看、摸一摸、闻一闻、切一切、尝一尝，参与活动，极大地调动了幼儿探究的积极性。在活动前，我分析了教材以及本班幼儿的认知特点，制定了相应的活动目标。在活动过程中，鼓励幼儿自己发现并且记录苹果里的秘密。这种在做中学的方式，促使每个幼儿都能积极思考，思维较为活跃。由于我班幼儿在自己记录方面能力有些不足，因此在记录操作单环节，我则采取由教师记录第一张操作单，幼儿记录第二张操作单的方法，给幼儿提供了可供借鉴参考的记录方法。

  本次活动也有一定的不足，在操作环节中，对于个体幼儿的关注还不够，教师应注意时刻眼中有幼儿，多观察他们在活动中的表现并给予及时的指导，促使每个幼儿在不同的水平上获得不同的发展。

**活动设计：** 大连市沙河口区第三教师幼儿园　　王敏

**活动指导：** 大连市沙河口区第三教师幼儿园　　吴娟

## 案例九 神奇的磁铁

### 一、设计意图

区域活动是幼儿每天最向往的地方。在区域活动时,我经常会看到他们用磁铁去吸各种东西,所以磁铁对幼儿来说并不陌生。除了区域里有磁铁外,在黑板上常用的磁铁扣、磁铁玩具等也都是幼儿常接触到的东西。他们也都知道磁铁能吸一些铁制的东西,但是对于磁铁的其他更深奥的特性却知道的很少,他们常常会在玩的过程中产生一些好奇心。为了能满足幼儿的这种好奇心和求知欲,我设计了本次活动,目的是让他们通过操作和探索去发现磁铁更多的奥秘。

### 二、活动目标

认识磁铁,知道磁铁相吸、相斥关系。

尝试表达并在记录单上记录自己的想法。

喜欢动手、动脑参与实验。

### 三、活动重点、难点

重点:认识磁铁,知道磁铁相吸、相斥关系。

难点:尝试表达并在记录单上记录自己的想法。

### 四、活动准备

各种形状磁铁、磁铁游戏卡、小盆;集体记录单、幼儿记录单、记录笔。

### 五、活动过程

**1. 导入**

(1) 出示磁铁玩具,激发幼儿学习兴趣。

教师:老师今天给小朋友带来了一个好玩的玩具,你们看是什么?小狗在干什么?小狗为什么能在纸上走呢?

(2) 教师小结。

教师:因为纸下有磁铁,小狗是铁做成的,磁铁能吸铁做的东西,所以小狗就会在磁铁的吸引下走起来了。

## 2. 感知

（1）出示玩具上的条形磁铁，引导幼儿观察后说出磁铁的外形。

（2）启发幼儿说出其他见到过的磁铁。

教师：除了刚才你看见的玩具上的磁铁外，你还见过哪些形状的磁铁？在哪见到的？

（3）教师依次出示相应的实物磁铁并做介绍（见图2-9-1）。

## 3. 猜想

（1）探索条形磁铁的相吸、相斥性。

教师：老师手里拿的是什么形状的磁铁呀？

教师：如果这两块磁铁碰一碰会怎样呢？

教师：想想看，哪边和哪边碰会吸在一起呢？

图2-9-1

（2）幼儿做猜想记录，教师巡回指导。

教师：这是"碰碰看"记录单，请把你的想法在栏里用连线记录下来。

（3）请幼儿说说自己的想法，教师汇总在集体记录单上（见图2-9-2）。

图2-9-2

图2-9-3

## 4. 操作

幼儿动手实验，验证自己的猜想。

教师：那么，小朋友的想法到底对不对呢？大家一起来试试吧。请小朋友拿出两块条形磁铁按照自己的猜想来实验，将结果记录在发现栏中（见图 2-9-3）。

5. 交流

（1）请幼儿说说实验结果，教师在集体记录单上记录。

（2）师幼共同小结。

教师：磁铁真神奇，颜色相同的两端碰在一起时会互相排斥，颜色不同的两端会互相吸引。

## 六、活动反思

在区域活动时，我经常会看到孩子们用磁铁去吸各种东西，他们常常在玩的过程中会产生一些好奇心和求知欲，为了能满足孩子们的这种好奇心和求知欲，我设计了本次活动，目的是让他们通过操作和探索去发现磁铁更多的奥秘。

整节活动我为幼儿创设了一个宽松、活跃的氛围，通过导入—感知—猜想—操作—交流几个环节，引导幼儿通过自己动手操作、自主探索去完成教育目标。幼儿对磁铁有了更深的认识，知道磁铁的种类，以及磁铁颜色相同的两端相排斥、颜色不同的两端相吸引的科学知识。更重要的是，幼儿的思维活跃、探究兴趣浓厚，体现了科学活动"在学中玩，在玩中学"的教育理念。

在活动的过程中也有很多不足之处，例如：在操作探索的环节中，由于我对实验要求讲得不够明确，导致有的孩子把磁铁拿在手中操作，实验结果就不明显，不过，当我发现此问题后，能够及时给予指导，于是再一次提出要求，要求幼儿把磁铁放在桌子上，用两只手分别轻轻推动一根磁铁，看看它们会怎样。经过引导，他们终于很明显地看到了不同操作的结果不同，弥补了这个问题。

**活动设计**：大连市旅顺口区中心幼儿园　王晓兰

**活动指导**：大连市旅顺口区中心幼儿园　李珺

## 案例 好玩的沙子

### 一、设计意图

沙子具有细小、松软、加水后可以任意造型等特点，容易诱发幼儿的想象力和创造欲。但平时，幼儿园的沙池或沙箱中的沙经常是干的或是湿的，而且玩沙活动大多安排在户外活动时间，因此，幼儿在玩沙时经常是在重复着铲沙、倒沙和堆沙动作，玩得不丰富，没有创造性。其根本原因在于幼儿不了解沙的特性，尤其不了解干沙和湿沙的区别，所以玩沙活动停留在浅表的动作上，玩法上没有创造性。《3~6岁儿童学习与发展指南》中指出：幼儿的科学学习应该在探究具体事物和解决问题中，尝试发现事物间的异同和联系的过程中进行。因此，我们应给幼儿提供丰富的材料和适宜的工具，支持和鼓励幼儿在游戏探究的过程中，感知常见物质、材料的特性，并积极动手、动脑寻找答案或解决问题。因此，我设计了本次活动。

### 二、活动目标

在玩中感受沙子的特性，能用不同的工具、材料进行塑型；

愿意与同伴交流玩沙时的发现；

感受科学探究活动的乐趣。

### 三、活动重点、难点

重点：感知和探索沙的特性。

难点：愿意与同伴交流玩沙时的发现。

### 四、活动准备

沙子（沙池）、模具、水、小铲、小桶等。

### 五、活动过程

**1. 导入**

（1）引导幼儿自由玩沙子，感受沙子松散的特点。

教师：小朋友，今天我们一起来玩沙子，用沙子来做东西，你们喜欢做什么就做什么，看谁先做好。

教师：做的时候不要把沙子扬起来，也不要用手去揉眼睛。

教师：刚才玩沙子的时候，你有什么发现？为什么呢？

（2）根据幼儿的回答，总结沙的特性。

教师：哦，沙子是细小的，浅浅的黄色，摸上去有些粗糙，很干，很松散，所以有些小朋友发现，用手怎么捏沙子，沙子也不会团到一起。

2. 猜想

教师引导幼儿根据自己的已有生活经验，进行猜想。

教师：沙子太干了，我们给它加点儿水，你们猜，干的沙子遇到水会怎么样呢？

教师：请把自己的猜想说给大家听一听。

3. 操作

引导幼儿用沙子和水进行实验，然后用湿沙塑型。

教师：现在请你们自己来实验一下，沙子加水之后到底会有什么变化呢？

教师：用湿沙和自己需要的工具做自己喜欢的东西吧（见图2-10-1）。

图2-10-1

4. 交流

（1）请幼儿交流玩沙的发现。

教师：你用湿沙做了什么东西？给小朋友介绍一下吧。

教师：小朋友在玩沙子的时候还有什么发现呢？有什么问题呢？

（2）教师小结。

教师：小朋友们用湿沙做了很多好吃、好玩的东西，真有趣。你们还有一些新的发现：湿沙要比干沙重，也容易捏合在一起，这样就可以任意做出自己喜欢的东西了。

六、活动反思

沙子是幼儿最常见，也是最爱玩的廉价的游戏材料，但以往大都停留在一些无目的的自由活动。本次活动通过精心准备而投放的游戏材料，有目的地引导环节的设计，使幼儿在玩沙活动中感知沙子的一些基本特征以及湿沙子可以塑型的特点等。

在《好玩的沙子》这一系列活动中，我为幼儿提供了充足的材料和宽松的活动空间，让幼儿在自由玩沙的过程中积极动手动脑、细致观察，积极与同伴交流，充分发挥了幼儿的自主性。因此，他们的兴趣极高，积极进行探索验证，充分体验了合作、成功的喜悦。在活动中，我不仅引导幼儿动手操作探索，而且注重幼儿与同伴之间的学习和合作，注重鼓励幼儿用语言表达自己玩沙过程中的一些发现，大胆提出自己的疑问，然后进一步启发幼儿自己发现问题，通过和家长共同查资料等方式寻找问题的答案，激发再探索的兴趣，这一点也正好体现了在玩中学习、玩中思考的教育思想。

**活动设计**：大连市长海县幼儿园　吕志红

**活动指导**：大连市长海县幼儿园　马晓兰

## 案例十一　有趣的蛋

### 一、设计意图

《幼儿园教育指导纲要》中指出：科学教育应密切联系幼儿的实际生活进行，利用身边的事物与现象作为科学探索的对象。蛋是人们生活中必不可少的营养食品，是幼儿生活中常见的食物。在进餐环节、认识食物的主题系列活动中，幼儿们对各种各样的蛋也产生了浓厚的探究兴趣。随之提出了各种各样的问题——为什么有的蛋大？有的蛋小？蛋的里面都一样吗？生蛋和熟蛋是一样的味道吗？什么动物妈妈是生蛋的……

《3~6岁儿童学习与发展指南》中也强调：注重引导幼儿通过直接感知、亲身体验和实际操作进行科学学习。由幼儿关注的问题很自然地生成了一些有趣的活动，本次活动就是其中之一。

## 二、活动目标

观察比较生鸡蛋、熟鸡蛋的不同。

鼓励幼儿尝试制作蒸蛋羹。

能主动参与探索活动。

## 三、活动重点、难点

重点：观察、比较生鸡蛋和熟鸡蛋的不同。

难点：充分运用感官、积极参与探索活动。

## 四、活动准备

礼物盒一个，内装鸡蛋两个，集体记录单，每名幼儿碗两个，生、熟鸡蛋、筷子、纸盒、湿巾各一个，微波炉。

## 五、活动过程

**1. 感知蛋**

（1）出示礼物盒，引起幼儿兴趣。

教师：老师收到了一份礼物，就藏在这漂亮的盒子里，请你来摸一摸。你摸到的是什么？摸起来是什么样的感觉？

（2）出示两个蛋，引导观察。

教师：请小朋友仔细看看，这两个蛋一样吗？

**2. 探索蛋**

（1）幼儿猜想。

教师：这是两个不一样的蛋，一个是生的、一个是熟的，请小朋友来猜猜看，哪个是生鸡蛋，哪个是熟鸡蛋？

（2）引导幼儿自由探索，教师巡回指导（见图2-11-1、图2-11-2、图2-11-3、图2-11-4）。

教师：请小朋友们想想办法，找一找，这两个蛋有哪些地方不一样？

图 2-11-1　　　　　　　　　　　图 2-11-2

图 2-11-3　　　　　　　　　　　图 2-11-4

(3) 集中交流，记录幼儿的发现（见图 2-11-5）。

(4) 幼儿动手打开鸡蛋，引导、观察并说出生鸡蛋和熟鸡蛋的不同（见图 2-11-6）。

图 2-11-5　　　　　　　　　　　图 2-11-6

教师：小朋友刚才发现了两个蛋的不同，那么到底哪个是生鸡蛋，哪个是熟鸡蛋呢？

教师：让我们打开看看吧。

教师：请小朋友来说说打开蛋后你们的新发现吧。

(5) 师生汇总两个鸡蛋的不同，共同得出结论。

教师：小朋友刚才用闻一闻、摇一摇、听一听、转一转的方法，发现了生鸡蛋闻起来有点腥的味道，摇一摇还有点声音，转起来有点慢；熟鸡蛋闻起来香香的，听不到一点的声音，转起来很快。

### 3．烹饪蛋

(1) 与幼儿谈话，回忆蛋的不同吃法。

教师：鸡蛋很有营养，小朋友每天都吃，袁老师今天也来尝一尝生鸡蛋行吗？

教师：你们知道蛋都可以怎样吃吗？

(2) 教师小结。

教师：鸡蛋可以煮着吃、蒸蛋羹吃，还可以炒菜、做汤吃，既有营养又好吃。

(3) 引导幼儿尝试蒸鸡蛋羹。

教师：小朋友，你们看过妈妈怎样蒸蛋羹吗？

(4) 教师示范演示蒸蛋羹的方法。

(5) 师幼共同合作蒸蛋羹。

### 4．品尝蛋

(1) 引导幼儿观察蒸熟的蛋羹的样子。

教师：蒸好的蛋羹是什么样的？

(2) 请幼儿品尝蒸好的蛋羹。

## 六、活动反思

本节科学探究活动，我始终以认识蛋为主线，通过感知蛋、探索蛋、烹饪蛋、品尝蛋四个环节，引导幼儿通过观察、比较、探索、实验等方法，主动探索生蛋和熟蛋的不同，并尝试合作制作蒸蛋羹，较好地完成了本次活动的目标。其中有几点体会值得反思，具体如下：

### 1．捕捉幼儿的兴趣点，把握目标的准确定位

一个好的活动，关键是教师对教学目标的思考和确定。有了准确、恰当的教

学目标，教学中的师生活动才有灵魂。本次活动由幼儿的兴趣点开始，帮助教师从中发现了教育契机，确定了一个有教育价值的素材，我结合班级幼儿的实际，将材料的独特性和知识的逻辑性统一，确立了适宜的教育目标，促成师生在目标下共同生成、共同发展、共同进步。

### 2. 落实教学过程，发展幼儿的创意空间

教学过程是一种特殊的认识过程，是教师根据幼儿身心发展的特点，借助一定的教学条件，通过提供的实物材料，指导幼儿通过认识教学内容从而认识客观世界，并在此基础上发展自身的过程。本次活动，鼓励幼儿自己动手，采用不同的感知方式：看、听、摸、闻、掂，将目标层层分解，通过逐步推进的教学环节，由发现生熟鸡蛋的不同提出问题，引发幼儿的兴趣：猜猜看，哪个是生鸡蛋，哪个是熟鸡蛋？从鼓励幼儿动手操作到交流分享：请小朋友来说说打开蛋后你们的新发现吧……教师有目的、有计划地引导幼儿能动地进行认识活动，建立自身经验基础上的探索与发现。

在活动的过程中，也发现了一些需要注意的方面——提供的两个蛋有生熟的不同，为了避免蛋破碎，我可以在探索蛋的时候，提醒幼儿动作要轻一些。另外，还可以做适当的演示，以便给幼儿提供正确的操作方法。

**活动设计**：大连市实验幼儿园　袁丽

**活动指导**：大连市实验幼儿园　邵晓晨

## 案例十二　让铅笔站立起来

### 一、设计意图

《3~6岁儿童学习与发展指南》中明确指出，幼儿科学学习的核心是激发探究兴趣，体验探究过程，发展初步的探究能力。同时《幼儿园教育指导纲要》中指出，幼儿园教育活动内容的选择应"既贴近幼儿的生活，选择幼儿感兴趣的事物和问题，又有助于拓展幼儿的经验和视野"。中班幼儿的思维特点是以具体形

象思维为主，他们对科学活动充满兴趣，喜欢通过自己动手操作发现问题、解决问题。铅笔是幼儿熟悉的一种学习工具，他们有时也会把它当做玩具来玩。本次活动，我想尝试引导幼儿在玩铅笔的过程中，探究使其站立的办法，以激发他们对神奇的科学现象的浓厚兴趣，发现生活中的有趣现象，并将这些有趣的现象积极联系到实际中的物理现象（三角撑），因此设计了此活动"让铅笔站立起来"。

## 二、活动目标

在玩铅笔的过程中尝试用"三角撑"的方法架起来。

尝试表达操作过程和结果。

喜欢动手做小实验。

## 三、活动重点、难点

重点：在玩铅笔的过程中尝试用"三角撑"的方法架起来。

难点：尝试记录并表达操作过程和结果。

## 四、活动准备

铅笔若干支、台布若干块；"三角撑"在生活中运用的幻灯片。

## 五、活动过程

### 1. 导入

(1) 出示操作材料导入活动，激发幼儿兴趣。

教师：今天我给小朋友带来一些大家熟悉的东西，看一看它们都是什么？

(2) 引导幼儿尝试多种方法玩铅笔。

教师：我们一起来玩铅笔，看谁玩的方法多、方法好。

(3) 启发幼儿猜想。

教师：现在请你们猜一猜，如果不用任何东西帮助，铅笔能够站起来吗？

### 2. 操作

(1) 请幼儿试一试，不借助其他东西帮助，铅笔能否站起来。

教师：请小朋友按照自己的猜想试一试吧（见图2-12-1、图2-12-2、图2-12-3）。

图 2-12-1

图 2-12-2

图 2-12-3

图 2-12-4

（2）引导幼儿不借助其他东西想办法让铅笔站立起来。

教师：请小朋友只用铅笔，不用其他东西，试一试怎样能让铅笔站立？

教师：你用了几根铅笔？铅笔站起来了吗？为什么呢？

（3）启发幼儿用三只铅笔相互竖搭的办法让铅笔站立（见图 2-12-4）。

### 3. 交流

组织幼儿交流让铅笔站立的办法。

教师：你的铅笔能站立不倒吗？用了什么办法？

### 4. 延伸

播放"三角撑"在生活中的运用幻灯片，拓展幼儿对"三角撑"的了解。

教师：小朋友真棒，不用任何东西帮助，就让铅笔站起来了，工人叔叔把这种方法叫做"三脚撑"。这种方法在我们的生活中用到的地方可多了，比如麦克风、照相机的架子、晾衣架，农民伯伯种蔬菜时搭的架子，新种的高大的树木要用"三脚撑"的方法帮它巩固，就是在盖高楼的时候也要用到这种方法。

## 六、活动反思

让铅笔站立这个活动是生活中的"三脚撑"等科学原理运用到生活经验之中引发的活动，我力求通过小小的游戏，引发幼儿对身边科学现象的探究兴趣，培养幼儿养成积极动脑、善于思考，想方设法解决问题的良好习惯。

本次活动中我采用游戏、猜想和尝试操作等教学策略，让幼儿在玩中学，在做中探索和发现"三脚撑"的物理现象。在导入环节，幼儿在自由玩的过程中想出多种玩铅笔游戏的方法，如可以在桌面上旋转、可以做指挥棒、可以和伙伴拼搭等，学习的兴趣高涨。此时我就趁热打铁，通过一个问题："不借助其他东西帮助，铅笔可以站立吗？"给幼儿设疑，进一步让幼儿去思考，为后边的"三脚撑"现象探索做好铺垫。幼儿对这个问题非常感兴趣，纷纷开动脑筋，用语言来表述自己想到的好办法；在验证猜想环节中，幼儿发现：1支铅笔是无论如何也不能站立，怎么办呢？此时我运用了启发性的提示——试试再用2支铅笔、3支铅笔，或许会使铅笔站立。他们经过多次尝试，终于有一些幼儿成功了。于是我又鼓励幼儿互相介绍经验，演示做法，分享彼此的操作感受，直至让每位幼儿都体验到成功的喜悦。

本次活动是在一个个失败、一次次尝试中完成的。整个活动由浅入深，不断地引发幼儿的思考。活动目标设立符合幼儿学习的年龄特点，是幼儿喜欢的一次活动。老师一定要在组织中给幼儿提供充分的实验操作时间，不能急于求成，要学会等待，因为在反复尝试中来之不易的成果对幼儿来说才是有价值的，终生难忘的经验。

**活动设计**：大连市实验幼儿园　贾红梅
**活动指导**：大连市实验幼儿园　邵晓晨

## 案例十三 有趣的糖

### 一、设计意图

《3~6岁儿童学习与发展指南》中明确指出,幼儿科学学习的核心是激发探究兴趣,体验探究过程,发展初步的探究能力。同时《幼儿园教育指导纲要》中指出,幼儿园教育活动内容的选择应"既贴近幼儿的生活,选择幼儿感兴趣的事物和问题,又有助于拓展幼儿的经验和视野"。糖在水中溶解这一科学现象,既贴近幼儿的生活,又能激发幼儿的探究兴趣,因此,我设计了"有趣的糖"这节科学活动,希望幼儿在探究过程中,体验科学现象为生活带来的乐趣。

### 二、活动目标

观察方糖在水中的溶解现象。

能用语言描述自己在实验中的发现。

喜欢观察事物的变化。

### 三、活动重点、难点

重点:感知方糖在水中溶解的现象。

难点:能用语言描述实验中的发现。

### 四、活动准备

人手一份操作材料:方糖、已消毒的透明杯、温开水、小勺、托盘;集体记录单;"神奇的糖"记录单。

### 五、活动过程

**1. 导入**

引导幼儿观察实验材料。

教师:小朋友,看看你们的小托盘里有什么?

教师:方糖是什么颜色、什么形状的?

**2. 猜想**

(1)提出问题,引导猜想。

教师:请小朋友猜一猜,如果把方糖放进水里会怎么样?

(2)引导幼儿讨论,教师将幼儿不同的想法用图画的方式记录在集体记录单上。

教师：请小朋友说说不同的想法。

3．操作

（1）提出实验要求，进行实验操作。

教师：请小朋友把方糖放进水杯中，仔细观察方糖有什么变化（见图2-13-1、图2-13-2）。

图2-13-1

图2-13-2

（2）幼儿观察、记录自己的发现。

教师：请把你的发现用图画的方式记录在记录单上。

（3）幼儿再次进行搅拌实验并观察记录实验结果。

教师：这次请小朋友把方糖放进水中，并用小勺轻轻地搅拌，仔细观察，你有什么新发现？

教师：把你的新发现画在记录单上（见图2-13-3）。

图2-13-3

图2-13-4

**4．交流**

（1）展示幼儿记录单，引导幼儿表达自己的发现。

教师：把方糖放进水杯中，你发现方糖有什么变化？

教师：用小勺搅拌后，你又有什么新发现（见图2-13-4）？

（2）教师与幼儿共同小结实验结果并进行集体记录。

教师：小朋友在第一次实验时，发现方糖在水中一点一点溶化、变小，最后方糖不见了。在第二次实验时，发现方糖在小勺的搅拌下很快就溶化不见了。

**5．延伸**

请幼儿品尝杯里的水，进一步感知溶解现象。

教师：方糖放进水里真的不见了吗？它到哪里去了呢？

教师：我们一起来尝尝糖水的滋味吧。

## 六、活动反思

这是一节科学领域的活动，科学领域的目标要求幼儿动手动脑，能用适当的方式表述实验的结果，以培养幼儿的探究兴趣作为活动的出发点。因此，在设计这节活动时，我准备了充分的可操作材料，充分调动幼儿的探究兴趣，让幼儿在动手操作中，观察方糖溶解的现象，感受科学实验带来的快乐。

从活动效果看，整节活动基本完成了预设目标。幼儿都对方糖溶化这一科学现象特别感兴趣，参与积极性非常高。他们在实验的过程中观察、思考，体验科学探究的乐趣。从这点上说，这节科学活动设计还是比较符合幼儿的心理发展特点的。

但科学活动是严谨的，在组织这样一节活动中仍然存在一些细节问题。比如幼儿表达实验发现时，他们的科学语言不够丰富，有时候对看到的现象表达不够清晰，我就有点着急了，给幼儿表达的机会不够，引导不够充分。

科学活动对教师的要求很高，我希望在今后的活动中不断完善自己的教学技术，提高自己的教学智慧，能更好地驾驭科学活动。

**活动设计：** 大连市沙河口区教师幼儿园　翁晓鸣

**活动指导：** 大连市沙河口区教师幼儿园　庄树伶

## 案例十四 树叶对对碰

### 一、设计意图

随着天气的变化，气温的突然下降，树叶纷纷飘落才将秋季的明显季节特征显现出来，而这些变化也引起幼儿的注意。《3~6岁儿童学习与发展指南》中明确指出，"幼儿科学学习的核心是激发探究兴趣，体验探究过程，发展初步的探究能力"。同时《幼儿园教育指导纲要》中指出，幼儿园教育活动内容的选择应"既贴近幼儿的生活，选择幼儿感兴趣的事物和问题，又有助于拓展幼儿的经验和视野"。中班幼儿的思维特点是以具体形象思维为主，他们对科学活动充满兴趣，喜欢通过自己动手操作，发现问题。根据我班幼儿兴趣与实际发展需要，结合季节特征，选择幼儿身边常见的梧桐树和银杏树，引导幼儿学习运用观察、比较的方法，区分两种树叶的不同，激发观察、操作、思考、表达的自觉行为，设计了此活动。

### 二、活动目标

观察比较树叶的不同，感知树叶的多样性。

能按照梧桐树叶和银杏树叶的不同特征进行分类。

喜欢与树叶做游戏。

### 三、活动重点、难点

重点：观察比较树叶的不同，感知树叶的多样性。

难点：能根据梧桐树叶和银杏树叶的不同特征进行分类。

### 四、活动准备

红、黄、绿、掌形、心形、扇形落叶若干；

梧桐树和银杏树的叶子每人一片，分类盒三个（红色、黄色、绿色）；

多彩的树叶集体记录单、记录笔；

"树叶为什么会变色从树上飘落下来"的课件。

### 五、活动过程

**1. 导入**

教师：秋婆婆来了，天气渐渐地变凉了，一阵秋风吹过，许多树叶宝宝都

图2-14-1

离开了树妈妈。它们跑来和中一班的小朋友做游戏了！看，它们来了！来的是什么树叶宝宝？你认识它们吗？

**2．感知**

（1）出示梧桐树和银杏树的叶子，引导观察。

教师：现在小朋友手里有几片叶子？谁知道它们的名字？说一说（见图2-14-1）。

（2）观察比较两种树叶的不同，教师将幼儿的发现用图画的方式记录在集体记录单上（见图2-14-2）。

教师：小朋友们仔细观察，比一比梧桐树和银杏树的叶子一样吗？哪些地方不一样？

教师：它们的叶子大小一样吗？它们的形状一样吗？

教师：它们的颜色呢？它们的叶脉又有什么不同？

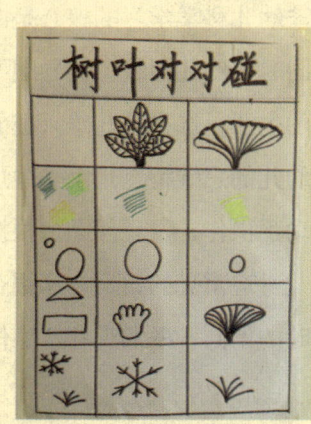

图2-14-2

**3．分类**

（1）引导幼儿根据叶片的颜色进行分类游戏，按颜色将树叶送到不同颜色的分类盒中。

教师：又一阵秋风吹过，吹来了好多树叶宝宝，请为红色、黄色、绿色的树叶宝宝找到自己的家。

（2）教师将发散型叶脉、银杏型叶脉图卡分别贴在两个分类盒中，引导幼儿根据叶脉的分布进行分类游戏。

教师：看看分类盒上的叶脉标志，请找到相应的树叶宝宝把它们送回家（见图2-14-3）。

图2-14-3

**4. 延伸**

(1) 展示课件，向幼儿介绍树叶为什么会变色从树上飘落下来的原因。

教师：叶子中有叶绿素、红色素、黄色素；秋天，叶绿素慢慢褪去，红色素、黄色素显现。因为无法进行光合作用，只靠呼吸作用，所以树叶会掉落下来。

(2) 激发探索树叶的多样性的欲望。

教师：在大自然中有很多种大树，每种大树妈妈都有不同的树叶宝宝，你还认识哪些树？它们的树叶宝宝又是什么样子的？小朋友要多去观察，就会发现很多的秘密。

## 六、活动反思

本次活动是一次家长开放日活动。活动中幼儿情绪高涨，有着浓厚的探究兴趣，家长对开放活动参与积极性也非常高，活动取得了较好的效果。分析成功的原因，有以下几方面：

**1. 前期准备工作充分，充分利用家长资源，为幼儿积累了丰富的经验**

首先，活动之前，我们带领孩子到草地上捡落叶，还发动家长双休日和孩子一起采集树叶，然后带到幼儿园里进行制作粘贴活动。家长通过各种途径查找自己所需的资料和孩子设计自己的作品。有了目标后，家长带着孩子根据自己所需要的树叶去采摘，然后回来压平，这一系列的活动准备都为亲子活动打下了基础。同时，也为他们创造了很好的交流机会，增进了彼此的感情，有了这些前期的活动，使得家长和孩子们在课堂上能发挥更大的潜能。

**2. 亲子合作，使幼儿充分体验成功的满足**

在活动中，孩子的创想加上家长的精心制作所完成的每一幅作品，对于孩子来说都是一种骄傲，他们会很自豪地说："这是我和我的爸爸妈妈一起做的！"每个孩子都体验到动手操作、和家长合作的成功感。

**3. 教师对幼儿和家长积极的鼓励及反馈调动了他们的积极性**

老师对他们的活动及作品进行了及时的反馈和肯定，让家长也有一种成功感和满足感，激发家长参与活动的积极性，我们把家长和孩子们一起完成的树叶贴画作品，不仅仅展示在了班级的作品展示区中，也把它们拍摄了下来，发到家园联系群里，这样能让更多的家长看到他们的作品。

活动中也存在几点不足：①在活动中，幼儿的观察兴趣虽然浓厚，但是对于观察的方法和顺序较为杂乱、无序，教师应及时给予观察方法上的引导。② 在表达自己发现的时候，语言和词汇较为缺乏，在今后的工作中应该注意加强培养。

> **活动设计：** 大连市沙河口区教师幼儿园　谢巍
> **活动指导：** 大连市沙河口区教师幼儿园　迟秀红

## 案例十五 吹泡泡

### 一、设计意图

《3~6岁儿童学习与发展指南》（以下简称《指南》）科学探究教育建议部分明确指出："要和幼儿一起发现并分享周围新奇、有趣的事物与现象，一起寻找问题的答案。"众所周知，吹泡泡是各个年龄阶段的幼儿都挚爱的一种游戏，幼儿对七彩的泡泡充满了幻想、好奇。因此，我结合《指南》的建议并根据幼儿的兴趣点，设计了科学活动"吹泡泡"，幼儿在玩的过程中发现泡泡的秘密，从而培养幼儿探究问题、发现问题、解决问题的良好品质。

### 二、活动目标

探索各种能吹泡泡的工具，了解有小洞和间隙的材料能吹出泡泡。

运用各种感官感知泡泡的特性，发现不同形状的工具吹出的泡泡都是圆形的。

能比较专注地参与实验。

### 三、活动重点、难点

**重点：** 运用各种感官感知泡泡的特性。

**难点：** 发现不同形状的工具吹出的泡泡都是圆形的。

### 四、活动准备

吸管、钥匙、漏勺、苍蝇拍、刷子、树叶、细铜丝、剪刀。

## 五、活动过程

### 1. 导入

（1）谈话导入。

教师：小朋友猜一猜我们今天是来干什么的？

教师：看一看都有哪些吹泡泡的工具？

教师：说一说怎样才能吹出泡泡？先怎么样，后怎么样？

（2）教师演示吹泡泡的方法，幼儿练习吹泡泡。

教师：吹泡泡的时候不要对着别人吹，泡泡液溅到脸上要赶快用毛巾擦干，千万不要把泡泡吸进去。

教师：请你们用吸管吹泡泡，比一比看谁吹得大。

（3）鼓励吹成功的幼儿跟同伴交流吹泡泡的方法（见图2-15-1）。

### 2. 讨论

（1）教师提出问题，引导幼儿讨论。

教师：还有什么东西可以吹出泡泡？

（2）出示苍蝇拍、漏勺、鞋刷、钥匙等一些特别的材料，引导幼儿猜想。

图2-15-1

教师：猜一猜，这些工具能不能吹出泡泡？

### 3. 操作

（1）幼儿尝试吹出泡泡后，描述从哪里吹出来的，并演示给老师看。

教师：哪个能吹出泡泡？泡泡是什么形状的？

（2）教师鼓励幼儿反复尝试，用不同的工具吹泡泡（见图2-15-2、图2-15-3）。

图 2-15-2

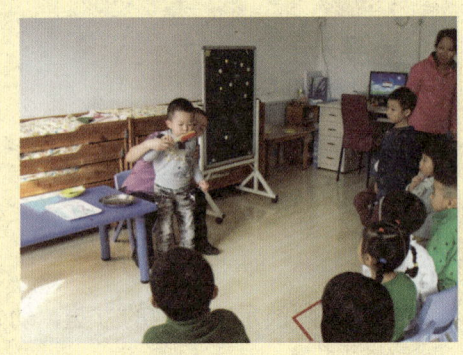
图 2-15-3

(3) 教师总结。

教师：有洞洞和有缝隙的工具都能吹出泡泡，吹出的泡泡都是圆形的。

(4) 出示树叶，提出问题，激发幼儿尝试用树叶吹泡泡的兴趣。

教师：树叶能变成吹泡泡的工具吗？

(5) 幼儿探索发现。

教师：小朋友想一想怎样用树叶吹出泡泡？

(6) 教师与幼儿共同总结。

教师：用剪刀在叶子上剪出洞洞就能吹出泡泡。

4．延伸

(1) 教师出示细铜丝，引导幼儿把铜丝弯成圆形、正方形、三角形的吹泡泡工具（见图 2-15-4）。

(2) 幼儿分别用三角形、正方形、圆形的泡泡工具感知泡泡的特性。

教师：用三种不同形状的泡泡工具会吹出什么形状的泡泡？

图 2-15-4

(3) 教师与幼儿共同小结，进一步感知泡泡的特性。

教师：虽然吹泡泡工具的形状不同，但吹出的泡泡形状都是圆形的。

### 六、活动反思

本次教学活动中以点为切入点，由点到面逐步拓展教学内容，即探索多样性的吹泡泡操作工具，避免了眉毛、胡子一把抓。"吹泡泡"的选材，既符合幼儿的兴趣和现有的经验，又有助于形成符合教育目标的新经验；既贴近幼儿的生活，又有助于拓展幼儿的经验。

"吹泡泡"教学活动分为四个层次：第一层操作材料是以幼儿熟知的吹泡泡工具——吸管引入，激发了幼儿的探索兴趣；第二层操作材料是取之于生活中常见的生活用品，使幼儿通过探索得知有孔、有缝隙的物品能够吹出泡泡；第三层操作材料选取了一片树叶，教师和幼儿一起探索吹泡泡，使不能变为可能；第四层操作材料利用多种活动材料来制作吹泡泡的工具，知道无论使用什么形状的工具吹出的泡泡都是圆形的。

在整个活动中，老师只是穿针引线，大多时间以幼儿自由探索为主，让幼儿融入活动，引领整个教学活动。这种教学方法，充分体现了幼儿的主体性和教师的主导性。根据幼儿的年龄特点和兴趣爱好来选择适宜的活动内容。

本活动的不足之处：①我在活动中调配的泡泡水的比例不合适，导致幼儿在实验的过程中，需要反复尝试几次才能吹成功，浪费了一些时间，在以后的活动中，应当事先多试验几次，再让幼儿进行操作，就会避免出现类似的问题。②在用树叶吹泡泡这个环节，原先设计的是请幼儿在活动中自己动手做一个树叶泡泡器，考虑到时间的原因，没有进行。我在演示时，在树叶上剪的小洞有点小，导致吹出的泡泡不是很明显。

幼儿在这次活动中，由始至终对活动充满兴趣。通过自主操作、探究，理解了泡泡的一些特性，较好地达到了教育目标。

*活动设计*：大连市沙河口区教师幼儿园　王岚
*活动指导*：大连市沙河口区教师幼儿园　邹新新

## 案例十六 制作不倒翁

### 一、设计意图

不倒翁是幼儿比较熟悉且喜欢的玩具,对于不倒翁不倒的秘密和原因,他们产生了浓厚的兴趣,而且他们非常渴望亲手制作属于自己的不倒翁。因此,我从幼儿的生活中寻找兴趣点,选择了本次活动,目的是通过本次活动让幼儿在自己动手制作的过程中体验、探索不倒翁不倒的秘密,从而感受科学的魅力和成功的喜悦之情。

### 二、活动目标

探索、制作不倒翁,知道不倒翁不倒与位置、重量的关系。

大胆表达自己探索、制作的过程和结果。

感受探索、制作的乐趣。

### 三、活动重点、难点

探索、制作不倒翁,知道不倒翁不倒与位置、重量的关系。

### 四、活动准备

不倒娃娃,果冻盒、大小块的橡皮泥、石头、托盘,集体记录单,轻松的音乐。

### 五、活动过程

**1. 导入**

(1) 出示不倒娃娃,边摇晃边与幼儿打招呼,激发幼儿的兴趣。

教师:小朋友,你们好,你们知道我是谁吗?

教师:想想看,我为什么左晃右晃都不会倒呢?

(2) 与幼儿共同总结不倒翁不倒的原因。

教师:因为不倒娃娃底部是圆圆的,而且里面有重重的东西(见图2-16-1)。

图2-16-1

**2. 尝试**

(1) 介绍制作材料，激发制作不倒翁的愿望。

教师：你们自己想不想做一个不倒翁，和它做好朋友呀。老师今天给你们准备了果冻盒、橡皮泥、石头，先想一想怎样可以制作不倒翁，然后再试着做一做。

(2) 幼儿第一次尝试制作，教师观察并指导。

教师：你是怎样做不倒翁的？

教师：你做的不倒翁成功了吗？为什么（见图2-16-2）？

图2-16-2

(3) 与幼儿共同探讨成功与不成功的原因，并将成功的做法记录在集体记录单上。

教师：你的不倒翁做成功了，说说是怎样做成的？

教师：可以打开你的不倒翁给其他小朋友看看，胶泥放多少？胶泥的位置在哪？石头的位置在哪？说给大家听听。

教师：没成功的不倒翁，你是怎样做的？打开你的不倒翁看看是什么原因没成功？请你说一说。

**3. 操作**

(1) 引导幼儿第二次制作不倒翁，体验成功感。

教师：请成功的小朋友可以再换一种材料制作不倒翁，没有成功的小朋友想办法让你的不倒翁不倒。

(2) 幼儿制作，教师重点指导没有成功的幼儿。

**4. 交流**

(1) 与幼儿共同讨论做不倒翁的成功原因并记录（见图2-16-3）。

(2) 教师小结制作不倒翁的好办法。

教师：如果用橡皮泥做，那么橡皮泥

图2-16-3

的大小要合适,并且要压扁放在果冻盒的底部。如果用石头做不倒翁,石头一定要粘在胶泥的中间,位置不能偏了,并且石块大小还要适中,不能太大,这样做不倒翁就会做成功。

### 5. 延伸

与幼儿一起在轻松的音乐中玩不倒娃娃。

## 六、活动反思

本节活动幼儿在宽松的探究氛围中,在积极主动的反复操作中体验到不倒翁玩具蕴含的奥秘,充分体验到亲手制作玩具的乐趣。我认为,科学活动都应具有探索性,从探索性方面考虑,我的活动分为五个环节:导入、尝试、操作、交流、延伸。在导入环节中,幼儿对不倒娃娃很感兴趣,在一个启发性提问语——"想想看,我为什么左晃右晃都不会倒呢"的引导下,激发了幼儿进一步去探索、制作不倒翁的欲望。在第一次尝试制作环节,我改变以往先示范后制作的指导方式,而是让幼儿自己去思考、去制作,从而自己构建成功的经验,此时,我又及时根据幼儿的成功与失败总结原因;在第二次制作的过程中,通过重点对第一次未成功的幼儿进行指导,让每个幼儿都体验到成功的喜悦,同时提升了幼儿的科学经验。

本次活动我从幼儿的兴趣点出发,选择的内容适合中班的幼儿,选择的材料来源于生活,在活动过程中我努力为幼儿营造探究的环境,层层递进,给幼儿充分的时间观察、探究,放手让幼儿去做,每一次的操作活动都充分体现出幼儿是学习的主人,让幼儿自己去选择材料,自己制作,自己发现科学原理,自己分析失败和成功的原因,自己总结出不倒翁不倒与位置、重量的关系,自己探索、发现、解决问题,并且与同伴分享学习的经验。

在活动中,我也发现有一些不足之处,例如,幼儿在使用石头制作不倒翁时,石头与塑料托盘会发出较大的碰击声。如果教师事先考虑周密些,在托盘里放一块棉布,会很好地解决这个问题,从而营造安静的探究环境,这样就不会干扰幼儿的思维,分散其注意力。

**活动设计:** 大连理工大学幼儿园　肖芳
**活动指导:** 大连理工大学幼儿园　刘红梅

## 案例十七 多彩的果味奶

### 一、设计意图

大自然中到处都是绿色、红色、黄色等充满生机的颜色,这些色彩时刻吸引着幼儿的视野,并感染着他们,奇妙的颜色是怎么来的?颜色又是怎么变来变去的?这一个又一个有趣的问号时常引起他们的好奇。中班幼儿已经认识一些常用的颜色,知道颜色存在于多种事物之中,但对颜色的相互演变及颜色在人们生活中的作用还是不了解的。

《幼儿园教育指导纲要》强调,让幼儿在体验材料特性的同时了解它们对生活的作用。因此,在主题活动中,通过引导幼儿亲手制作果味奶,使其了解了植物中的颜色以及食物中颜色的来源和运用。这样不仅使幼儿享受到色彩带给生活的乐趣,而且还培养了幼儿初步的环保意识和行为。

### 二、活动目标

知道从水果里可以提取颜色,发现水果颜色可以染色。

学会使用榨汁器提取颜色。

体验颜色在生活中的作用。

### 三、活动重点、难点

**重点:** 知道从水果里可以提取颜色,发现水果颜色可以染色。

**难点:** 学会从水果中提取颜色的方法。

### 四、活动准备

"小熊的家"、"小熊买水果"、"有害色素食品"、"有颜色的糖果"的视频图片;每组一份新鲜的水果:橙子、猕猴桃、西瓜(活动前清洗、切碎),每人一份原味酸奶倒在透明杯子里;两名幼儿一个压汁器、餐盘、小勺、吸管、湿巾若干;集体记录单,深浅不同的红色、黄色、绿色卡片、彩色水彩笔。

### 五、活动过程

**1. 导入**

(1)出示视频图片"小熊的家"(见图2-17-1)。

图 2-17-1

**教师:** 这是谁的家?小熊的家颜色漂亮

吗？小熊在干什么？

教师：小熊想，我的家里有这么多漂亮颜色，如果我的这杯奶变得有颜色就好了，我会更有食欲了。

教师：小朋友，你喝过有颜色的奶吗？是什么颜色的？什么味道的？

教师：我们怎样帮助小熊做一杯有颜色的奶？大家想想办法。

（2）出示视频图片"小熊买水果"。

教师：小熊从商店里买来了什么水果（西瓜、猕猴桃、橙子）？

教师：用这些水果能不能帮小熊做出有颜色的奶？请小朋友互相说一说。

**2．猜想**

出示集体记录单，鼓励幼儿大胆猜想，教师用色卡提示，并记录猜想（见图2-17-2、图2-17-3）。

教师：猜一猜这些水果会帮助小熊变出什么颜色的奶？

**3．交流**

（1）讨论提取颜色的方法。

教师：这些水果里有颜色吗？我们用什么方法能把颜色取出来？

| 猜一猜<br>A | C | D | E |
|---|---|---|---|
| 发现<br>B | | | |

图2-17-2

图2-17-3

(2)学习使用压汁器。

①(出示压汁器)了解压汁器的名称、用处和使用方法。

教师：压汁器上面有什么(顶盖用来挤压水果)？中间有什么(过滤网用来过滤水果残渣)？底部有什么(杯子装水果的汁液)？

②演示压汁器的操作方法。

4．操作榨汁

(1)提出榨汁的实验要求。

教师：请小朋友两人一组，选择一种水果榨汁，将切好的水果放到压汁器里，然后用力转动顶盖挤压，尽量把果汁全部挤压出来。注意在榨汁时看一看果汁是什么颜色的。

(2)幼儿操作，教师巡回指导。

①个别幼儿操作示范。

②幼儿合作实验。

③挤压后，将残渣倒入盘子里，再进行第二次挤压[(挤压草莓)见图2-17-4，(挤压猕猴桃)见图2-17-5]。

图2-17-4

图2-17-5

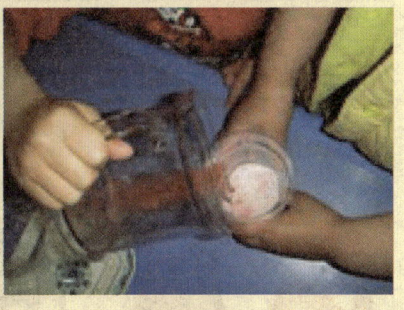
图2-17-6

(3)观察交流。

教师：西瓜、橙子、猕猴桃榨汁后是什么颜色？

5．操作染色

(1)教师提问，引发幼儿思考。

教师：这些从水果里榨出的颜色，可以帮助小熊做成有颜色的果味奶吗？

(2)发给每名幼儿一杯原味酸奶，请幼儿将榨出的果汁倒入奶杯里，说一说颜色的变化。

教师：我们把这些果汁颜色倒入酸奶中，看看能不能把白色的奶染色？让它变得有颜色？

教师：果汁倒入酸奶中颜色是变深了还是变浅了？

(3) 与幼儿共同小结。

教师：酸奶是白色的，果汁倒入酸奶中颜色就变浅了［水果颜色倒入奶中（见图2-17-6），观察颜色变化（见图2-17-7），幼儿制作出的颜色奶（见图2-17-8）］。

6. 交流

(1) 出示幼儿集体记录单。

教师：你为小熊做出什么颜色的奶？请选一张颜色卡片送到发现表格里。

图2-17-7　　　　　　　图2-17-8　　　　　　　图2-17-9

图2-17-10　　　　　　图2-17-11　　　　　　图2-17-12

(2) 讨论。

教师：你是怎么为小熊做出有颜色的奶（见图2-17-9）？

教师：今天我们从水果里都找到什么颜色了？

教师：水果变成的多彩果味奶好喝吗？对我们的身体有什么好处？

7. 延伸

(1) 出示"有害色素食品"视频图片，引导幼儿识别有害食品［("苏丹红"

鸭蛋）见图 2-17-10,（黄馒头）见图 2-17-11]。

教师：鸭蛋黄看起来颜色非常鲜艳，但加进去的"苏丹红"这种东西是有毒的。黄色馒头加入的黄色是有害物质，吃了对身体有害。

（2）教师小结。

教师：水果、蔬菜里含有丰富的维生素，除了可以吃外，还可以把他们身体里的颜色取出来，做成天然的、环保的颜料，加工后放到我们吃的食品当中……一些有颜色的食品（教师可以出示一些样品）看起来很漂亮，但是吃多了对身体有害，小朋友如果想吃有颜色的食物，可以像今天这样在家里自己制作[（彩色糖果）见图 2-17-12]。

## 六、活动反思

在"多彩的果味奶"这个活动中，幼儿探索发现了生活中能吃的颜色是怎么来的，知道了从植物中可以找到能用在我们食品上的颜色。我们生活中到处都有颜色——大自然的颜色，人们用的、穿的等物品的颜色，颜色存在于生活的各个角落。通过活动，幼儿知道食用颜色和我们看到的颜色来源是不一样的。食用颜色是从植物中提取出来的，它是环保的、无污染的。这是这个活动中带给孩子的新经验，开阔了幼儿眼界，从多层面中看到了颜色的奇妙与丰富性。在此主题活动中还有几个值得思考的问题：

（1）要为幼儿提供充分的探索操作时间。更多的设计成综合和区域活动形式，给幼儿提供更充分、更开放、更自由的空间，来满足他们探究、表现的兴趣和愿望。

（2）逐渐激发幼儿合作的意识。在主题活动中，幼儿更多关注自我体验与需求，合作交往意识欠缺。

（3）科学探究活动中有很多需要操作的环节，因此要注重对幼儿良好、有序的操作习惯的培养，这也是保证幼儿探究活动顺利进行的前提条件。

**活动设计：** 大连理工大学幼儿园　孙萍
**活动指导：** 大连理工大学幼儿园　王清华

（该活动获得辽宁省教师教育教学能力大赛二等奖，大连市教育能力大赛一等奖）

## 案例十八 水滴和纸的游戏

### 一、设计意图

课间,口渴的幼儿端着水杯边走边喝,一不小心把杯中的水洒在小椅子上,来不及拿毛巾擦,我顺手拿起纸巾擦水,旁边一个手里拿着纸船的幼儿见我手忙脚乱的样子,也把自己的纸船摁在有水的地方,因为他的纸船是用杂志封面折的,所以吸水不明显。于是,他问:"我的纸船为什么帮不上忙呢?"《幼儿园教育指导纲要》中指出:"科学教育应密切联系幼儿的实际生活进行,利用身边的事物与现象作为科学探索的对象。"幼儿对纸的吸水性如此感兴趣,因此我设计并组织了这一科学活动"水滴和纸的游戏"。

### 二、活动目标

观察、比较不同材质的纸吸水性的不同。

通过实验发现不同的纸质吸水速度不同。

喜欢参与小实验活动。

### 三、活动重点、难点

不同材质的纸吸水性、吸水速度不同。

### 四、活动准备

报纸、餐巾纸、牛奶盒纸、托盘等若干,小眼药水瓶若干个(内装有颜色的水),小水滴指偶、集体记录单、幼儿记录单、记录笔。

### 五、活动过程

**1. 感知**

(1)出示三张纸,引导幼儿观察、感知。

教师:今天老师带来了三张纸,看看你们认识它吗?都有什么纸?

教师:看一看、摸一摸,这三张纸有什么不同?

(2)教师小结。

教师:餐巾纸很薄很软,报纸有点硬、厚,牛奶盒纸又硬又厚。

2．猜想

（1）出示小水滴角色，提出问题，引导幼儿猜想。

教师：大家好，我是小水滴，我最喜欢跟纸宝宝做游戏了，猜一猜，如果把我滴在这三张纸上，我会被吸到哪张纸里？

（2）鼓励幼儿交流自己的想法，教师汇总幼儿的想法进行集体记录。

教师：你是怎样想的？你认为呢？你们都是这样想的吗？

3．操作

（1）讲解实验要求。

教师：我们来做一个小实验，试一试你们的想法对不对。

小水滴：嗯，那可不行，我要先来看看，你们能不能做这个游戏。请你把纸片放到托盘下面，拿起小水滴，对准托盘，轻轻地捏一下，嘀嗒，再来试一试能不能捏出一样大小的一滴，嘀嗒。

小水滴：真棒！游戏该怎样玩呢？请你分别在三张纸上滴上一样大小的水滴，然后把水滴放到托盘里耐心地观察一会儿，看看我被吸到哪张纸里，好了，开始做游戏吧。

（2）幼儿实验，教师进行个别指导。

教师：你发现了什么？小水滴被吸到了哪张纸里？

4．交流

（1）幼儿互相讲述、交流自己的发现。

教师：谁来告诉大家，你有什么发现？

（2）教师记录幼儿的实验结果并小结。

教师：通过做小实验，我们发现，餐巾纸会吸水，图画纸会吸水，而牛奶盒纸不吸水。为什么牛奶盒纸不吸水？对，牛奶盒纸最厚，而且上面刷了一层亮亮的，所以不吸水。

5．游戏

（1）教师讲解游戏名称、玩法。

教师：餐巾纸、图画纸会吸水，那它们吸水的速度一样吗？

教师：我们来玩一个颜色爬坡的游戏，怎么玩呢？这有纸、装水的小盘子，一会儿请小朋友每只手拿一种纸，让这两张纸同时站到水里，看看水在哪种纸上爬得快。小朋友准备好了吗？听我的口令，1、2、3开始。

教师：哪种纸吸水快？为什么餐巾纸吸水快，图画纸吸水慢？水还在继续爬嘛？把它放在盘子里让它继续爬吧。

(2) 师幼共同交流后小结。

教师：为什么餐巾纸吸水快、图画纸吸水慢（见图2-18-1）？

教师：餐巾纸很薄且软，吸水就快而多；图画纸硬又厚，吸水慢又少。

教师：纸给我们的生活带来许多方便，在不同的情况下，我们要用不同的纸，如果我出了满头汗该用哪种纸？画画该用哪种纸？吃剩的小食品用哪种纸包起来合适呢？为什么选这种纸？

图2-18-1

小水滴：真好玩，在生活中你们一定还见过更多的纸吧，我还能被吸到哪张纸里（教师记录幼儿的想法）？

请你明天把它带到幼儿园，让我跟它们玩一玩、试一试好吗？

## 六、活动反思

本节教学活动，是一节具有"做中学"特质的科学探究课。抓住了幼儿的热点问题"哪张纸会吸水？哪张纸吸水快？"重点突出，富有个性。活动中，为幼儿创设充分的探究条件，鼓励幼儿积极动手操作。主要通过感知、猜想、操作、交流、游戏五个环节引导幼儿探究纸的吸水性。

活动中，我抓住幼儿喜欢游戏的特点，将小水滴角色贯穿活动始终。以小水滴的口吻提出问题，让幼儿运用已有的生活经验大胆猜想，用小水滴教幼儿滴水，充分激发他们动手实验的愿望；以水滴和纸的游戏形式帮助幼儿直观地了解有的纸会吸水，有的纸不会吸水；小水滴爬坡的游戏使幼儿了解了纸吸水速度的不同。在玩中学、做中学，培养了幼儿认真、严谨的科学态度，习得了仔细观察、先想后做的科学方法。幼儿对整个活动兴趣较高，较好地激发了他们日后继续探究的愿望。

不足及改进措施：教师在组织过程中有的环节过急，应给孩子充足的思考时间。

**活动设计**：大连市长海县幼儿园　梁晶
**活动指导**：大连市长海县幼儿园　李华

（本活动在大连市幼儿园主题教育活动评优中荣获一等奖，在辽宁省活动评比中荣获优秀奖）

## 案例十九　找空气

### 一、设计意图

空气是一种无形、无色、无味的物质，幼儿往往不注意，但与空气相关的一些现象，幼儿常接触或有体验，如空气流动形成风、吹气能让气球鼓起来、憋气很难受……本次活动，借助塑料袋这一材料，再辅以空间图，帮助幼儿化无形为有形，变虚无为实在，使幼儿对身边无处不在的空气发生兴趣，并引发探究的欲望。

### 二、活动目标

通过找空气，感知空气的存在与性质。

尝试寻找空气、捕捉空气。

养成先想后做、多尝试才知道的良好习惯。

### 三、活动重点、难点

**重点**：感知空气的存在与性质。

**难点**：尝试寻找空气、捕捉空气。

### 四、活动准备

大号食品袋若干：数量多于幼儿数，透明度越高越好；活动室的二维图一张（事先贴在KT板上），红色水笔1~3支。

## 五、活动过程

### 1. 导入

谈话导入,激发幼儿活动兴趣。

教师:小朋友,你们看老师手里拿的是什么?

教师:我现在要变变变,给扁扁的口袋变成圆鼓鼓的,你们瞧。

### 2. 猜想

教师:小朋友猜一猜,口袋里面有什么(见图2-19-1、图2-19-2)?

图2-19-1

图2-19-2

教师:哦!原来袋子里面装的都是空气!

教师:刚才你看见空气了吗?为什么看不见它呢?你们用手摸一摸,能摸到空气吗?

### 3. 操作

找找、捉捉,引发幼儿感知空气无处不在。

(1)教师第二次捉空气。

教师:空气被我捉到袋子里喽,我好厉害。

教师:我还想再捉一次空气,我还能捉到空气吗?到哪里捉?

(2)教师用红笔在二维图的相应位置上画圈做标志。

教师:我在钢琴附近、桌子底下捉到了空气。

(3) 幼儿捉空气(见图 2-19-3)。

教师：你们认为还有空气吗？哪里有？

（让幼儿先说出他认为有空气的地方，然后再次强调"到底有没有"，引导幼儿说"试试才知道"，并要求幼儿到刚才猜想的地方去捉）。

图 2-19-3

### 4．交流

(1) 幼儿相互交流。

教师：请小朋友互相说一说你捉到了吗？在哪里捉到的(见图 2-19-4)？

(2) 集体交流，可以让幼儿在空间图上作标志。

(3) 与幼儿共同分析没有捉到空气的原因。

教师：有的小朋友没有捉到空气，为什么呢？

教师：谁能告诉他怎样才能捉到空气？

(4) 教师小结。

教师：原来没有捉到空气可能是因为空气很调皮，还没有把袋口抓紧就跑走了，所以小朋友捉空气时，一定要快速地把袋口抓紧，这样空气就捉到了。

### 5．游戏

结合二维图，师幼共同结合诗歌《神奇的空气》做游戏。

教师：空气空气，我看不见你；空气空气，你在哪里？

（以开火车方式让幼儿接——）

幼儿：我在桌子下，我在空调前，我在窗台上，我在……

教师：空气空气，我看不见你，空气空气，我要抓住你。

师幼：一不小心，你又跑了。

这次我要抓紧、抓紧、再抓紧……哈哈，你跑不掉啦！

（教师带幼儿拍着鼓鼓的袋子，由轻拍、稍重拍，到用力拍）

嘭——！袋子"炸"破啦。

### 6. 延伸

教师：还有哪些地方有空气？找一找水里有没有空气。

## 六、活动反思

空气在我们生活中是必不可少的，可是对于我们中班的幼儿来说，他们对此并没有多大感受，因此，为了增加幼儿对空气的认识，进行了本次活动——找空气。

图 2-19-4

从目标定位看，符合我们班幼儿的年龄特点，所以整个活动幼儿都十分乐意参与其中，充分感受科学活动带来的魅力。

活动中有以下亮点：

（1）在猜想环节，我能根据幼儿的不同看法，给予不同的回应。比如，让认为袋子里没有东西的幼儿拍拍、捏捏鼓着的袋子，感受袋子里是有空气的。

（2）在教师第二次捉空气时，教师提问：我还能捉到空气吗？到哪里捉？巧妙地制造了一个冲突点。在一般情况下，有的幼儿会说"捉不到了"，也有的幼儿会说"能"，并告诉老师到哪里捉，比如到活动室某个地方。这时我就顺应某个幼儿的建议，到他认为有空气的地方再捉一次。

（3）在捉空气时，我故意把装、收口、拧紧等动作做得很夸张，起到隐性示范的作用。幼儿很期待地关注教师的动作、结果，并会因此而欢呼。这时，我会适时地点拨一句："到底有没有，试试才知道！"引导幼儿懂得做事情要亲自去做，做了才会有发现。

本活动不足之处：在寻找空气、捕捉空气的操作环节，由于幼儿过于兴奋，有互相碰撞的现象发生。因此教师应在活动前提出相应的要求，以免幼儿发生危险。

**活动设计：** 大连市甘井子区教育局加州洋房幼儿园　王明石
**活动指导：** 大连市甘井子区教育局加州洋房幼儿园　王丽

## 案例二十 口袋里的秘密

### 一、设计意图

幼儿都非常喜欢玩水,而且水在我们的生活中随处可见。他们在玩水的过程中会自然地发现一些关于水的自然现象,如水软软的、凉凉的、抓不住,等等。这些有趣的现象深深吸引着幼儿。本活动旨在引导幼儿运用多种感官去感知、比较水的特性,鼓励他们通过自己的亲历实践获得有益经验。

### 二、活动目标

运用多种感官感知水的基本特征。

能运用已有的经验进行猜想、操作。

初步尝试三人小组分工,体验合作的乐趣。

### 三、活动重点、难点

重点:感知水的特性。

难点:三人小组分工合作。

### 四、活动准备

分别装有水和固体玩具的红色、绿色塑料袋,托盘,每组一份;剪刀、小盆、彩笔;集体记录单、"口袋里的秘密"小组记录单。

### 五、活动过程

**1. 导入**

出示两个袋子,引出问题。

教师:老师带来了什么?它们有什么不同?

教师:你知道这两个口袋里装的是什么吗(见图2-20-1)?

**2. 猜想**

(1)幼儿运用多种感官猜想两个口袋里装的物品。

图 2-20-1

教师：小朋友可以仔细地摸摸、捏捏、摇摇、听听，猜猜红色的口袋里有什么？绿色的口袋里有什么（见图2-20-2）？

（2）引导幼儿进行猜想记录。

出示"口袋里的秘密"小组记录单，引导幼儿观察。

教师：想一想，红色口袋里有什么？把你的想法画在红色的口袋里。

图2-20-2

教师：绿色的口袋里有什么？把你的想法画在绿色的口袋里（见图2-20-3）。

（3）引导幼儿尝试三人一组分工合作，每人负责一项内容。

（4）请各组展示猜想记录单，并请一人表述自己组的想法，教师将各组幼儿不同的猜想记录在集体记录单上（见图2-20-4）。

图2-20-3

图2-20-4

3. 操作

引导每组幼儿使用剪刀打开口袋进行猜想验证。

教师：将口袋放在小盆中，用剪刀打开口袋，看看里面装的到底是什么，说说和你们刚才猜想的是否一样。

4. 交流

（1）师幼共同交流，引导幼儿调动多种感官，发现水的特征。

（2）教师与幼儿共同将发现记录在集体记录单上。

（3）提出问题，引发幼儿讨论，了解水在人们生活中的作用，并提醒幼儿要节约用水。

教师：生活中，哪些地方（做哪些事情）需要水？在用水时，我们应该注意什么？

## 六、活动反思

本活动我运用了提问法、观察法、实验法、讨论法等多种教学策略，充分调动幼儿参与活动的积极性。让幼儿通过看一看、摸一摸、摇一摇、听一听等各种感官感知水的特征，在亲历探究的过程中获得有益的科学经验。活动中，运用三人小组学习的方式，让幼儿充分讨论、交流、探索并分工合作。在三人小组合作中，有的负责动手探究，有的负责记录猜想，还有一人负责把大家的看法汇总与全体小朋友交流，这样就增加了幼儿参与活动并表达自己意见的机会。而我作为引导者，并不急于给出结论，而是用幼儿易于理解的图示法，帮助幼儿全面记录猜想、梳理并总结新经验，充分体现出幼幼互动和师幼互动的特点。

> 活动设计：大连市西岗区教师幼儿园　姜红
> 活动指导：大连市西岗区教师幼儿园　潘丽新

（本节活动曾在西岗区中学研讨会上做公开展示）

## 案例二十一　蛋宝宝

## 一、设计意图

《幼儿园教育指导纲要》中指出，幼儿园教育活动内容的选择应"既贴近幼儿的生活，选择幼儿感兴趣的事物和问题，又有助于拓展幼儿的经验和视野"。蛋是幼儿生活中非常熟悉的事物。圆溜溜的蛋惹人喜爱，蛋会滚、会转。薄薄的蛋壳一不小心就会碎掉，圆圆的蛋还会孵出小鸡、小鸭……在幼儿的眼中，一个蛋就是一个秘密，他们对蛋有着浓厚的兴趣。本活动主要是引导幼儿观察、感知各种蛋的特点，区分其不同，并简单地了解一些会生蛋的动物。

## 二、活动目标

感知各种蛋,简单了解一些会生蛋的动物。

能观察、区分蛋的不同特点。

体验、操作发现的乐趣。

## 三、活动重点、难点

重点:感知、比较、区分各种蛋的不同。

难点:仔细观察实物,从蛋的大小、颜色、花纹等方面进行各种蛋的比较。

## 四、活动准备

浅咖啡色的鸡蛋(红皮蛋)一个,

每组四个蛋:鸡蛋、鸭蛋、鹅蛋、鹌鹑蛋,

《蛋宝宝找妈妈》挂图、《蛋宝宝找妈妈》游戏卡,

《谁会生蛋》操作单、彩笔,

教师自制幻灯片课件,

请家长引导幼儿了解各种蛋和一些会生蛋的动物。

## 五、活动过程

### 1.导入

(1)出示鸡蛋,引起兴趣(见图2-21-1)。

教师:一只小花猫在草地上发现了一个蛋,它心想:这蛋是谁丢的呢?

教师:小朋友猜得对不对呢?我们一起来听一个有趣的故事就知道了。

(2)教师播放幻灯片《蛋宝宝的故事》。

教师:故事听完了,你知道这个蛋到底是谁的吗?

图2-21-1

### 2.感知

教师:小朋友从故事中找到了答案,所以老师为每组的小朋友准备了一份神秘的礼物。

(1)展示准备的各种蛋。

教师:看礼物之前老师需要在每组找一位小朋友来帮忙揭开上面的手绢,谁愿意帮忙?

教师:当老师数一、二、三后,每组帮忙的小朋友就一起揭开手绢。

教师:礼物是什么啊?你认识这些蛋宝宝吗?它们叫什么名字?

教师：这些蛋是什么形状的？蛋壳是什么颜色的呢？

教师：请小朋友轻轻地用手摸一摸这些蛋宝宝，你有什么感觉？

(2) 引导幼儿结合故事中对各种蛋的介绍，观察比较蛋的特点。

教师：我们再来仔细地观察这些可爱的蛋宝宝，它们有哪些相同的地方？有什么不同点？

教师：大白鹅妈妈是怎么说它的蛋宝宝的？鸭妈妈是怎样说它的蛋宝宝的？鹌鹑妈妈又是怎么说的呢？

3．游戏

(1) 出示《蛋宝宝找妈妈》挂图（一）、（二），《蛋宝宝找妈妈》游戏卡，进行"蛋宝宝找妈妈"的游戏。

教师：小朋友看一看，你认识这些动物吗（鸡、鸭、鹅、鹌鹑）？

教师：你能从这些蛋宝宝的卡片中找出哪些是这些动物妈妈生的蛋呢？

(2) 出示《蛋宝宝找妈妈》挂图（三）、（四）（蛇、乌龟、鸵鸟、企鹅），请幼儿结合自己的经验，说说还有哪些会生蛋的动物，帮助幼儿了解一些会生蛋的动物。

教师：蛇、乌龟、鸵鸟、企鹅，它们也是会生蛋的动物（同时用幻灯片展示它们的蛋）（见图 2-21-2）。

图 2-21-2

图 2-21-3

(3) 引导幼儿说出还知道哪些会生蛋的动物。

4．操作

(1) 阅读《谁会生蛋》操作单，讲解操作单（见图 2-21-3）。

教师：图上有哪些动物？请把会生蛋的动物用彩笔圈出来。

(2) 幼儿观察操作，教师个别指导。

附

### 蛋宝宝的故事

草儿青，花儿红，小花猫高兴地在草地上玩。咦，草地上有个圆圆的东西，是什么呀？啊！是一个蛋。这是谁丢的呢？

小花猫去问大白鹅妈妈："大白鹅妈妈，这蛋是你丢的吗？"大白鹅妈妈摇摇头，说："谢谢你，这不是我的蛋宝宝，我的蛋宝宝又圆又大。"

小花猫去问鸭妈妈："鸭妈妈，这蛋是你丢的吗？"鸭妈妈摇摇头，说："谢谢你，这不是我的蛋宝宝，我的蛋宝宝比这个大，而且是青色的。"

小花猫去问鹌鹑妈妈："鹌鹑妈妈，这蛋是你丢的吗？"鹌鹑妈妈摇摇头，说："谢谢你，这不是我的蛋宝宝，我的蛋宝宝长得不大，上面还有斑点呢。"

这时，正好鸡妈妈急匆匆地走过来，小花猫连忙上去问鸡妈妈："鸡妈妈，这蛋是你丢的吗？"鸡妈妈一看，笑眯眯地说："这蛋是我的，我的蛋宝宝长的圆溜溜的，是浅咖啡色的。谢谢你，小花猫！"

## 六、活动反思

本活动是一节科学领域活动。活动前，我从物质、精神两方面做了充分的活动准备。为了方便幼儿操作，我提前将所需的蛋都洗净煮熟。我根据中班幼儿的年龄特点，设计了相适应的教学目标。整个教学过程，我设计了四个环节：情景导入、感知比较、游戏、操作。

在活动中，我运用各种不同的教具：幻灯片、挂图、游戏卡、操作单、实物蛋，吸引幼儿的注意力，始终带动幼儿积极、主动地参与活动。活动中的故事只是帮助幼儿了解几种蛋的主要特点，为幼儿比较、区分蛋的不同做准备，所以没有强调幼儿必须掌握故事内容。感知、比较、区分各种蛋的不同，是本活动的重点，所以我注意引导幼儿仔细观察实物，从蛋的大小、颜色、花纹等方面进行比较，课堂气氛比较好，幼儿也较积极地参与，效果较理想，同时培养了幼儿的观察力和思维能力。

本活动不足之处：幼儿在摸蛋的时候，情绪有点兴奋，导致少部分幼儿不能将注意力集中在回答老师问题上。对于这一点，我觉得应该给幼儿一点在摸蛋时和同伴交流的时间，待情绪稍有平复时再引导幼儿回答问题。

**活动设计**：大连长兴岛临港工业区幼儿园　厉楠
**活动指导**：大连长兴岛临港工业区幼儿园　司进

## 案例二十二 我和蛋儿做游戏

### 一、设计意图

中班幼儿的好奇心特别强,喜欢动手操作,他们对样样事情都感兴趣,总是喜欢运用各种感官去探索、去了解、去尝试。蛋是幼儿生活中比较熟悉的食物。但是幼儿对于蛋的认识仅仅限于认识蛋的名称和外形特征。其实蛋的世界是一个神秘的世界——蛋的里面是什么样子?蛋为什么会滚动?蛋怎么吃?蛋是谁生出来的?生蛋和熟蛋有什么不同?蛋能孵出小鸡、小鸭,它们长大了怎么又会生蛋……这些有趣的问题深深吸引着幼儿,根据幼儿的好奇心和探究欲望,我设计这节科学活动。

### 二、活动目标

观察比较生蛋和熟蛋的不同。

尝试运用各种方法区分生熟蛋。

体验探索操作的乐趣。

### 三、活动重点、难点

通过看一看、摸一摸、闻一闻、转一转,探索、比较熟蛋和生蛋的不同。

### 四、活动准备

每名幼儿准备托盘一个、小碗两个、生熟鸡蛋各一个,每组一个垃圾桶、小抹布一块,蓝、红粘贴每人一对,集体记录单、记录笔。

### 五、活动过程

#### 1. 导入

出示生熟两个蛋,创设问题情境,激发幼儿兴趣。

教师:厨房里的阿姨想请小朋友吃鸡蛋,可是不小心把生蛋和熟蛋混在了一起,请你们仔细看看,这两个蛋一样吗?

#### 2. 操作

(1)调动幼儿的感官,引导幼儿想办法区别生蛋和熟蛋。

教师：请小朋友想一想，怎样知道哪个是生蛋，哪个是熟蛋？

（2）启发幼儿运用自己的方法进行探索，可以看一看、摸一摸、闻一闻、转一转（见图2-22-1）。

（3）请幼儿用粘贴纸在鸡蛋上做标记。

教师：请把你认为是生的鸡蛋贴上蓝色的粘贴，把你认为是熟的鸡蛋贴上红色的粘贴（见图2-22-2）。

图2-22-1

图2-22-2

（4）幼儿交流自己的发现，教师进行集体记录（见图2-22-3）。

教师：请小朋友来说说你们的发现吧，为什么认为它是熟的，为什么认为它是生的？

3. 验证

（1）教师提出操作要求，幼儿尝试动手打开鸡蛋，对发现加以验证。

教师：刚才小朋友说了自己的发现，那么到底哪个是生的、哪个是熟的呢？我们打开看一看就知道了（见图2-22-4）。

图 2-22-3

图 2-22-4

（2）幼儿动手打开鸡蛋，教师引导观察。

教师：你找对生蛋和熟蛋了吗？仔细观察生蛋和熟蛋里面有什么不同。

（3）教师将幼儿的发现记录在集体记录单上。

（4）根据集体记录单，师生共同小结生蛋与熟蛋的区别。

教师：我们通过看一看、摸一摸、转一转、闻一闻，可以辨别鸡蛋的生熟，从表面上看，熟蛋比较光滑，生蛋稍微有点粗糙、有小颗粒，生蛋晃动时有声音，而熟蛋没有声音，熟蛋转动时转得比较快、转的时间长，而生蛋转得慢、转的时间短。熟鸡蛋闻起来有股煮鸡蛋的味道。

**4．品尝**

（1）组织幼儿品尝熟鸡蛋，分享交流吃蛋的好处。

（2）将打开的鸡蛋送到厨房烹饪，午餐请幼儿品尝。

**5．延伸**

（1）和幼儿一起探索鸡蛋在盐水中浮起。

（2）将打开的蛋壳送到活动区中，供幼儿进行蛋壳粘贴。

## 六、活动反思

"我和蛋儿做游戏"是一个科学探究活动，课前我出示生、熟两个鸡蛋创设问题情境，激发幼儿的探究兴趣。活动中，我通过引导幼儿看一看、摸一摸、闻一闻、转一转，让幼儿亲自操作、探索、尝试，自己动手打开鸡蛋，对发现加以验证，比较生熟鸡蛋的不同，最后组织幼儿品尝鸡蛋，知道吃鸡蛋有营养。

本次活动充分把握了科学活动的特点和中班幼儿好动手、喜欢探究的心理特征和年龄特征，既培养了幼儿参与科学探索活动的兴趣，又发展了幼儿的思维能力以及解决问题的能力。幼儿在活动中大胆想象和表现，积极主动地探索，感受玩中学、玩中乐的愉悦。

本活动不足之处：在实验操作时，如果有小的记录单，幼儿可以将自己的猜想和实验及时记录下来会更好。

> **活动设计**：大连市长海县幼儿园　宋雅妮
> **活动指导**：大连市长海县幼儿园　梁晶

# 案例二十三　水的秘密

## 一、设计意图

水是幼儿每天都能接触到的、熟悉的、喜欢的事物，他们常常利用盥洗的时间玩水，因为幼儿觉得水很有趣，他们也常常会提出各种各样的问题：水没有颜色，可是颜料放在水里水为什么就变颜色了？石头怎么会沉在水里，而小纸船会漂在水上……其实，水的确含有无穷无尽的秘密。因此，我就根据幼儿的兴趣点和已有的认知经验，从水的最基本特性认识开始，设计了本节活动"水的秘密"。旨在通过创设宽松的探究环境，提供丰富的操作材料，调动多种感官，引导幼儿在活动中去寻找、探究水的秘密，从而培养幼儿对周围任何事物都充满好奇、浓厚兴趣的学习品质。

## 二、活动目标

感知水是无色、透明、会流动的特性。

尝试想办法解决问题。

喜欢参与小实验。

## 三、活动重点、难点

重点：感知水是无色、透明、会流动的特性。

难点：尝试想办法解决问题。

### 四、活动准备

一玻璃杯清水、两个鱼缸（一个缸里盛水，水里有一条金鱼；另一个缸里盛米，米里有塑料彩球）；每组有一大盆水、塑料小篮、有孔塑料袋、有孔的瓶子等玩水小容器、毛巾。

### 五、活动过程

**1. 导入**

以猜谜语的游戏，激发幼儿活动的兴趣。

教师：我们来玩一个猜谜语的游戏，我来说，你们来猜。用手抓不起，用力劈不开，煮饭洗衣服，都要请它来。猜猜是什么？

教师：瞧，老师的杯里装的就是谜底——水。它的秘密可多啦，你们想知道吗？那我们一起去探索水的秘密吧。

**2. 感知**

（1）出示内装有金鱼和大米的两个鱼缸，引导幼儿观察。

教师：请小朋友看一看这两个鱼缸里都有什么（见图2-23-1）？

教师：你是怎么知道水里有金鱼的？鱼缸是什么颜色的？水是什么颜色的？

教师：你能看见大米里有什么东西吗？为什么看不见呢？

图2-23-1

（2）教师小结。

教师：因为水是没有颜色、透明的，所以能看见水里的金鱼；而大米是白色、不透明的，所以就看不见里面的东西了。

（3）引导幼儿想各种办法知道大米里藏着什么东西。

教师：老师知道，你们一定很想知道大米里藏着什么宝贝，想一想该怎么办呢？

教师：你们的办法真多，可以用手拿出来、用筷子夹出来，用勺子舀出来，还可以端起鱼缸掂一掂。我们试一试这几种方法,看看哪种方法最好?

教师:直接用手伸进大米中拿出彩球的办法又快又方便,希望小朋友遇事要多多开动脑筋,就一定会想出好办法。

3. 操作

(1) 做盛水实验,了解水是会流动的。

教师:老师今天给小朋友准备了很多玩水小容器,看一看都有什么?请你们每人选一种工具来盛水,看看会怎样(见图 2-23-2)?

教师:这些工具能盛水吗?为什么?

图 2-23-2

教师:盛水的时候,水怎么了?

教师:刚才的小实验让我们知道了,当用有孔的篮子、塑料袋、瓶子盛水时,因为水是会流动的,所以水就会从小孔里流出去。这样以后就要注意了,有洞、有孔的工具是不能盛水的。

(2) 启发幼儿回忆生活中水会流动的现象。

教师:你在生活中,发现了哪些水会流动的现象呢?

教师:哦,刚才小朋友说到,打开水龙头,水会流出来;洗完手后,发现水顺着水管流走了;小溪里的水也是不停地流啊流……这些都说明水是会流动的。

4. 交流

拓展幼儿的经验,启发幼儿思考能盛水的工具。

教师:想想看,什么工具能盛水呢?

找一找,我们班级里有什么东西可以作为盛水的工具(见图 2-23-3)?

教师:小朋友想得真好,除了勺子、盆、杯子、水桶、烟灰缸、花瓶能盛水之外,

图 2-23-3

还可以用一些有趣的盛水工具，比如西瓜皮、一片梧桐树叶、玩具水枪，等等。

**5. 延伸**

（1）请幼儿用从班级里找到的盛水工具到水池里去玩水，以便发现更多水的秘密，教师可以寻求探究点，生成下一次探究的内容。

（2）可以与幼儿进一步讨论水的用途以及如何节约用水。

## 六、活动反思

这是第一次与幼儿开展的探索水的秘密的科学活动，由于教师在活动中注重为幼儿创设宽松、自由的探究环境，提供丰富的、具有代表性的操作材料，采取猜谜语、做实验、创设问题情境等教育策略，使幼儿在整个活动中始终处于比较专注的状态，他们积极思考、大胆表达自己的实验结果，在亲自动手操作中、在与同伴的合作实验中完成了活动目标。

我认为本节活动的亮点在于对难点"尝试想办法解决问题"的突破。遇事能从多角度想办法解决问题是一种让人一生受益的思维习惯。在这节活动中，我通过创设一个个问题情境的方法，激发幼儿开动脑筋，尝试寻找解决问题的办法，拓展幼儿的思维。例如，在感知环节，我引导幼儿想各种办法知道大米里藏着什么东西。幼儿想出了多种办法，有的说用手拿出来，有的说用筷子夹出来，有的说用勺子舀出来，还有的说端起鱼缸掂一掂，就会给彩球掂出来，那么是不是幼儿想的办法就一定合适呢？这需要教师让幼儿去验证这些方法，共同找到一种最快捷、最方便的方法。在操作环节，我启发幼儿回忆生活中水会流动的现象。在交流环节，为了拓展幼儿的经验，我又启发幼儿思考能盛水的工具有哪些？幼儿不仅想到了生活中常用的一些盛水工具，而且想到了一些有创意、有趣的盛水工具。这些问题的创设，激发了幼儿再观察、再思考、再探索的欲望，充分体现了幼儿是活动的主人。

本活动不足之处：在启发幼儿回忆生活中水会流动的现象时，由于幼儿缺乏直观图像的提示，所以在表达上有一定的困难，我想，如果在这一环节为幼儿演示一段生活中水流动的视频片段，那么，一定会很好地解决这个问题。

**活动设计：** 大连市沙河口区第四幼儿园　陈媛
**活动指导：** 大连市沙河口区第四幼儿园　张红霞

## 模块三　科学探究活动　大班

### 目标 1　亲近自然，喜欢探究

对自己感兴趣的问题总是刨根问底。

能经常动手、动脑寻找问题的答案。

探索中有所发现时感到兴奋和满足。

### 目标 2　具有初步的探究能力

能通过观察、比较与分析，发现并描述不同种类物体的特征或某个事物前后的变化。

能用一定的方法验证自己的猜测。

在成人的帮助下能制定简单的调查计划并执行。

能用数字、图画、图表或其他符号记录。

探究中能与他人合作与交流。

### 目标 3　在探究中认识周围事物和现象

能察觉到动植物的外形特征、习性与生存环境的适应关系。

能发现常见物体的结构与功能之间的关系。

能探索并发现常见的物理现象产生的条件或影响因素，如影子、沉浮等。

感知并了解季节变化的周期性，知道变化的顺序。

初步了解人们的生活与自然环境的密切关系，知道尊重和珍惜生命，保护环境。

## 案例一 出生的秘密

### 一、设计意图

《3~6岁儿童学习与发展指南》中对于儿童在认识周围事物和现象的目标中明确指出，5~6岁的儿童能察觉到动物的外形特征、习性与生存环境的关系；可以初步了解人们的生活与自然环境的密切关系，知道尊重和珍惜生命。因此，可以通过探究的途径引导幼儿关注和思考动物的习性和繁殖特点，增进孩子对生命意义的理解。

大班幼儿对生命已经有了初步的认识和了解，他们对生命的故事充满了好奇和想象，渴望探索和了解更多与生命有关的秘密。

本活动旨在让幼儿了解人和动物的出生方式，帮助幼儿建立胎生和卵生的概念，并能区分和归纳，萌发幼儿爱妈妈、关爱小动物的情感。

### 二、活动目标

感知、了解人和动物的出生方式。

能区分胎生和卵生的动物。

激发幼儿探索生命成长秘密的兴趣。

### 三、活动重点、难点

重点：理解胎生和卵生不同的繁殖方式。

难点：能够区分胎生和卵生动物。

### 四、活动准备

《小宝宝长大》视频，《小动物哪里来》挂图，《卵生动物》、《胎生动物》游戏片，动物头饰每人一个（包括人的图片），幼儿对动物的出生方式有一定的了解。

### 五、活动过程

1. 导入

（1）引导幼儿讨论，回忆已有经验。

教师：你是从哪里来的？你知道自己是怎样长大的吗？

(2)播放"我从哪里来"的视频,帮助幼儿了解自己的成长过程。

教师:看看我们在妈妈的肚子里到底是怎样长大的?

教师小结:哦,原来,我们是从妈妈肚子里出来的,吃妈妈乳汁长大的。

2.猜想

通过提问引发幼儿对动物出生方式的探究兴趣,大胆说出自己的想法。

教师:你知道小鸡和小狗是怎样出生的吗?它们刚出生时是什么样子的?

教师:有不同的想法吗?

教师:你还知道哪些小动物的出生方式?

3.探索

提供《小动物哪里来》挂图,引导幼儿自由探索讨论。

教师:谁知道小鸡是从哪里生出来的?你是怎么知道的?

教师:还有哪些小动物也是像小鸡这样出生的?

教师:小狗出生的时候和小鸡一样吗?怎么不一样?

教师:它和我们出生的时候一样吗?为什么?

4.归纳

(1)帮助幼儿归纳出生的两种方式。

教师:像小鸡这样,先产卵,再把小动物从卵里孵化出来的,就叫卵生;像我们和小狗这样,直接从妈妈肚子里生出来,吃妈妈乳汁长大的,就叫胎生(教师放慢说话速度,指引幼儿观看大屏幕)。

图 3-1-1

(2)出示游戏卡,引导幼儿将卵生、胎生动物进行分类(见图 3-1-1)。

①观察卡片,交流动物的出生方式。

教师:看一看是什么小动物?

教师:和身边的好朋友说一说它们是胎生动物还是卵生动物?

②动物卡片分类。

教师:谁愿意和小朋友一起分享你的卡片(请一名小朋友到前面和大家分享,

引导幼儿说完整话。教师引导幼儿将图片粘贴到相应的小房子中。如小马，教师：请你把它放到小狗的房子里）？

教师：看一看你的动物卡片，是卵生动物，请送到小鸡的房子里；是胎生动物，请送到小狗的房子里。

③分享游戏结果。

教师：小动物都回到了小房子里，一起来看一看（引导幼儿说出动物名称）。

教师：卵生动物有……胎生动物有……

**5．游戏：小动物找家**

(1) 在场地中间画两个圆圈，分别代表卵生动物和胎生动物的家，幼儿佩戴动物头饰，拉成一个圆圈，教师念儿歌："动物动物真可爱，有的动物是卵生，有的动物是胎生，请你快快找到家"，儿歌结束幼儿快速找到自己的家。

教师：小动物都找对家了吗（教师检验）？

(2) 幼儿间交换头饰，再次游戏。

**6．延伸活动**（见图 3-1-2）

今天我们知道了小动物的两种出生方式——卵生和胎生，老师在科学区投放了《看一看，涂一涂》操作单，你们到区域里分一分吧！

## 六、活动反思

本节活动通过设疑、探索、交流等方式让小朋友了解了人和小动物是怎样出生的，有胎生和卵生两种。

图 3-1-2

活动中采用了视频导入方式，幼儿对自己的出生方式充满强烈的好奇心和兴趣，是幼儿关心和迫切想知道的，通过看视频的方式既抓住了幼儿的兴趣点，又形象地说明了生命产生的过程，满足了幼儿的需要，同时帮助幼儿了解了自己的成长过程和出生方式。

第二环节通过教师的引导提问，列举幼儿常见的、熟悉的小动物为探索点，使幼儿能够充分的将自己原有经验进行分享和交流，在此基础上给幼儿建立卵生和胎生的概念，幼儿可以自然地将动物按出生方式进行分类，并能说出胎生动物和卵生动物的概念，符合幼儿的认知发展规律。

实际操作过程中发现，幼儿能够将小蝌蚪、金鱼等小动物化分为卵生动物，可见幼儿对卵是有一定的知识储备。

本活动不足之处：活动中，幼儿的探索欲望强烈，希望探索更多的小动物的出生方式，教师应该再放手一些，为幼儿提供更多的交流的机会，扩大幼儿的知识面。

**活动设计：** 大连长兴岛临港工业区幼儿园　刘歌
**活动指导：** 大连长兴岛临港工业区幼儿园　司进

## 案例二　杯子里的纸巾

### 一、设计意图

《3~6岁儿童学习与发展指南》中指出："幼儿科学学习的核心是激发探究兴趣，体验探究过程，发展初步的探究能力。"大班幼儿能够通过观察、比较与分析，发现并描述不同种类物体的特征或某个事物前后的变化。能用一定的方法验证自己的猜测，他们的探索欲望和能力都在逐步增强，因此在科学活动中我注重创设情境，鼓励和支持幼儿在探究的过程中积极动手动脑寻找答案或解决问题。

5~6岁的孩子对水已经有了一定的认识，因为孩子们每天都要用到水，如喝水、洗手、漱口、冲厕等都离不开水，可以说水既是孩子们身边的事物，更是孩子们喜欢探究的自然现象之一。针对孩子们非常喜欢玩水这一特点，通过创设玩水的游戏情境，引导幼儿用杯子和纸巾这些他们熟悉的材料，在玩玩乐乐中逐步了解杯子里的纸巾湿与不湿的原因与空气有着直接的关系。

### 二、活动目标

初步了解纸巾不湿与空气的关系。

能积极参与实验并说出实验结果。

感受参加科学活动的快乐，并体验成功的愉快。

## 三、活动重点、难点

重点：了解纸巾不湿与空气的关系。

难点：掌握杯子垂直放入水中的操作要点。

## 四、活动准备

装有水的透明水箱，透明塑料杯幼儿人手一个，纸巾若干，记录单，小抹布，垃圾桶。

图 3-2-1

## 五、活动过程

### 1. 导入

（1）介绍实验用的材料（见图 3-2-1）。

教师：今天我们给小朋友准备了三样东西：一个透明的塑料杯、纸巾、装好水的水箱，今天老师要请小朋友来做个小实验。

（2）介绍实验方法。

教师：首先抽出一张纸巾，把它塞到这个塑料杯子里面。然后把杯子全部放到水里，小朋友猜一猜杯子里的纸巾会不会湿？

### 2. 猜想

（1）幼儿粘贴操作单。

教师：你们有这么多答案，我为你们准备了操作单，想一想水杯怎样放里面的纸巾不会湿，把这个水杯的粘贴纸粘到第一个猜想的格子里，粘好的小朋友面向我坐好。

（2）教师总结答案。

教师：谁来说说你的猜想，大声地告诉大家。

（教师把孩子说的答案粘贴在集体操作单上）

### 3. 操作（见图 3-2-2）

教师：你们想到了很多办法，哪种方法会让杯子里的纸巾不湿呢？我

图 3-2-2

们试一试吧。

要求：

(1) 在实验时，动作要轻，尽量不要把水溅到外面，如果不小心弄到外面，就用小抹布擦干净。

(2) 如果尝试失败了，杯子里面的纸湿了，请把纸巾拿出来，放到垃圾桶里面，再换一张新的纸巾。

### 4. 交流

教师：有没有找到让纸巾不湿的方法？你的水杯是怎样放的？你发现了什么？为什么这么放纸巾不会湿？是什么挡住了水？

### 5. 验证

根据幼儿活动情况，交流实验过程和结果。

## 六、活动反思

《3~6岁儿童学习与发展指南》活动建议中指出："支持幼儿与同伴合作探究与分享交流，引导他们在交流中尝试整理、概括自己探究的成果，体验合作探究和发现的乐趣。"在本次活动中我依据活动建议，创设情境充分让幼儿进行探索、交流经验，从而获得知识。在活动刚开始，针对"杯子全部放到水里纸巾会不会湿"的问题，孩子们根据自己的生活经验有不同的猜想，这时我引导幼儿自己动手操作去验证自己的猜想。在验证的过程中，有的幼儿杯子里的纸巾湿了，有的幼儿杯子里的纸巾没湿，这时再引导幼儿交流经验，从而让幼儿发现"只有杯子垂直放到水里时，杯子里的纸巾才不会湿"。进而我再引导幼儿思考"为什么杯子垂直放在水里纸巾不会湿？"在整个活动中通过猜想—实验—交流经验—再实验的活动过程，发展了幼儿观察、探索能力，学会了实验方法，掌握了科学知识。

在活动材料的选择上我选择了透明的杯子和水箱，这样有利于幼儿实验时进行观察。同时我准备了比较充足的餐巾纸，使幼儿能够大胆进行操作，保证了幼儿在实验中的积极性。准备的抹布、垃圾桶使幼儿能够养成良好的实验习惯。这些材料的准备，使实验能够顺利进行，让幼儿体验到实验的乐趣。

在重难点的突破上，我注重让幼儿充分操作体验，然后通过同伴交流的方式，发现不同现象，掌握操作要点，了解科学知识。如：在第一次操作时，有很多幼儿杯子里的纸巾湿了，这时我请杯子里纸巾没湿的幼儿进行操作演示，让幼儿了解操作方法。在第二次实验中幼儿通过学习，都掌握了让杯子里的纸巾不湿的操作方法。在这一过程，充分体现了老师是孩子学习的支持者和引导者。

本活动不足之处：个别幼儿实验时动作过大，水箱里的水溅的到处都是，在这一方面老师应注意引导。

**活动设计**：大连市甘井子区教育局加州洋房幼儿园　宋艳玲
**活动指导**：大连市甘井子区教育局加州洋房幼儿园　王丽

## 案例三　种子的旅行

### 一、设计意图

《3~6岁儿童学习与发展指南》中指出，5~6岁的孩子能通过观察、比较与分析，发现和描述不同种类物体的特征。种子是幼儿日常生活中常见又不被注意的东西，虽然幼儿对种子还比较陌生，但是却充满着浓厚的兴趣和强烈的求知欲。在"各种各样的种子"活动中，幼儿已经接触过很多的种子，可幼儿所见到的大部分都是农作物的种子，是靠人类来种植的。在自然界中还有许许多多的野生植物，它们有各种各样奇特的种子，能借助于外界或自身的力量遍布世界。

"种子的旅行"这一活动，是借助有关的小故事及种子旅行的图片，供孩子们去探索。通过让幼儿收集种子实物和关于种子的图片，让幼儿了解种子传播的秘密，感受大自然的奇妙，激发幼儿的好奇心和探究植物世界的热情，学会总结和归纳知识的能力。

### 二、活动目标

了解种子的不同传播方式。
能用适当的方式和语言表达自己的认识。
乐于和同伴一起观察、讨论，并积极思考。

### 三、活动重点、难点

在观察操作的过程中了解种子不同的传播方式。

### 四、活动准备

请家长和幼儿一起搜集关于种子的各种图片和资料，收集种子，丰富幼儿的前期经验；蒲公英、苍耳、凤仙花、樱桃种子图片；《种子的旅途》挂图。

## 五、活动过程

**1. 导入**（见图 3-3-1）

教师：小朋友你们旅行过吗？是用什么方法去旅行的？

有一些小种子它们也想去旅行你们认识它们吗？请幼儿在小组内交流自己带来的种子或关于种子的资料。

图 3-3-1

**2. 观察**（见图 3-3-2）

（1）感知种子的不同外形特征。

教师：这些种子是什么样的？它们有什么不同？

小结：这些种子大小不同、颜色不同、形状也不同，有的是带毛的，有的是带钩的，还有长刺的。

（2）种子有什么用。

教师：种子除了可以食用，还可以用来种植、传播，长出新的植物来。

教师：草地里的植物，没有人去种植，它们的种子是怎样来传播的呢？

图 3-3-2

图 3-3-3

（3）观看《种子旅行》挂图，了解常见的种子传播方式（见图 3-3-3）。风力传播（蒲公英）、人的传播（玉米）、水力传播（椰子）、弹力传播（凤仙花）。观看时教师让幼儿学说种子的名称。

**3. 操作**

指导幼儿完成《种子的旅行》操作单，进一步感知种子的传播方式。最后让幼儿拿着图片说一说种子是怎样传播的。

**4. 游戏《种子传播》**

教师出示种子的图片，幼儿根据种子的传播方法学做动作，让幼儿自己创作动作。

**5. 延伸**

教师：除了挂图中看到的，生活中你还认识哪些植物的种子？它们是靠什么来传播的？

拓展介绍：出示几种典型传播方式的种子图片（松子、梧桐树、睡莲）。

## 六、活动反思

本节活动需要有大量的实物材料和幼儿的前期经验。因此，活动前是让幼儿在家长的带领下收集各种各样的种子。同时，要家长将自己了解到的关于种子的几种传播方式与孩子交流。有了这样的前期准备，因此，活动中幼儿能够非常积极的将自己观察到的和了解到的分享。

这节活动中我感觉自己就是个引领者，引导孩子如何去观察和比较种子的不同特点，通过观察、交流等方式让幼儿明白了，种子的不同传播方式与种子的外形特征有很大的关系。就是科学教育中我们应该给予孩子的隐形的知识——事物与事物之间的内在联系。

活动中，我采用激励的方法，对大胆探索和讲述的幼儿积极表扬鼓励，让幼儿感到科学探索过程中不怕出错，只要细心观察，大胆说出自己的想法，就是小小科学家。因此孩子们发言的积极性很高，敢想敢说，学习的自主性和主动性得到了很好的展示。

不足与改进调整。如对靠风力传播和弹射传播的植物我了解得很少，因此向幼儿介绍这方面的植物也少，没有满足幼儿的好奇心，我深深地感到，科学课要求老师必须要有一定的知识储备，对老师的要求很高。这样的科学活动不能仅仅局限于看图和实物，也可以在课前让家长带孩子到大自然中去走走，去找身边熟悉的植物，了解它的传播方式，再把这种植物带进课堂，这样孩子的感触会更不同。

活动设计：大连市金州区第三幼儿园　王金雁
活动指导：大连市金州区第三幼儿园　朱晓华

# 案例四 神奇的碘酒

## 一、设计意图

《3~6岁儿童学习与发展指南》中指出，5~6岁的儿童对自己感兴趣的问题总是刨根问底，能经常动手动脑寻求答案。在探索中有所发现时会感到兴奋和满足。日常生活中，孩子们会对身边的事物和现象感兴趣，经常问"为什么"。为了培养幼儿良好的科学学习兴趣及态度，我们也常会针对幼儿感兴趣的物质设计合理的教学小实验。

碘酒是孩子们很少接触的，但是这种化学药水是安全的，且可以通过一些小实验使幼儿初步了解什么样的现象是化学反应，对培养幼儿科学探究的兴趣和欲望是有益处的。因此，我选用了淀粉遇碘变色的实验。用了两种含淀粉的材料——米和面粉。让幼儿加水、加碘酒进行操作，并提醒幼儿注意比较材料加入量的多少是否影响颜色的深浅。另外，通过活动的延伸，让幼儿在探索中不断发现新事物的变化而感到兴奋和满足。

## 二、活动目标

了解碘酒的用途。

观察碘酒与淀粉混合时发生的变化。

对科学活动感兴趣。

## 三、活动重点、难点

重点：了解碘酒遇淀粉时发生的变化。

难点：在蔬菜身上寻找淀粉的实验。

## 四、活动准备

烧杯、滴管、泥工板、塑料筐若干；适量碘酒、清水；洋葱、白萝卜、番薯、藕、土豆等蔬菜切片若干；记录表格若干。

## 五、活动过程

**1. 导入**（见图3-4-1）

教师：大家看，今天老师带来的都是什么？你认识吗？

**2．猜想**（见图3-4-2）

教师：想一想，如果我把碘酒滴在面粉水和大米水中，会不会有变化？

教师：如果有变化，它会有什么样的变化呢？为什么？

教师：请小朋友把你猜想的结果记在记录单上吧。

**3．操作**（见图3-4-3）

（1）玩一玩：引导幼儿大胆操作教师提供的材料。

教师：请小朋友试试给水里加点好东西（可随幼儿意愿，三种任选其一）。

①加大米摇一摇，变成了什么颜色？

②加点面粉摇一摇，变成了什么颜色？

③加入碘酒摇一摇，变成了什么颜色？

（2）说一说：鼓励幼儿说出自己是怎么做的。

教师：你发现透明的清水最后变成了什么颜色？

（3）记录你实验的结果，并与猜想的结果比对。

图3-4-1

图3-4-2

图3-4-3

图3-4-4

**4. 交流**

教师：想一想："这是为什么呢？"

教师：碘酒里面的碘和米、面粉里面的淀粉，在水里一遇到就会变蓝色。

**5. 延伸**（见图3-4-4）

（1）教师：老师这里还带来了一些蔬菜，你有什么办法能检查出这些蔬菜身上是不是含有淀粉？

（2）教师：你认为哪些蔬菜身上会含有淀粉，哪些不含有淀粉，并在记录表格中作出标示。

（3）教师：那就请将碘酒滴到蔬菜切片上，观察其是否变色，并及时做好记录，再跟你之前的猜想做一下比较吧。

（4）教师：谁能说说你的记录表上的实验结果？你的猜想和实际的情况一样吗？

（5）教师：用碘酒给蔬菜"洗个澡"，如果它越洗越脏，变成了脏脏的蓝颜色，就说明它身上含有淀粉；如果只是变成了碘酒的黄颜色，就说明它身上没有淀粉。

## 六、活动反思

　　该活动具体包括观察、分类、测量、思考、实验和表达这六个方面技能和方法来培养幼儿对于科学活动的兴趣与探索。实验是本活动突出的重头戏。实验对孩子来说，是最喜欢也是最直观的学科学的技能。可以说每一个孩子都会操作，但也不是每个孩子都乐于和善于操作。所以在照顾孩子的实验兴趣和自我意愿的同时，也不能对孩子的操作过于放任，即不做任何要求。孩子不光是要操作、会操作；还要说、会说和会讨论；不是看了就完、说了就算，还要做些记录，在老师的提醒和帮助下，幼儿能做到较为科学的却又不失自我表达的记录。该类的活动需要有计划、有目的地系统地展开，活动的材料和操作的内容需要不断地替换，以此来维持幼儿的探索兴趣，持续地培养他们的探究态度和方法。让幼儿能够自始至终的对自己感兴趣的问题总是刨根问底，鼓励幼儿用多种方式来表现自己的探索结果，表达发现的愉快并与他人交流、分享。

　　本活动不足之处：感觉科学活动的兴趣还是不足，在前期导入时最好用个碘酒的"小魔术"来吸引孩子的注意力，这样孩子的探索欲望会更强，而不是单纯的老师领着怎么做幼儿就怎么做的模式。

**活动设计**：大连市甘井子区龙泉幼儿学苑　隋晶

**活动指导**：大连市甘井子区龙泉幼儿学苑　顾雨华

## 案例五 毛虫变变变

### 一、设计意图

《幼儿园教育指导纲要》中明确指出:"要充分利用自然环境和社区的教育资源,选择贴近幼儿的生活和感兴趣的事物开展活动。"春夏交接之季,空气潮湿而温暖,户外的花坛里、树木下、草丛中都变成了昆虫的世界。面对这一切,成人可能会不屑一顾,而孩子却会欢呼雀跃,用充满好奇的眼睛去观望,用充满灵性的耳朵去聆听,还会迈开那活泼的小脚去追逐。

"毛虫变变变"是幼儿园探究性教材大班下学期中的一个活动内容,我选择本活动是由于:

第一,夏天到了,万物苏醒,百花争艳,蝴蝶在花丛中翩翩起舞,在室外活动时,孩子们对翩翩起舞的小精灵爱不释手,在它后面追逐、打闹,对蝴蝶产生了浓厚的兴趣,"老师,蝴蝶真美呀!""老师,蝴蝶是怎么长大的呢?"抓住幼儿的兴趣的点,结合教材,意在使孩子们观察了解蝴蝶的外形特征,感受蝴蝶的美丽。同时了解蝴蝶的一生是经过卵期、幼虫期、蛹期、成虫期四个时期。

第二,学习科学的过程应该是幼儿主动探索的过程。通过此活动进一步培养幼儿的观察能力、探究能力、语言表达能力。

第三,着眼于幼儿的兴趣点,调动幼儿的多种感官,进一步培养幼儿对昆虫探索活动的兴趣,激发幼儿探索的欲望。

### 二、活动目标

了解毛毛虫变蝴蝶的成长过程。

能用肢体动作表现毛毛虫变蝴蝶的过程。

感受探索昆虫世界的乐趣。

### 三、活动重点、难点

重点:了解蝴蝶的生长过程。

难点:掌握蝴蝶一生的变化顺序。

### 四、活动准备

《蝴蝶飞舞》视频，《小毛虫的梦》PPT，《蝴蝶的一生》游戏卡，《蝴蝶的一生》视频。

### 五、活动过程

**1. 导入**（见图3-5-1）

观看视频，激发兴趣。

教师：老师带来一段好看的视频，请小朋友们一起来看看。

教师：视频里面都有谁？

教师：蝴蝶是什么样子的？

图3-5-1

**2. 观察**

出示蝴蝶图片，引导幼儿观察蝴蝶的外形特征。

教师：我们一起来看看。蝴蝶有几个触角？几对翅膀？几条腿？蝴蝶的翅膀有什么特点？

**3. 操作**

（1）出示《蝴蝶的一生》游戏卡，引导幼儿初步了解蝴蝶的生长过程（见图3-5-2）。

教师：你知道蝴蝶是怎样长大的吗？请小朋友拿起一张游戏卡，你来把蝴蝶成长的顺序排排队。

教师：说一说，你是怎样给蝴蝶排队的？

（2）出示《小毛虫的梦》PPT，播放背景音乐，讲《小毛虫的梦》的故事，帮助幼儿进一步了解蝴蝶的成长过程（见图3-5-3）。

教师：小朋友排的对不对呢？我们来听听故事里的小毛虫是怎么说的？

教师：听了故事，再看看自己的图片都排队了吗？

**4. 交流**

教师：还有哪些动物像蝴蝶一样有着奇妙的生长过程？

教师：小朋友到底说的对不对呢？老师先不告诉小朋友，回家以后我们可以和爸爸妈妈到网上、到书中、到大自然再去寻找，去发现，回来讲给小朋友听。

5.游戏

组织幼儿玩"小毛虫变变变"的音乐游戏,引导幼儿用身体动作表现毛毛虫的生长过程。

教师:我们来玩"小毛虫变变变"的游戏,用我们的身体表现毛毛虫生长的过程。

教师:仔细听音乐,每一个乐句结束后,小朋友都用身体快速做出一个长大的动作,看谁表演的最像。

图 3-5-2

图 3-5-3

## 六、活动反思

"毛虫变变变"是大班科学领域的活动内容,活动目标是了解毛毛虫变蝴蝶的成长过程并能用肢体动作表现毛毛虫变蝴蝶的过程,感受探索昆虫世界的乐趣。夏天到了,万物苏醒,百花争艳,蝴蝶在花丛中翩翩起舞,在室外活动时,孩子们对翩翩起舞的小精灵爱不释手,在它后面追逐、打闹,对蝴蝶产生了浓厚的兴趣。于是在活动前,我事先请家长和孩子一起收集蝴蝶图片及蝴蝶标本,使幼儿在活动前具备一定前期经验,这样做的好处就是在整个活动中幼儿的积极性很高,都积极的表达交流自己的想法,探索欲望特别强。在活动中,虽然幼儿对蝴蝶的外形特征这一目标掌握得很好,但在活动的难点上,幼儿对蝴蝶的成长过程极易混淆。因此,我配以PPT讲故事,将蝴蝶生长的过程生动且完整的呈现给幼儿,以这样一个更为形象具体的载体来完成活动的难点。在最后的游戏环节,孩子们都很兴奋,以这样游戏体验的形式既能对探索结果进行巩固复习,幼儿又能运用肢体语言对蝴蝶成长进行想象模仿,在玩中学,在学中玩,感受大自然的神奇。

本活动的不足之处：在游戏环节中，应首先引导幼儿进行单一动作的模仿，表现毛虫变蝴蝶中每一个时期的形象特点，之后再结合音乐进行连贯的动作表演。

> **活动设计：** 大连市甘井子区教育局第三幼儿园　徐一畅
> **活动指导：** 大连市甘井子区教育局第三幼儿园　孙冬梅

## 案例六　找"眼睛"

### 一、设计意图

大班幼儿对影子这一有趣的光学现象特别感兴趣，他们喜欢和影子做游戏，根据《3~6岁儿童学习与发展指南》中对大班幼儿科学领域的教育目标和要求中指出：要引导幼儿发现环境中有趣的事情，结合和利用生活经验，帮助幼儿认识自然环境，了解自然与自己生活的关系。因此开展有关影子的科学活动，这些活动一般都是围绕着影子产生的原理展开，幼儿较难理解其中蕴含的科学道理。本次活动我们运用反证的方法，通过为动物的影子找"眼睛"，让幼儿自己对有关影子的错误或模糊的前概念进行验证，从而进一步理解纸挡住光就会出现影子，而纸没有挡住的地方光就能透过等粗浅的科学知识。

### 二、活动目标

初步了解光的原理。

能够动手操作影子形成的方法。

体验科学活动带来的乐趣。

### 三、活动重点、难点

**重点：** 了解光的原理。

**难点：** 在实验操作中，能运用光的原理设计影子的形成方法。

### 四、活动准备

幼儿操作材料：剪纸动物的头饰、手电筒、剪刀若干、背景板一块、幼儿记录纸若干（见图3-6-1）；教师演示材料：关于动物影子的PPT、已剪好眼睛的兔头、手电筒、集体记录纸一份（见图3-6-2）。

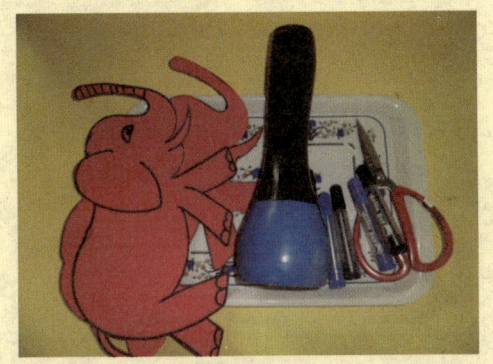

图 3-6-1

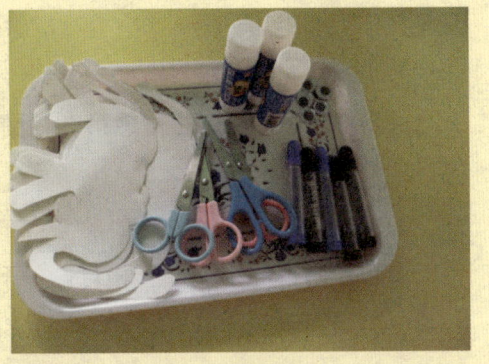

图 3-6-2

图 3-6-3

图 3-6-4

### 五、活动过程

**1. 导入**

引起幼儿兴趣,与幼儿一起说说影子(见图 3-6-3)。

教师:这几天我们都在玩影子游戏,你们发现影子有哪些有趣的现象?

教师小结:影子真像一个魔术师,有时会出现,有时又会躲起来;有时会变长,有时又会变短。

**2. 观察**

(1)教师演示关于动物影子的 PPT,引导幼儿根据局部特征猜测图片是哪只小动物的影子。

教师:请小朋友们仔细观察图片,猜一猜是哪只小动物的影子?

(2)出示有眼睛的大象影子的图片,引导幼儿说说影子和前边看到的影子有什么不同(见图 3-6-4)。

教师：请小朋友看看这幅图片，说说这个影子和前面看到的影子有什么不同？

**3. 讨论**

（1）教师引导幼儿猜想第二幅图片上的大象为什么会有眼睛，并与同伴交流讨论。

教师：请小朋友想一想为什么大象的影子上会有眼睛？

（和你旁边的小朋友互相讨论一下，将讨论的结果记在纸上）

（2）教师将幼儿讨论的结果记录在集体记录单上，交流各种猜测并记录。

猜测一：在大象头像上画只眼睛。

猜测二：在大象头像上贴只眼睛。

猜测三：在大象影子上画只眼睛。

猜测四：在大象头像上剪两只眼睛。

**4. 操作**

（1）引导幼儿将猜测的结果进行实验，并记录。

教师：请你们用商量好的方法试一试之后，用手电筒照一照，看看小动物的影子上能不能看到眼睛。

教师：请小朋友在做实验的时候，不管是成功还是失败，都记录下实验结果。试过自己的方法后，也可以试试别人的方法。

（2）引导幼儿根据实验情况，与同伴交流自己的发现。

①光透过动物头饰上的小洞后影子上就会有"眼睛"。

教师：为什么给动物头饰画眼睛、贴眼睛都无法让我们在影子上看到眼睛，而剪个小洞就能看见呢？

小结：手电筒的光透过纸上的小洞后影子就会有眼睛，而画眼睛或贴眼睛都会将光挡住，所以影子上就看不到眼睛。

②洞的大小和"眼睛"大小之间的关系。

教师：小动物的眼睛都一样大吗？为什么？

教师：是不是洞剪得大眼睛就大，洞剪得小眼睛就小呢？

小结：剪的洞越大透过的光就越多，影子上的眼睛就越大。反之，剪的洞越小透过的光越少，影子上的眼睛就越小。

**5.延伸活动——手影游戏**

(1)出示手影游戏的PPT,请幼儿说说看到了什么。

(2)幼儿在区角中模仿手影动作进行游戏。

## 六、活动反思

在科学探索活动中,教师的提问设计至关重要,有效提问不仅有利于促进师生、生生间的交流,形成良好的多向互动和活跃的教学氛围,而且在活动的猜测验证阶段,教师的有效提问还能帮助幼儿正确理解科学现象,获得初步的科学知识。活动开始之前,我首先对幼儿玩的影子游戏进行交流,提问时特意突出"有趣"二字,能有效地激发幼儿探索影子特性的兴趣。通过教师的小结,帮助幼儿回顾关于影子的各种经验,为接下来的活动做好准备。演示动物影子的PPT,出示有眼睛的兔子影子的图片,引发幼儿对两种影子进行比较,从而自然地过渡到猜测、记录阶段。

活动中将幼儿分成几个小组,大胆猜测"如何才能在动物的影子上看到眼睛",并在教师的鼓励下开始初步验证自己的各种设想。教师的开放式提问能有效引导幼儿进行细致观察,并鼓励幼儿用浅显的语言来解释较为复杂的光学原理。教师预设的一些关键提问,能够帮助幼儿对光和影子的一些错误或是模糊的前概念进行验证,并通过同伴间的引导、自己的操作,从而进一步理解"影子上如何才能出现眼睛"的光学现象。

教师的提问的层层深入,使幼儿在操作中自发地探究从而更好的理解生活中常见的科学现象。

**活动设计:**大连市甘井子区希望之星幼儿园 王译

**活动指导:**大连市甘井子区希望之星幼儿园 张梅

## 案例七 纸桥力量大

### 一、设计意图

《3~6岁儿童学习与发展指南》中指出:"幼儿科学学习的核心是激发探究兴趣,体验探究过程,发展初步的探究能力。"同时,《幼儿园教育指导纲要(试行)》(以下简称《纲要》)中指出,幼儿园教育活动内容的选择应"既贴近幼儿的生活,选择幼儿感兴趣的事物和问题,又有助于拓展幼儿的经验和视野"。大班幼儿喜欢自主探索科学活动,对生活中纸的作用也有一定的了解,但是可能对于纸在游戏中能够做成坚固的纸桥可能是不知晓的。桥在幼儿的生活中也是经常可以见到的,但对桥的建构等缺少认识和了解,根据《纲要》和幼儿年龄发展特点,我选择本次活动"纸桥力量大"。

### 二、活动目标

了解桥的承重力大小与纸桥的质地、面积有关。

探究中能与同伴合作与交流。

喜欢参与活动,乐于分享。

### 三、活动重点、难点

能通过反复实验来了解桥的承重力大小与纸桥的质地、面积有关。

### 四、活动准备

固定的积木桥墩若干,雪花片,打印纸,纸板,瓦楞纸,图画纸,桥的照片课件。记录表、笔。

### 五、活动过程

**1. 导入**

以参观各种各样桥的图片引入课题(激发幼儿参与探索活动的兴趣)。

(1)幼儿自由观察各种各样的图片,并与同伴交流。

教师:今天老师要请小朋友来当桥梁设计师,那我们先欣赏一下今天我们桥的图片吧,请你仔细看,然后和旁边的好朋友说一说你最喜欢哪座桥?为什么?

(2)集体交流(引导幼儿说出桥的主要结构:桥面、桥墩)。

教师：这些桥都有一个共同的小秘密，想一想，你发现了什么？

2．探索

幼儿第一次探索哪一种桥承重大，即桥的厚度与承重的关系（引导幼儿了解桥面的质地决定桥的承重）。

教师：那小朋友也来设计一座桥吧，看看谁设计的桥可以承担最多的雪花片？

（1）教师介绍实验材料（见图3-7-1）。

教师：老师今天为小朋友准备了一些材料，我们一起来看看都有什么？

（2）教师介绍操作要求。

图3-7-1

①要一个一个轻轻地将雪花片分别放在打印纸、纸板、瓦楞纸的中间。

②要友好分工合作。

③把实验的结果记录到记录表上（见图3-7-2）。

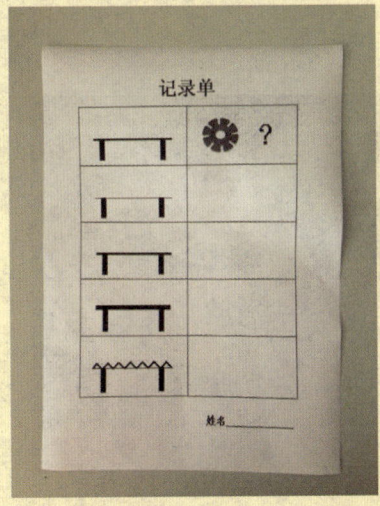

图3-7-2

（3）幼儿操作，教师指导。

关注幼儿操作时，实验结果是否符合（见图3-7-3、图3-7-4）。

（4）交流。

教师：我们发现桥面越厚力气越大。

3．操作

幼儿再次探索，桥面的形状与桥承重的关系（引导幼儿了解桥面的形状决定桥的承重）。

教师：现在我们发现桥面越厚力气越大，那我们看一下相同厚度的桥面怎样可以承担更多的雪花片？所以小朋友通过不同方法把纸折叠后，记录放上去的雪花片多少。

(1) 教师介绍操作要求。

①要一个一个轻轻地放雪花片。

②把实验的结果记录到记录表上。

③小朋友两人一组分工合作。

(2) 幼儿实验，教师指导。

(3) 集体交流，教师小结。

教师：桥面折叠后的力量更大。

**4. 活动延伸**

激发幼儿进一步探索。

教师：今天老师只是让小朋友设计桥面，那我们保持桥面不变，设计桥墩来观察桥能承担多少雪花片。

图 3-7-3

图 3-7-4

## 六、活动反思

本次活动内容选择符合大班幼儿年龄特点，《纲要》中明确要求："教育活动内容的组织应充分考虑幼儿学习特点和认知规律。"大班幼儿对科学实验活动非常感兴趣，但相关实践经验，根据本班幼儿年龄特点及能力水平，活动采取集体教学、小组合作、个别指导相结合，很好的提高了教学效率，让幼儿在较短的时间里学习到新知识，也培养了幼儿间的合作意识，同时注意幼儿的个别差异。活动采取探究法，贯穿活动始终，充分调动幼儿自主参与活动的积极性，同时让幼儿自主操作，身临其境的感受活动的过程。活动的目标基本达成，而且幼儿在整个活动中的参与度和积极性都很高，活动中大多数幼儿能够两两合作完成实验探究，并且可以注意力集中的完成整个活动。在组织活动中，通过感知、自主探索等流程，幼儿的主体性得到了充分的尊重，学会了实验方法，发展了观察、探索的能力，科学知识及经验都得以总结与提炼。

本活动的不足之处：事先材料准备时，没有实验充分，使教学活动中幼儿操作出现偏差。对幼儿的引导语没有简明扼要，说了很多都没有引导出幼儿的答案，浪费了很多时间。幼儿操作时的指导也不到位。

> **活动设计：** 大连市甘井子区教育局第二幼儿园　李寒冰
> **活动指导：** 大连市甘井子区教育局第二幼儿园　张华

## 案例八　美丽的月亮

### 一、设计意图

《幼儿园教育指导纲要》中强调："要尽量创造条件让幼儿实际参加探究活动，使他们感受科学探究的过程与方法，体验发现的乐趣。"孩子们喜欢夜晚，喜欢月亮，我们利用PPT动画，通过逼真的画面、丰富的色彩、明快的节奏，激发幼儿学习的兴趣，画面以一个"满月"动画为中心，让孩子们认识了新月、娥眉月、上弦月、凸月、下弦月、满月的变化过程，见图3-8-1、图3-8-2。让孩子们在欣赏动画片的同时，感受科学的美丽。

### 二、活动目标

认识月亮的特征并说出名称。
通过了解不同时期的月亮特点，提升观察能力。
通过制作月象图书，培养幼儿对月亮的兴趣爱好。

图 3-8-1

图 3-8-2

图 3-8-3

图 3-8-4

## 三、活动重点、难点

初步认识满月、新月、上弦月、下弦月、凸月的基本形态。

## 四、活动准备

PPT 动画片、白纸、蜡笔、绳、剪刀。

## 五、活动过程

**1. 导入**

出示月亮图片，请幼儿描述月亮的特征，例如月亮的形状、颜色等。

**2. 观察**

（1）观看 PPT 动画片《月亮的变化》（见图 3-8-3）：

新月→娥眉月→上弦月→凸月→满月→凸月→下弦月→娥眉月。

（2）观看 PPT 动画片 2：点击月亮形状让幼儿说出名称及形状。

（3）幼儿归纳总结月亮的特征：圆形、会发光、会变化等。

### 3. 操作

教师：请小朋友将自制的图片做成小图书。

指导幼儿制作月亮变化小图书（见图3-8-4）。

### 4. 交流

（1）幼儿互相阅览月亮变化图书。

（2）教师小结。

### 5. 延伸

（1）请家长陪同幼儿观察夜晚的月亮，并把它画下来。

（2）把观察整理好的月亮变化图带到幼儿园来与小朋友分享。

## 六、活动反思

这是中秋节这个节日主题中的一节活动，主要通过PPT动画片让幼儿来认知、感知。由于这个主题PPT制作得非常有新意，使孩子们在这个主题活动中非常兴奋和新奇。对于头上的星空，孩子们的兴趣盎然，在PPT动画片中，认识月亮变化新月→娥眉月→上弦月→凸月→满月→下弦月→娥眉月，并制作了图书供孩子们分享阅读，生动的画面激发了孩子阅读兴趣。活动中我注重了生活化、多样化、层次化教学，孩子们一直都处于主动、兴奋和思考之中。这让我也感觉到，一个活动的设计，固然需要幼儿感兴趣的活动来源，更需要教师对活动素材的收集以及对各环节过程的思考，但最重要的还在于活动实施过程中不断的反思与相应的调整。

活动设计：大连海辰中心幼儿园　王军
活动指导：大连海辰中心幼儿园　梁科萍

# 案例九 有趣的关节

## 一、设计意图

"人"对于幼儿来说有趣、熟悉、又神奇,探索"人"的秘密对于孩子们来说又充满着挑战和神秘。"有趣的关节"恰好为孩子们提供了一个了解自己身体的机会,同时也使幼儿懂得了应有自我保护的意识。通过此次活动希望幼儿在主动学习的过程中,大胆探索,培养幼儿通过自己探索获取知识。由此,通过有趣的关节游戏、探索发现等内容,使幼儿知道关节对人体活动的作用,学会在运动中保护关节的方法。正如《3~6岁儿童学习与发展指南》中指出:"幼儿的科学学习是在探究具体事物和解决实际问题中,尝试发现事物间的异同和联系的过程。"基于这些理解,设计此次活动。

## 二、活动目标

了解人体主要关节的名称,感知关节的运动功能。

初步懂得保护关节的重要性,增强自我保护意识。

体验探索活动及运动的快乐。

## 三、活动重点、难点

了解人体主要关节的名称,感知关节的运动功能。

## 四、活动准备

沙包、拉力器、毽子、皮球、高跷等运动器具;音乐、记录单、笔(见附件);多媒体课件。

## 五、活动过程

**1. 导入**

请幼儿选择自己喜欢的活动器具自由活动,引导幼儿在活动的过程中发现自己身体会动的地方,鼓励幼儿大胆表现。

教师:今天老师在活动室里为小朋友准备了好多活动器具,请小朋友看看:都有什么(幼儿观察讲述)?

教师:现在请小朋友拿一样自己喜欢的活动器具玩一玩,不过玩的时候你要注意,你在玩这个运动器具的时候,你身体上的哪个部位是会动的,请你在记录卡上作上标记(见图3-9-1、图3-9-2)。

教师:请小朋友根据自己记录卡上的记录和周围的小伙伴说说自己玩了什么,身体的哪个部位会动。

图3-9-1

图3-9-2

2. 猜想

(1) 了解让我们身体运动的是关节。

教师:我觉得很奇怪,我们的手和脚怎么会动的?是我们身体的哪个部位让他们动起来的呀?

教师:使我们身体能够运动的就是我们的关节。

(2) 了解关节的运动功能。

教师:那谁知道什么是关节?

教师:我们来看看大屏幕了解有关关节的知识。

小结:原来骨头互相连接的地方,使我们身体运动的就是关节,我们身体里有许多关节,它能帮我们的身体灵活的运动。我们一起来找找看?

3. 体验

大胆探索——找找我们身体上的关节。

(1) 引导幼儿活动肩部,找出关节的部位,并告诉幼儿该关节的名称。

教师:我们来活动活动我们的肩,对,让我们的肩部灵活运动的关节就是我们的肩关节。

(2)用同样的方法引导幼儿找出肘关节、腕关节、膝关节。

(3)让幼儿找身体里还有哪些关节(引导幼儿发现身体上的其他关节,并让幼儿动动这些关节)?

**4. 交流**

(1)了解如何保护关节。

教师:无论我们做什么事情,都需要关节的帮助,如果没有关节,我们就没法活动。我们现在知道关节可以帮助我们做很多事,他对我们是很重要的。那我们应该怎样保护关节呢?

(2)情感渗透——关节放松操(见图3-9-3、图3-9-4)。

教师:今天我们认识了身体上这么多的关节,我们一起来和我们身体上的这些关节放松放松好吗?我们来做一个关节放松操。幼儿和老师一起随着音乐做动作(在做动作时,老师可以用动动你的肩关节这样的语句来提醒幼儿做出相应的动作)。

图3-9-3

图3-9-4

**5. 延伸活动**

在音乐活动中,看谁的关节最灵活,能做出最美的舞蹈动作。请家长帮助孩子学会保护自己的关节。

## 六、活动反思

活动设计能够遵循《幼儿园教育指导纲要》及《3~6岁儿童学习与发展指南》的精神,依据"幼儿科学学习的核心是激发探究兴趣,体验探究过程,发展初步的探究能力"的理论，组织过程中教师力求搭建合作式的探究学习方式，采取了相互尊重、协商、交流、共同构建的方式，创设与幼儿共同学习成长的氛围，体现了"以幼儿发展为本"的思想。在活动中教师能够尊重大班幼儿对周围事物、现象感兴趣，有好奇心和求知欲，愿意探索问题的年龄特点。通过环节设计层层引导幼儿在猜想、探索、交流中发现问题，解决问题。一个个"小问号"引发了幼儿积极思考的欲望，为幼儿提供了充分探索的机会，揭开了人体关节的小奥秘，触碰出孩子们思想的小火花，激发了孩子们不断探索的兴趣。

**活动设计：** 大连市沙河口区第三教师幼儿园　尹晓杰
**活动指导：** 大连市沙河口区第三教师幼儿园　吴娟

（此活动曾获大连市教师教育教学能力大赛二等奖）

## 案例 ✿ 各种各样的种子

### 一、设计意图

种子是幼儿日常生活中常见但又不被注意的东西。孩子们每天吃水果都会遇到种子，种子的外形变化多而且有趣味，种子与植物密切相关，种子来源于大地、自然，是很好的教育利用自然资源。《3~6岁儿童学习与发展指南》中指出，5~6岁的孩子能通过观察、比较与分析，发现和描述不同种类物体的特征。幼儿可以通过寻找种子，对种子的种类、形状、颜色、构成、利用有认识，幼儿自己进行种植记录来了解种子的生长过程，从而和季节加以联系，知道春天是播种的季节，了解种子的重要性，给人们带来的好处和它的价值。活动可以为幼儿有更广阔的探索空间，探索自然界的奥秘。

### 二、活动目标

认识常见的种子，观察种子的异同。
探究种子存在的不同位置。
乐于与同伴分享探究结果。

### 三、活动重点、难点

激发幼儿的探究欲望，能完整描述探究结果。

#### 四、活动准备

师生共同收集各种植物的种子，如玉米、黄豆、花生、稻谷、高粱、榛子、松子、葡萄、大枣、草莓、石榴、苹果、向日葵、毛豆等；有关种子的多媒体课件、图片等。

#### 五、活动过程

**1. 导入**

教师：昨天，我们吃苹果时发现了一个秘密，苹果里藏着小星星，那是苹果的种子。今天，我带来了许多水果的种子，看一看这些种子都一样吗？有什么不同？

**2. 猜想**

教师：猜一猜这些水果（桂圆、葡萄、枣子、香蕉、草莓等）的种子会藏在哪里？为什么？

**3. 操作**

教师：它们的种子到底在哪里，请你找一找吧（见图3-10-1、图3-10-2）！

图 3-10-1

图 3-10-2

幼儿通过看看、摸摸，在交流中初步感知了种子是多种多样的。

**4. 交流**

教师：请你把你的发现告诉大家吧！我们一起来听一听，和你找的是不是一样的。

教师：多数种子是长在果肉中的，比较特殊的是草莓的种子，它是长在果肉外面的。

**5. 归纳**（见图3-10-3）

引导幼儿将种子按照存在的位置或者外形特征进行分类。

教师：谁发现了很特别的种子要介绍给大家？有没有你不认识的种子？

### 6. 延伸

教师：刚才我们认识了各种各样的种子，生活中还有很多的种子，现在让我们来看一个关于种子的故事吧。

教师：每种种子的形状、颜色各不相同，大小也是不同的，生长的位置也不同。有的种子我们可以是直接看到的，如稻谷、豆。但有的种子我们不能直接看到。有些蔬菜虽然现在找不到种子，如芹菜、白菜、萝卜等，但是这些蔬菜是有种子的。当这些蔬菜成熟到一定程度（也就是慢慢变老直到开花结种）的时候，这些蔬菜也就有了种子。

图 3-10-3

教师：刚才，我们发现许多种子可以吃，那么种子还有什么作用？

（种子是我们食物的主要来源，它能繁殖后代，发芽长出新的植物）

## 六、活动反思

《幼儿园教育指导纲要》中指出：科学活动的探究对象要是幼儿周围生活中感兴趣的现象和事物。种子是在幼儿日常生活中很常见但又不被注意的东西，因此，在进行此活动前，我让幼儿做小小调查员，让幼儿搜集种子，并通过各种途径了解这些种子的来历，所以幼儿的积极性很高，参与性也很强，突破了活动的重难点。教师再进行一定的启发和总结，就基本达到活动目标。

本节活动中幼儿表现出充分的经验准备以及探究的欲望。活动以寻找苹果种子进行导入。进行科学活动的前提是要激发幼儿学习的兴趣，使幼儿充满好奇心，有积极探究的愿望。同时，我充分调动家园合作的桥梁。让幼儿寻找周围生活中各种各样的种子，通过说说、讲讲、看看的形式，调动幼儿已有生活经验，鼓励幼儿互相交流、互相学习。为活动的交流、讨论奠定基础。在班级的主题墙和区域中投放了各种种子图片及实物。让幼儿置身于主题活动之中，再通过环境得到充分的渲染。

不足之处，就是在幼儿探索种子在哪里的环节，教师还是有点担心孩子们自己使用刀具时会有危险，因此，采用教师事先给切好后让幼儿观察和寻找，这样也会降低孩子的兴趣点。

**活动设计**：大连市沙河口区第三教师幼儿园　王燕
**活动指导**：大连市沙河口区第三教师幼儿园　吴娟

## 案例十一 会变的月亮

### 一、设计意图

《3~6岁儿童学习与发展指南》（以下简称《指南》）中建议教师要有意识地引导幼儿观察周围事物，学习观察的基本方法，培养其观察能力，通过各种方式引导幼儿思考并对事物进行比较观察和连续观察。月亮是幼儿日常生活中天天能看到的，但是幼儿并不是很关注月亮的变化，在幼儿的眼中，月亮的形状要么是圆形，要么是月牙形，对其他的形状好像没有什么印象。结合《指南》的精神，我引导幼儿观察月亮，以月亮为载体，教会幼儿连续观察和比较观察的方法，从而提高幼儿对自然现象探索的兴趣和愿望。

### 二、活动目标

观察并感受月亮变化的规律。

能进行连续记录和对比。

愿意和同伴交流自己的经验。

### 三、活动重点、难点

重难点：感受月亮变化的规律，尝试记录月亮每天的变化。

### 四、活动准备

幼儿已有观察月亮的经验，"月亮的变化"挂图、蜡笔、固体胶、黑色彩纸每人一份、月亮、地球游戏卡、"月亮的变化"操作单、记录单每人一张、"我给月亮排排队"游戏卡。

### 五、活动过程

**1. 导入**

引导幼儿相互交流自己看到的月亮。

教师：小朋友在哪里能看到月亮？

教师：什么时候我们能看到月亮？

教师：你看到的月亮都是什么形状的？

## 2. 记录

(1) 引导幼儿将自己看到的月亮的形状画下来(见图 3-11-1、图 3-11-2)。

教师：请小朋友将自己看到的月亮的形状画下来。

(2) 将幼儿作品进行展示(见图 3-11-3)。

教师：我们一起看看，小朋友画的月亮都是什么形状的？

教师：为什么小朋友画的月亮的形状不一样呢？

## 3. 理解

(1) 引导幼儿观察"月亮的变化"挂图，引导幼儿进一步了解月亮的变化(见图 3-11-4)。

教师：请小朋友们仔细观察图片，这些都是月亮，你们说说这些月亮都是什么形状的？

图 3-11-1　　　　　　　　图 3-11-2

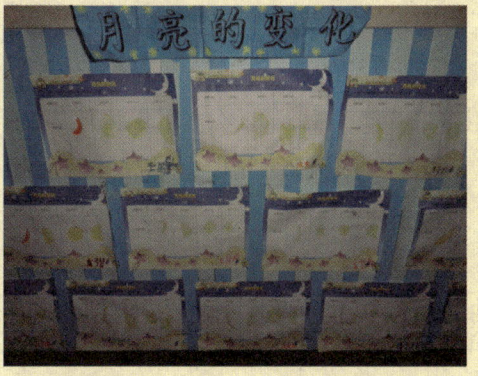

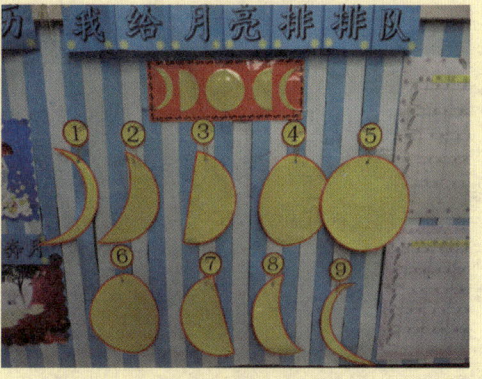

图 3-11-3　　　　　　　　图 3-11-4

(2) 初步了解月亮变化的原因。

教师：月亮每天都在变化，为什么会有这样的变化呢？

教师操作月亮和地球的游戏卡，简单介绍月亮变化的原因。

(3) 初步了解每种形状月亮的名称。

教师：科学家为了方便人们的记忆，给不同形状的月亮都起了好听的名字（介绍每种形状月亮的名字）。

教师：你刚才画的月亮的形状和图片上哪个月亮的形状是一样的？这种形状的月亮叫什么名字呢？

(4) 交代任务。

教师：月亮每一天都有变化，可神秘了，老师给每个小朋友准备了一张"月亮的变化"记录单，你们每天晚上看一看月亮，将月亮的形状画下来。

出示记录单：你们看，记录单上画有钟表的这一行代表时间，把每天的时间记录在这里，画有画笔的这一行就是表示把你看到的月亮的形状画在和时间对应的格里，从新月的那一天开始记录，看看月亮什么时候才会再回到新月，到时候我们一起数一数，看看这个变化的过程需要几天，这样你就可以知道月亮变化的秘密了。

**4．交流**

请幼儿说说和月亮及月球有关的事情。

教师：小朋友知道和月亮有关的事情吗？先和你旁边的小朋友讲一讲。

教师：谁愿意讲给大家听？

**5．活动延伸**

(1) 将"月亮的变化"挂图在科学区中展示，供幼儿进一步观察和了解。

(2) 建议家长协助幼儿在每天晚上观察月亮形状的变化，并填好观察记录单，写上观察日期，让幼儿亲身体验月亮的变化。

(3) 为幼儿提供"我给月亮排排队"游戏卡片，让幼儿根据月亮的变化规律给月亮卡片排序。

## 六、活动反思

本活动是大班的一节科学活动，活动的重点在于感受月亮的变化规律，而不必强求幼儿掌握新月、上弦月、满月、下弦月等词汇。在活动的前两个环节，通过交流、绘画和展示，让幼儿感受到月亮有不同的形状。在理解这个环节，通过观察讲述挂图和观看我操作的游戏卡，让幼儿进一步了解月亮是在不断变化的。本活动并非一次就能达成目标，还需要幼儿进行一个月的持续观察，所以我为幼儿设计了一张"月亮的变化"记录单，并向幼儿布置任务，让幼儿坚持观察，并把观察的结果向大家介绍。这个环节也需要家长的配合，家长要每天提醒幼儿进行观察并记录观察结果。最后一个环节是谈话，激发幼儿探索月球的秘密。本活动的重点是激发幼儿探索月亮变化的兴趣，通过活动及活动的延伸，幼儿已经对月亮产生极大的兴趣，相信幼儿会在接下来的时间里用心地观察和记录月亮的变化，我也会引导幼儿分享彼此的观察结果。

附："月亮的变化"记录单

| | 月 日 | 月 日 | 月 日 | 月 日 | 月 日 | 月 日 | 月 日 |
|---|---|---|---|---|---|---|---|
| H2 | | | | | | | |
| | 月 日 | 月 日 | 月 日 | 月 日 | 月 日 | 月 日 | 月 日 |
| | | | | | | | |
| | 月 日 | 月 日 | 月 日 | 月 日 | 月 日 | 月 日 | 月 日 |
| | | | | | | | |
| | 月 日 | 月 日 | 月 日 | 月 日 | 月 日 | 月 日 | 月 日 |
| | | | | | | | |
| | 月 日 | 月 日 | 月 日 | 月 日 | 月 日 | 月 日 | 月 日 |
| | | | | | | | |

**活动设计：** 大连市金州区第三幼儿园　宫晓波

**活动指导：** 大连市金州区第三幼儿园　孔晓华

## 案例十二 "火箭"飞上天

### 一、设计意图

　　幼儿升入大班后，对科学探索越来越感兴趣，随着我国"神舟九号"载人飞船的成功飞行，更是激发了孩子们的好奇心，他们常常在一起讨论有关火箭的问题，争论得面红耳赤。《幼儿园教育指导纲要》指出："幼儿是教育活动的积极参与者而非被动接受者，活动内容必须与幼儿兴趣、需要及接受能力相吻合。"《3~6岁儿童学习与发展指南》在对老师的建议中也提到："要引导幼儿关注和了解自然、科技产品与人们生活的密切关系，逐步懂得热爱、尊重、保护自然。"我想：作为教师，应根据幼儿的兴趣、需要和原有经验，引导幼儿走向最近发展区。由此产生了大班科学活动——火箭飞上天。

### 二、活动目标

　　感知火箭最简单的发射原理。

　　鼓励幼儿探索纸筒"火箭"飞上天的办法。

　　体会实验操作的乐趣。

### 三、活动重点、难点

　　重点：感知火箭最简单的原理，使幼儿萌发探究的愿望。

　　难点：探索让"纸筒火箭"飞天的办法。

### 四、活动准备

　　火箭升空的录像带，纸筒火箭一个，大可乐瓶若干个，气球、毛巾、新铅笔、带尖铅笔各一个，长方形、扇形、三角形彩纸若干张，固体胶若干个。

### 五、活动过程

**1. 导入**

　　教师：这是老师做的火箭，你见过的火箭是什么样子？

　　小结：火箭分为头部和尾部两部分，火箭的头部是尖尖的，火箭的尾部是长长的，尾部的最下面是尾翼。

**2. 理解**（见图 3-12-1、图 3-12-2）

播放火箭升空的录像，了解其原理。

图 3-12-1

图 3-12-2

图 3-12-3

图 3-12-4

**3. 猜想**

教师：我的火箭能不能飞起来？你有什么好的办法？

教师：看看老师给你们提供的材料，你都可以怎样利用？

**4. 操作**（见图 3-12-3、图 3-12-4）

（1）出示气球，让幼儿利用气球帮助"火箭"飞上天。

小结：火箭起飞时有点像气球飞起，它在起飞时尾巴会起火，那是在烧燃料，那些燃料一烧起来，就产生巨大的力气，就像刚才的气球一样，把火箭推到天上了，所以，我们看到火箭起飞时会冒出很多的烟。

(2) 出示矿泉水瓶，请幼儿用瓶子帮助"火箭"飞上天。

**5. 交流**

教师：火箭飞得高和低与气流的大小有关，用足力气，火箭就飞得高，气不足，飞得就低。

**6. 拓展**

科学家还研究出什么东西在空中飞的头部也是尖尖的？为什么？

小结：如飞机、子弹、标枪等。

## 六、活动反思

本次活动，我能注重活动设计的整合性、趣味性。幼儿始终处于自主、积极的状态。我在欢快、活跃的气氛中教学，幼儿在自由、轻松、开放的气氛中学习。

我为幼儿提供了大量的可操作性材料及时间，从而使知识的传授和能力的培养相互结合，教学更完善，孩子得到的知识更丰富。较好地完成了本活动的目标，促进了幼儿的全面发展。

让情感教育融入活动的每个环节。介绍火箭功能时，联系到我国"神舟六号"飞船的成功发射，使幼儿萌发了强烈的爱国主义情感，尤其是最后，让幼儿亲自发射自制的火箭时，教师情感式的过度语："小朋友真了不起，希望你们学好本领，长大发射真正的火箭！"又使情感教育得到进一步延伸。作为一名幼儿教师，我今后会继续充当好观察者和研究者的角色，寻找幼儿最佳学习兴趣，积累教育经验，和孩子们在共同学习中一起进步。

> **活动设计**：大连市金州区第三幼儿园　华远
> **活动指导**：大连市金州区第三幼儿园　朱晓华

## 案例十三　有趣的多米诺骨牌

### 一、设计意图

多米诺骨牌是一项集动手、动脑于一体的游戏，它起源于中国，有着上千年的历史。漫长的发展过程，赋予它独特的教育功能。它除了可码放单线、多线、文字等各式各样的造型外，还可充当积木，搭房子等，制成各种各样的拼图。

我园有一套塑料制作的多米诺骨牌玩具，我班孩子对此非常感兴趣。在游戏中，孩子们发明了多种玩法，盖高楼、拼图形等。在拼图案时，骨牌需要一张一张摆下去，它不仅考验参与者的体力、耐力和意志力，而且还培养了参与者的智力、想象力、创造力，最大限度地发挥合作精神。《幼儿园教育指导纲要》指出，幼儿园教育活动内容的选择应"既贴近幼儿生活，选择幼儿感兴趣的事物和问题，又有助于拓展幼儿的经验和视野。"《3~6岁儿童学习与发展指南》在科学探究中建议："支持和鼓励幼儿大胆联想、猜测问题的答案，并设法验证。"于是，我设计了本次活动。

## 二、活动目标

通过游戏，探索发现多米诺骨牌中骨牌间的距离关系。

尝试运用各种方式记录自己的探索方法。

培养幼儿合作意识和探索的兴趣。

## 三、活动重点、难点

重点：发现多米诺骨牌中骨牌间的距离关系。

难点：能用材料按要求操作、并记录探索的方法。

## 四、活动准备

记录纸、彩笔、三种不同长度的纸卡若干套、多米诺骨牌玩具；有关多米诺骨牌的视频。

## 五、活动过程

### 1. 导入

观看游戏、引起兴趣。

玩法：教师摆好两组多米诺骨牌，每组20张。一组可以全部推倒，另一组不可以。教师分别推倒两组骨牌的第一张（一组骨牌全倒了，另一组没倒）。

教师：为什么一组可以全部推倒，另一组没有推倒？（组织幼儿集体猜想）

### 2. 探索

通过游戏，探索发现问题，寻找骨牌与骨牌之间的距离关系。

（1）介绍材料、提出要求。

教师：老师给小朋友准备三种不同长度的纸板（一种比骨牌短，一种比骨牌长，一种和骨牌一样长），请小朋友将骨牌之间的距离分别按这三种纸板的长度来摆，看看多长的距离可将骨牌推倒，每试一次用自己的方式在记录纸上记好（见图3-13-1）。

(2) 自由结伴、操作探索。

教师：试一试用这三种不同长度的骨牌，看看你会发现什么（见图3-13-2、图3-13-3）？

图3-13-1　　　　　　　　　　　图3-13-2

图3-13-3　　　　　　　　　　　图3-13-4

(3) 幼儿操作、记录，教师巡回指导。

**3. 交流**

汇报交流探索结果。

教师：请小朋友将探索的结果介绍一下（只有将骨牌间的距离摆得比骨牌短才可以将骨牌推倒，游戏才可成功进行）（见图3-13-4）。

教师：哪种长度会使骨牌全都倒下？

### 4. 欣赏

（1）教师和幼儿一起欣赏有关多米诺骨牌的精彩视频，感受骨牌游戏的精彩和奇妙。

（2）教师和幼儿一起按设计好的图形摆设多米诺骨牌，然后推倒，体验游戏的快乐。

## 六、活动反思

本次活动设计的灵感来源于幼儿的游戏活动，既有一定的经验支持，幼儿也十分感兴趣。教师将多米诺骨牌游戏中，骨牌间的拼摆距离，提升为本次活动的目标，紧紧抓住幼儿的好奇点，使幼儿在活动中的积极性、参与度及求知欲都非常高。

教师在组织幼儿的活动时，通过发现问题—猜想—验证—记录—交流—总结经验的几个环节，让幼儿通过自己动手操作、独立思考、合作学习、大胆交流等自主学习的方法，层层递进的梳理总结经验，完成本次活动的目标，体现了"幼儿在前，教师在后"的教育思想。

教师的提问设计目的明确，简捷有效，不绕圈子，在整个活动中，起到了引领幼儿活动的作用。当两组骨牌，一组到下一组没有倒下时，教师提问：这是怎么回事呢？打开了孩子们的思路，激发了幼儿的求知欲；教师在请幼儿用三种不同长度纸板拼摆时，教师提问小朋友用三种不同的长度来试一试，看看您会发现什么？使孩子们在产生了认知冲突时，不会马上得到教师答案，而是在教师创设的自主、平等、交流沟通的实验中，自己发现、解释、反省、调整、重构自己的概念，从中验证自己和他人的主张和想法；在幼儿介绍自己操作结果时，教师提问：哪种长度会使骨牌全都倒下？及时帮幼儿梳理学习经验，完成教育目标。

由于原有的塑料玩具数量不足，因此换成木制的骨牌。这种骨牌比较小，教师本以为会更方便幼儿的操作，但是幼儿实际操作时才发现，由于骨牌一端占地面积小，因此幼儿在拼摆时一不小心就会倒下，这样幼儿在拼摆时需要十分小心，有的孩子摆了好几次才将骨牌摆好，可以说影响了部分幼儿在活动中的节奏和活动的兴致，效果不理想。

**活动设计**：大连市旅顺口区中心幼儿园　徐超
**活动指导**：大连市旅顺口区中心幼儿园　李珺

## 案例十四 磁铁碰碰车

### 一、设计意图

《幼儿园教育指导纲要（试行）》（以下简称《纲要》）中指出，幼儿园科学教育的内容要从孩子身边取材，引导幼儿对身边常见的事物和现象的特点、变化产生兴趣和探究的欲望。同时《纲要》中还提出："教育内容的选择既要适合幼儿的现有水平，又有一定的挑战性；既要符合幼儿的现实需要，又有利于其长远发展；既要贴近幼儿的生活来选择幼儿感兴趣的事物和问题，又有助于拓展幼儿的视野和经验。"磁铁是幼儿日常生活中经常见到的和经常玩的物品，而"磁性"的利用在人们生活的各个角落无处不存在，一切东西都会吸引幼儿的心灵，会焕发起幼儿无穷的好奇心。根据《纲要》精神，我选择了"磁铁碰碰车"这一活动。

### 二、活动目标

探索发现磁铁同极相排斥、异极相吸引。

愿意与同伴交流经验。

体验探索磁铁奥秘的乐趣。

### 三、活动重点、难点

重点：通过探索发现磁铁同极相斥、异极相吸的特性。

难点：能大胆进行猜想验证和表达实验过程。

### 四、活动准备

条形磁铁，上边贴有车辆卡片；教师设计好的幼儿记录单与开放性幼儿记录单、集体汇总记录单、记号笔。

### 五、活动过程

**1. 导入**

出示磁铁玩具小车。

教师：你们玩过碰碰车吗？怎么玩的？今天我们玩"磁铁碰碰车"的游戏好吗？怎么玩呢？

**2. 观察**

教师：这是用条形磁铁做的小磁铁车，请两个小朋友玩，看看两块磁铁小车在一起对对碰时，会出现什么现象？小朋友猜猜看。

**3. 猜想**

请个别幼儿介绍自己的想法。

**4. 操作**

（1）幼儿人手一部磁铁小车，两个人一队，将两块磁铁摆在桌上对碰，观察出现的现象（见图3-14-1）。

图3-14-1

（2）操作要求。

①在桌面操作。

②一只手拿着磁铁小车，慢慢靠近去碰另一部磁铁小车；另一块磁铁要摆在桌上，不能用手去碰。

③两人一组，一个小朋友操作，另一个小朋友观察。两个小朋友要轮着玩。

（3）记录发现（见图3-14-2）。

**5. 交流**（见图3-14-3、图3-14-4）

教师：小朋友在玩磁铁碰碰车的时候，你们发现了什么（请个别幼儿发表意见）？

教师：还有不一样的发现吗？

教师：今天，我们又发现了磁铁的一个什么秘密？谁知道在我们的生活中，什么地方用到了这个现象？想想看，你会用磁铁的这个现象去发明什么？

图3-14-2

图 3-14-3

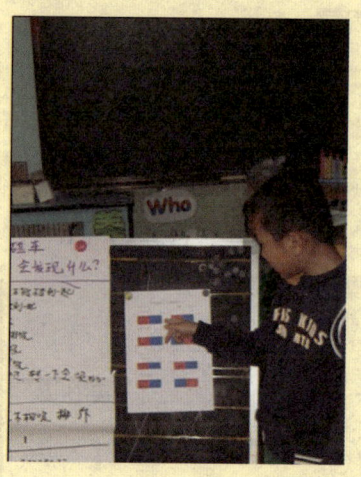

图 3-14-4

**6. 总结**

当多块磁铁在一起时，磁铁的同极相排斥、异极相吸引（让幼儿用自己理解的语言概述）。

教师：玩磁铁有趣吗？磁铁的许多奥秘对我们的生活帮助很大，希望小朋友也会用磁铁创造一个小发明，好吗？

**7. 活动延伸**

（1）在科学区内提供磁铁、磁性玩具及其他不同材料，让幼儿继续做实验。

（2）在美工区里放置磁铁材料及其他辅助材料引导幼儿用磁性特征制作玩具。

## 六、活动反思

磁铁是幼儿日常生活经常见到的和经常玩的物品，而"同性相斥，异性相吸"的磁性原理对幼儿来说却是一个抽象的概念，为了帮助幼儿理解这一抽象的概念，教师精心设计了各活动环节。

（1）创设问题情境，充分调动幼儿的兴趣。

（2）鼓励幼儿在猜想和操作过程中发现磁铁"同极相斥、异极相吸"的特性。教师为幼儿提供了充分的自主操作的时间和空间，让幼儿带着猜想去操作，使孩子在过程中体验着快乐，验证着自己的操作结果，享受着成功的喜悦。

（3）教师适时以玩伴的身份参与到活动之中，尊重每一个幼儿的想法，并积极鼓励他们大胆猜想，积极验证。

（4）开放式的提问，唤起幼儿已有经验，激发幼儿的好奇心，始终保持探索的兴趣。

（5）运用同伴互相学习的方式，鼓励幼儿用自己的语言去总结相关经验。

（6）内容选择生活化，磁铁在生活中幼儿常见。

（7）提供的材料生活化。选择幼儿感兴趣的小车来操作，使幼儿更感兴趣。

（8）根据大班幼儿的特点，教师为幼儿提供了两种不同层次的记录单。一种是开放式自由记录，一种是教师设计的。非常适合幼儿的学习特点及幼儿的记录方式，利于幼儿相互交流自己的想法。

本活动不足之处：在幼儿做总结交流时，教师应该给予充分的讨论、交流时间，教师可以引导、鼓励，但不要着急，应当使幼儿更深入地交流。

**活动设计：** 大连理工大学幼儿园　刘晓燕

**活动指导：** 大连理工大学幼儿园　刘洁

## 案例十五　睡莲开花

### 一、设计意图

《3~6岁儿童学习与发展指南》中指出："幼儿科学的学习是在探索事物和解决实际问题中，尝试发现事物间的异同和联系的过程。"大班的孩子能经常动手动脑寻找答案，并且在探究的过程中孩子们学会合作与交流。《幼儿园教育指导纲要》告诉我们，要选择幼儿周围生活中感兴趣的现象和事物。纸，在孩子们的生活中随处可见，例如：纸巾、图画纸、报纸、手工纸等都是孩子们每天要用到的，而且孩子们的经验中已经了解纸具有吸水性的特点。但是不是所有的孩子都知道纸的吸水性是不同的，这与纸的质地是有关系的。因此，我设计的这节活动，目的就是要让孩子在自我的探究实验中去认识不同的纸吸水的速度是不同的。同时，在实验中需要幼儿认真的观察、合作和比较。

## 二、活动目标

了解不同的纸吸水性的强弱是不同的。

学习观察和比较。

体验合作、交流的乐趣。

## 三、活动重点、难点

通过操作，学会合作、观察和比较。

## 四、活动准备

四种不同的纸：图画纸、报纸、手工纸、牛皮纸，大的水盘装上水，抹布；记录单（教师用大的，幼儿用小的）、铅笔；用四种纸折好的睡莲花。（幼儿在前期活动中学过"纸睡莲"的折纸）

## 五、活动过程

### 1．导入

教师：我们喝水的时候经常会在嘴角留下小水珠，通常会使用什么来擦一擦（纸巾）？

教师：为什么纸巾可以把水擦干净（因为纸巾有吸水性）？

### 2．猜想

教师出示折好的睡莲花（手工纸、牛皮纸、报纸、图画纸）。

教师：这是什么（睡莲花）？看今天老师带来了几种睡莲花，都是用什么纸折成的？

教师：你们想一想，真正的睡莲花在水里能够开放，这些纸折成的睡莲花在水里能不能开花呢？为什么？

教师：大家知道纸有吸水性，所以认为这些纸睡莲都能开花，可是你们知道哪一种睡莲花开得最快，哪一种开得慢吗？

教师：请将你认为的序号填在相应的格子里，用数字1、2、3、4来表示速度。

### 3．操作

（1）幼儿独立完成这四种纸睡莲的实验，并记录自己观察的结果。

（2）教师统计幼儿操作的结果。

教师：为什么大家的结果有的一样，有的不一样呢？

教师：我们应该怎么做才能真正看出到底哪种睡莲花开得最快，哪种最慢呢（引导幼儿分组合作，同时将四种睡莲花放入水中，来观察开花的速度）？

（3）再次操作，幼儿分成4人一组，每人拿一种睡莲，一个人说开始，四人必须同时把花放入水中，观察、记录。

### 4. 交流

教师：通过最后的实验大家终于观察到了哪种睡莲花开得最快，哪种最慢了，一个人能够完成吗（引导幼儿说出合作的力量）？

教师：想一想，为什么都是纸却有不同的吸水速度呢？这跟什么有关系呢（跟纸的厚薄、硬度、光滑度等都有关系）？

### 5. 延伸

教师：生活中还有许许多多种纸，小朋友可以收集起来在区域活动中继续实验、比较，看看还有哪种纸的吸水性强，哪种纸的吸水性弱。

**附：记录单**

科学活动——睡莲开花（记录单）

姓名： 班级：大一班

| 速度＼纸的种类＼猜想与操作 | 报纸 | 牛皮纸 | 手工纸 | 图画纸 |
|---|---|---|---|---|
| ? | | | | |
| 第一次操作 | | | | |
| 第二次操作 | | | | |

## 六、活动反思

本节活动重点是通过反复的实验操作，来锻炼幼儿认真观察、比较、记录、合作、交流的技能和方法，培养孩子科学的学习态度，满足幼儿的好奇心和求知欲。

关于纸的吸水特性孩子们通过以前的活动已经了解，为了使活动更具趣味性，才设计了"睡莲开花"的活动，利用纸的吸水性让纸质的睡莲花像真花一样在水中绽放，这个过程使孩子们感到惊奇，更加提高了参与操作的兴趣。同时结合科学领域的数学方面的能力，幼儿明白了可以用数字来代表不同睡莲花开花的速度。尤其是在二次操作中，使得孩子们能够积极动脑筋想办法来验证猜测的结果，符合科学领域的教育目标，让孩子们学会动手动脑解决问题。这种实验的方法也具有一定的拓展意义，能够给孩子更深远的影响，孩子们可以用同样的方法尝试更多不同的纸，使探究活动更有价值。

不足之处，就是教师在活动前，应该让孩子先用手摸一摸这几种纸的不同质感，这样会对最后的知识提升起到铺垫的作用效果会更好。

**活动设计**：大连海事大学幼儿园　毕聪君
**活动指导**：大连海事大学幼儿园　刘晓莉

（此活动曾荣获大连市优秀教育活动二等奖）

# 案例十六　方糖哪去了

## 一、设计意图

《幼儿园教育指导纲要》中所说："既贴近幼儿的生活，选择感兴趣的事物或问题，又有利于拓展幼儿的经验和视野"。溶解是孩子们在日常生活中经常见到的现象，与孩子的生活密不可分，《3~6岁儿童学习与发展指南》在科学领域曾强调要有意识地引导幼儿观察周围事物，学习观察的基本方法，支持幼儿的观察活动，并对其发现表示赞赏。大班的孩子好奇、好问，思维灵活，动手动脑的能力强，本活动符合孩子的年龄特点和学习特点。

糖是孩子们最喜欢的食物之一，孩子都有吃糖的经历，但是对于糖能溶解的这一现象不是很了解，因此，想通过这节活动让孩子对探索实验感兴趣，更重要的一点就是要让孩子明白"糖好吃，但是不能多吃"的道理。

## 二、活动目标

对溶解现象产生兴趣。

了解方糖溶解试验的简单操作方法。

观察了解方糖被水溶解的过程，表述溶解过程。

## 三、活动重点、难点

重点：观察并记录溶解过程。

难点：明白糖溶在水里而不是没有了。

## 四、活动准备

凉开水、方糖、画有水杯的记录表、彩笔、猜想表、小镊子等。

## 五、活动过程

### 1. 导入

教师讲小熊吃糖的故事激发兴趣：小熊最喜欢吃糖块，有一天他正吃糖时，一不小心，一块方糖掉进水里了，小熊找来找去找不到，急得哇哇哭，"呜……糖没有了，呜……妈妈，我的方糖不见了……"妈妈跑过来，找来找去也找不着。

### 2. 讨论

引导幼儿讨论：方糖哪去了？

教师：小熊的方糖哪去了？呀，方糖是不见了，看不见了就是糖没了吗？可糖是没有了呀，它变没了吗？真的没有了吗？哪去了？

### 3. 猜想

（1）请幼儿猜一猜小熊的方糖是怎么不见的。

教师：有的小朋友说是溶在水里了，化在水里了，你见过这种现象吗？它是怎样化在水里的？我们一起告诉小熊，糖是怎么不见的。

（2）引导幼儿猜想小熊方糖不见的过程，记录猜想。

教师：谁知道它开始掉在水里是什么样的？接下来会怎么样？

由教师和幼儿共同合作将方糖掉在水里的过程记录在猜想表上。

教师：哦，小朋友说它是这样不见的，我怎么知道你们说得对不对？我们必须亲手做一做，来回答小熊的问题，看看糖到底是怎么不见的。

（3）观察实验材料，讨论实验要求。

教师：我们怎么把方糖放在水里？（用手拿）这种方法好不好？为什么？出示小镊子：看看这是什么？镊子有什么用？放几块糖？把糖放水里后你要做什么事？（观察），对，还要把结果记下来告诉小熊。

认识实验材料，通过步步引导和幼儿协商制订实验要求。

4. 操作

（1）幼儿尝试实验，教师巡回指导、观察。

请幼儿仔细观察糖在水中的变化，用语言表达自己看到了什么。

教师：你看到了什么？做完后记下来。

（2）请幼儿将实验结果、看到的现象用图画、符号等方式记录在记录表上，请一名能力强的幼儿将自己的发现记在教师的大记录表上。

通过记录了解糖逐渐溶解过程，并请幼儿互相讲一讲糖不见的过程。

5. 交流

（1）请幼儿介绍介绍方糖哪去了，它是怎样变没了。

教师：方糖不见了，哪里去了？它是怎样没了？

（2）通过品尝初步认识溶解现象。

教师：糖不见了，但它溶在水里了，怎么说明它溶解在水里了？（尝一尝）这真是个好办法，请你尝一尝吧。谁来说一说你有什么感受？为什么很甜？这叫糖水，为什么叫糖水？因为糖溶解在水里了。

（3）明白糖易导致龋齿的道理。

教师：糖易溶化在水里，同样也会溶化在我们的口腔中，所以吃完糖要立刻干什么？

6. 延伸

教师：今天我们一起做了一杯糖水，水可以溶解糖，你在生活中还见到过什么可以跑到水里去，溶解在水里？

幼儿讲述后老师引导幼儿思考：这些东西到底能不能溶解在水中呢？小朋友

可以在活动区中、在家里继续探究。

（1）环境创设。把"还有什么能溶解在水里"大记录表粘贴在墙面上，供幼儿在区域中进行试验后再进行补充纪录。

（2）区域活动。把幼儿收集的实验材料投放到区域中，引导幼儿尝试用不同的方法做还有什么能溶解在水里的实验。

（3）日常生活。引导幼儿在日常生活中观察溶解现象。

## 六、活动反思

优点：从课堂教学实践来看，达到了我预定的教学设想，也体现了新课程的基本理念。教学活动设计形式完整，紧紧围绕方糖哪去了这一主线，将自然和真实现象呈现在幼儿面前，采用设置情境——提出问题——进行猜想——动手操作实验——记录信息并得出结论——表达、分享与交流的教学模式。在课堂中，我淡化知识的传授，培养幼儿的科学素养。在教学过程中，我觉得自己不仅是教师更是孩子们的朋友，他们在观察实验中，又有许许多多的发现，他们愿意在第一时间告诉我，让我和他们一起观察，分享他们发现秘密的喜悦。幼儿整课学习的积极性和主动性特别高，同时挑战了孩子观察力、想象力、感知力、动手操作、表达力等各种能力，对激发幼儿关注生活中的有趣现象有激励作用。通过学习孩子们不仅体会科学探究的方法，同时，进行科学探究的积极性提高了，也能想出多种方法解决一些科学的问题。

不足：由于方糖在水中溶解速度较快，我引导孩子边实验边记录，造成观察不够完整，也影响了记录的效果，这一环节应调整为先实验，实验结束后再记录。

*活动设计*：大连市长海县幼儿园　梁晶
*活动指导*：大连市长海县幼儿园　李华

（此活动获大连市幼儿园教师教育教学评优活动一等奖）

## 案例十七 站起来 别倒下

### 一、设计意图

"站起来,别倒下"活动贴近幼儿生活,取材于幼儿生活,物体"能站起来"与"不能站起来"是日常生活中很常见,但又不太引起幼儿注意的现象,本活动通过激发幼儿探索物体站起来的方法,对物体如何保持平衡产生兴趣。

### 二、活动目标

初步感知物体的平衡。

探索并表达让物体"站"起来的方法。

体验成功的喜悦。

### 三、活动重点、难点

尝试在没有辅助物的帮助下,通过改变物体自身形状让物体站起来,例如:纸、铁丝等。

### 四、活动准备

能"站立"和不能"站立"的物品多种,如盒子、瓶子、笔、纸、直尺等,每组一份;辅助站立的物品若干,如橡皮泥、沙子、泡沫等;大小纸盒各一个;操作展示台一个;多媒体设备一套、照相机一部。

### 五、活动过程

**1. 导入**

幼儿自由玩物品,区分哪些物品可以站起来(见图3-17-1)。

教师:孩子们,今天老师给你们准备了许多好玩的材料,请你去看一看、摸一摸、玩一玩。试一试,

图3-17-1

哪些东西能"站"起来,哪些"站"不起来呢?动脑筋想一想,为什么?

**2. 分类**

教师:请你把能站起来的物品放进大塑料筐里,把站不起来的物品放进小塑料筐里。

与幼儿一起检查分类结果。

教师:小朋友们看看,这些是能站起来的物品,都有……(操作演示)不能站起来的物品有……

**3. 猜想**

引导幼儿讨论让物品"站立"的方法。

教师:为什么有的东西一下就"站"住了,而有的东西却"站"不住呢?

教师演示并小结:你们说得可真棒,底平的并且底宽大的物品能站起来,而(你们看这些东西是什么样的?出示站不起来的物品观察)太细、太软、太扁、太薄、太平的物品站不起来。

教师:老师想请小朋友们帮忙想个办法,怎样让这些站不起来的东西站起来?谁有好办法呢?小朋友之间可以互相说一说。

**4. 操作**

引导幼儿选择材料,尝试运用多种方法让"站"不住的物品"站"起来(见图3-17-2)。

教师:刚才我听到小朋友们都想出了好办法,但是你们想的这些办法到底好不好用呢?赶快试试吧!

教师:你们都成功了吗?你是怎样让它们站起来的?

教师:刚才,在小朋友们玩儿的时候,我偷偷地给你们拍了照片,我们一起来看看吧!

图3-17-2

小结:刚才有的小朋友是……做的,让……站起来了,有的小朋友是……做的,让……站起来了,这些都是让那些站不起来的物品借助辅助材料都忙站起来的,方法真好,跟他们用了一样方法的小朋友请把它们放到这边(左)操作台上。但是我发现还有的小朋友用了一种很特别的方法,请×××小朋友说一说你的方法（引导幼儿说出改变物体的形状让物体站起来）。请你把通过改变了自身形状让它们自己站起来的放到这边（右）的操作台上。

教师:呀,我们的小朋友可真聪明,想出了这么多的好办法,这些用了……辅助材料帮忙站起来的,再看看这边呢?是把改变了自身的形状才让它们站起来,你们真是太棒了。

**5. 延伸**

教师:在我们的生活中,你们还见过哪些站不起来的物品借助别的东西帮忙站起来的?

教师:你们说得真好,老师这里有一些图片,你们看……

小结:人们可真聪明,他们这些方法给我们的生活带来了许多的方便,真好!其实,我们的生活当中还有许许多多的站不起来的物品是借助别的东西帮忙或者是改变了它原来的形状站起来的,请你回家跟爸爸妈妈一起找找,好吗?

## 六、活动反思

幼儿园与家庭密切合作,积极取得家长的配合。为幼儿提供丰富的生活和活动环境,满足他们多方面发展的要求,使他们在快乐的童年生活中获得有益于身心发展的经验《幼儿园教育指导纲要》总则中提出的教育原则和教育特点,为我们幼儿教育提供了科学的引领和指导方向。针对本节科学活动,反思如下:

首先,"站起来,别倒下"这节活动,得到了家长的大力支持,为我们收集了各种各样的小物品,例如羽毛、直尺、牙签、吸管以及各种各样的盒子等材料,这也为我们的活动提供了丰富的物质环境,这也是我们走向成功教育的第一步。

其次,有了丰富的材料,就要充分利用《纲要》里的教育理论来指导我们的教学。将幼儿所学到的新知识与原来认知结构中已有经验进行结合,产生新的知识。这是一个建构的过程,也是幼儿学习的基本途径,布鲁纳提出的建构主义理论,运用到幼儿科学领域的教育尤为贴切。活动设计的三个环节:分类直立与不可直立的物品;探究让不能直立的物品直立起来;将借助辅助材料站立和物体通过改变自身形状站立进行分类。这三个环节,充分调动了幼儿的思维以及探索的积极性，孩子们运用已经积累的经验，去思考、探索哪些物品是可以直接立起来，哪些物品不能直接立起来，怎样使不能直立的物品在借助外物的帮助下直立起来，哪些物品可以通过一定形状、位置、结构的变化可以直立起来。

在教育活动中，教师作为活动的组织者，材料的投放者，过程的引导者，充分发挥自身优势，适当引导幼儿沿着科学的途径不断丰富经验，这个过程，离不开教师的引导，更不能越俎代庖，过多干预，这就体现了一个度的问题。我在教育活动中，尽量让孩子多说、多思考，充分调动了孩子操作的积极性，让一节枯燥的科学活动活跃起来。

**活动设计：** 大连市长海县幼儿园　于灿
**活动指导：** 大连市长海县幼儿园　周辉

（此活动获大连市县级青年教师教学大赛一等奖）

## 案例十八　充气玩具鼓起来

### 一、设计意图

根据《幼儿园教育指导纲要》（以下简称《纲要》）中科学领域的发展目标，即认识环境的生活经验，我选择的活动是大班科学活动"充气玩具鼓起来"。本次活动内容是从幼儿身边熟悉的事物和现象出发，引发幼儿对生活中经常接触的现象——空气，让幼儿通过游戏体验，感知空气。我依据《纲要》在这一领域的教育指导："在组织科学活动时，教师要注重激发和保持幼儿的探究兴趣，鼓励幼儿大胆猜想，为幼儿提供操作的机会、条件和材料，注重让幼儿通过实际活动体验探究过程，引导幼儿应用自己喜欢的方式记录探究的过程和发现，创设幼儿探索、合作、交流、分享的空间，善于将幼儿的关注点和兴奋点引导有意义的探究活动，指导幼儿用科学方法解决生活实际中的问题。"设计并组织本次活动。活动中我为孩子们准备了气球、充气娃娃、充气工具等供幼儿动手操作，鼓励幼儿动手操作感受空气的存在。

## 二、活动目标

通过给充气玩具充气，感知空气的存在。

培养幼儿大胆猜想的能力。

## 三、活动重点、难点

重点：感知空气的存在。

难点：敢于动手试验。

## 四、活动准备

各种瘪的充气玩具、小打气筒、吸管、塑料袋、气球、猜想验证记录表、塑料瓶。

## 五、活动过程

### 1. 导入

教师出示充好气的充气玩具，让幼儿玩玩、摸摸、拍拍，互相交流说说摸充气玩具的感觉。

### 2. 猜想

（1）教师出示瘪的玩具，请幼儿认真观察，并用手摸一摸、玩一玩。

教师：小朋友你们看，现在的玩具和你们刚才玩过的玩具有什么不一样？这些玩具为什么是瘪的？

（2）组织幼儿对问题进行讨论和交流。

教师：互相讲一讲，你是怎么想的？

（3）总结。

教师：刚才小朋友说，玩具瘪的是因为里面没有气，那我要考考你们，请你们开动小脑筋想办法，怎样做才能让充气玩具变得鼓鼓的？

（4）幼儿互相交流自己的想法，教师出示猜想记录单并讲解填表方法，让幼儿将自己才想到的办法记录在表格栏中。

（5）教师与幼儿观察记录单，共同小结猜想结果。

### 3. 操作

（1）教师：现在请小朋友到活动区中，选择自己刚才想到的方法来给玩具充气。

（2）教师提出记录要求。

教师：在充气过程中小朋友要按照自己刚才想到的每一种方法来给玩具充气，然后将试验成功的方法记在结果的表格里，还要注意的是小朋友在活动时要团结友爱、互相帮助，实验结束后也请你们将自己用过的充气工具收到工具箱里，好吗？

（3）幼儿自由操作，教师进组指导。

### 4．交流

教师出示验证表与幼儿共同小结验证结果。

教师：你是用什么方法让玩具变得鼓鼓的？这些鼓鼓的玩具里面装得满满的是什么？

### 5．再次操作

（1）教师创设问题情景，幼儿思考。

教师：刚才小朋友说，玩具里面装满了空气。我不相信，你们动脑筋想个办法，怎样做才能让我相信你们说的是真的，这里面有空气。

（2）幼儿交流讨论。

（3）教师请幼儿打开玩具开关，用手用力挤压（把玩具放到脸边），提醒幼儿认真观察。

教师：我们一起把玩具恢复到瘪瘪的样子，行吗？感觉会有什么东西跑出来？

（4）幼儿操作，验证自己的想法。

教师：小朋友你们看！现在的玩具怎么了？它们为什么瘪了？

（5）幼儿讨论交流。

（6）教师和幼儿共同梳理刚刚获得有关空气存在的经验。

教师：原来瘪瘪的玩具里是装满了空气，它们才会变得鼓鼓的。

### 6．延伸

教师：今天就请小朋友回家和爸爸妈妈一起找找空气,还藏在哪儿？明天告诉老师和小朋友好吗？

**附：记录单**

| 怎样做才能让充气玩具变得鼓鼓的？ ||
|---|---|
| 时间： | 学号： |
| 我来猜猜看？ ||
| 我用到的方法！ ||

### 六、活动反思

  该主题中要让幼儿感知空气的存在，这次前期的活动就从充气玩具导入，通过跟充气玩具打气逐渐感知是空气让瘪瘪的玩具鼓起来，知识点不是在玩玩具上，而是通过操作引入到主题当中来。所以，活动的前部分我在设计的过程中并不提"空气"这个词（如果孩子能提更好），而是放在结束部分作为一个问题抛给孩子："玩具为什么鼓起来？里面有什么？通过将充满气的玩具放气，让孩子感觉，发现有气吹到脸上，有风吹出来，凉凉的等"让幼儿思考，充气玩具因为没有了空气，所以玩具又瘪了，为下次的探索活动"找空气"埋下伏笔。活动中教师能充分尊重幼儿，提供一定的条件激发幼儿探索的欲望，有方法的引导幼儿进行探索，锻炼幼儿的探索能力，师生互动有目的、有效果。

**活动设计**：大连市长海县幼儿园　于炜
**活动指导**：大连市长海县幼儿园　李华

## 案例十九　神奇水柱

### 一、设计意图

  现实生活中有许多幼儿熟悉的现象，它们蕴含着深刻的科学道理，为了鼓励幼儿对这些现象能够产生浓厚的好奇心，引导幼儿亲历科学探究的过程，体验科学发现的快乐，主动构建科学经验，教师设计了"神奇的水柱"活动。

在科学领域的教育中，水的重要性是显而易见的，它是地球以及各种生物有机体生长的自然环境的重要组成部分。幼儿园各年龄段的孩子都十分喜欢玩水，幼儿对科学的理解是通过一系列活动实现的，在实验中，幼儿在解决实际问题的过程中发现和理解事物本身和事物间关系。教师通过不断地变换实验条件，让幼儿反复猜想与实践，构建科学的知识，逐步发展逻辑思维能力，体验成功的快乐。

在活动中，通过比较三个水瓶在不同的条件下产生的水柱现象，引发幼儿的思考，鼓励幼儿大胆地表述自己的想法，激发幼儿探索的兴趣和愿望，使活动不断地向纵深发展。

## 二、活动目标

通过实验知道水的特点，引导发现并了解水位高度与水柱喷射距离的关系。

在小组合作探索中，学会合作与分享的学习方式。

感受在探索学习中得到兴奋和满足。

## 三、活动重点、难点

重点：发现水位高度和水柱喷射距离的关系。

难点：小组合作探究，合作分享的学习方式。

## 四、活动准备

两个完全相同的可乐瓶（喷水洞口一样高，水位一样高，用绿色标记线标记水的位置），用数字1和2标记；两个完全相同的可乐瓶（喷水洞口一样高，水位不一样高，最好水的多少相差很多，用绿色标记线标注水的位置）用数字1和3标记；两个黑色塑料袋分别装水和固体玩具、沙子等；剪刀、大盆、小盆、彩笔、记录单、托盘、幼儿记录单、集体记录单。

### 五、活动过程

**1. 实验一**

（1）猜想。教师出示两个水瓶（见图3-19-1）。

教师：请小朋友们仔细观察这两个水瓶，它们有什么相同和不同的地方？

教师引导幼儿观察水瓶的特点，并在记录单上标记下来。

教师：如果两个水瓶同时喷水哪个水柱喷得远？

教师引导幼儿说出自己猜想的理由，并作集体汇总。

图 3-19-1

（2）操作。教师带领幼儿进行实验，实验中要注意，水瓶的摆放位置，会影响到比较的结果，所以两个水瓶一定要对齐。请幼儿在胶贴同时打开的第一时间进行观察，从观察中得到答案，两个水柱喷得一样远。

（3）交流。教师组织全班幼儿进行经验分享。教师请幼儿说说哪个水柱喷得远。幼儿总结两个水瓶一样大，喷水洞口一样高，水位一样高，水柱喷得一样远。

**2. 实验二**

（1）猜想。回顾第一次活动的实验，总结实验结果。教师出示两个水瓶（见图3-19-2）。

教师：请小朋友们仔细观察这两个水瓶，它们有什么相同和不同的地方？

教师引导幼儿观察水瓶的特点，并在记录单上标记下来。

教师：如果两个水瓶同时喷水哪个水柱喷得远？

图 3-19-2

教师引导幼儿说出自己猜想的理由,并作集体汇总。

图 3-19-3

图 3-19-4

(2) 操作。教师带领幼儿进行实验,引导幼儿仔细观察水柱的落点。请幼儿在胶贴同时打开的第一时间进行观察,从观察中得到答案,两个水柱喷得不一样远,水位高的瓶子水柱喷得远(见图 3-19-3、图 3-19-4)。

(3) 交流。教师组织全班幼儿进行经验分享。教师请幼儿说说哪个水柱喷得远。

幼儿总结:两个水瓶一样大,喷水洞口一样高,水位不一样高,水位高的喷得远。

### 3. 实验三

(1) 导入。教师出示两个黑色塑料袋,请幼儿观察。

教师:请小朋友看一看、猜一猜,这两个袋子里装的是什么?

请幼儿调动感官,摸一摸、听一听,再猜一猜袋子里装的是什么?

(2) 猜想。教师为每个幼儿提供两个黑色口袋。

教师:请幼儿仔细观察,摸一摸、摇一摇、听一听,猜猜袋子里面装的是什么?

教师出示活动记录单(见资源库),请幼儿进行猜想记录。

教师:请小朋友把自己的想法画在记录单上。

幼儿用简单的图画记录自己的猜想。

(3) 交流。教师引导幼儿与同伴之间交流猜想。

教师：请做好记录的小朋友，跟自己组的小伙伴互相说一说自己的猜想。

教师组织幼儿进行集中交流，汇总幼儿的想法，并鼓励幼儿依据自己的感觉说出原因。

教师：谁来向大家介绍一下自己的猜想。

教师继续引导：你为什么这样猜呀？你是怎么想的？

(4) 探索。让幼儿调动多种感官充分体验、比较两个口袋的异同，区分液体与固体的不同感觉。

教师：请你再仔细地感觉一下，这两个袋子有什么不同？

幼儿打开口袋验证自己的猜想，教师注意提醒幼儿使用剪刀的安全。

教师：请小朋友用剪刀打开袋子看看里面到底装的是什么？使用剪刀时要注意安全。

(5) 交流。教师依据幼儿的活动情况，组织幼儿围绕问题自由地讨论。

教师提问：看看口袋里的东西，和你的猜想一样吗？

继续提问：说说你看到的水是什么样的？

将幼儿取出的水集中到大盆中，请幼儿自由玩水，并观察各种物品在水中的状态。

## 六、活动反思

活动"神奇的水柱"通过三次实验，幼儿动手操作，探索发现瓶子是相同的，水的多少和小孔高度的改变，水柱也在改变。又通过"袋子里装的是什么"活动，让幼儿得到直接经验，固体和液体的对比，知道水的特征。幼儿在活动中充分得到了探索和发现，培养了幼儿观察、探索等科学学习的品质，猜想中鼓励大胆想象，在表达发现和想法中幼儿的语言得到了发展。

**活动设计**：大连市实验幼儿园　何颖
**活动指导**：大连市实验幼儿园　刘钰

# 案例二十 运水

## 一、设计意图

生活离不开水，幼儿每天都会接触水，各个年龄段的幼儿都喜欢玩水。他们时常会在盥洗间里，将水注满水槽里，然后再将水塞子捅开，看着水渐渐地变少，流到下水道。为了让幼儿从无意义的玩，变成有意义的探究活动，我了解了一些幼儿有关玩水的科学活动，根据幼儿的需要，设计了"运水"的活动。这个活动主要是让孩子在玩运水的过程中，发现用哪些工具运水方便，了解运水的简单方法，并尝试将经验迁移到生活中，让幼儿感受到科学带来的乐趣。

## 二、活动目标

探索运水方法，了解怎样合理地使用工具运水方便。

尝试合作解决问题。

体验运水游戏的快乐。

## 三、活动重点、难点

重点：探索科学运水方法。

难点：搭水管的方法。

## 四、活动准备

大小塑料碗各十个、小勺四个；各种盆子、抹布；粗细不同一米长的塑料管侧剖开各两根，方木块若干；活动前玩水，知道用什么样的工具能运水；集体记录单两张（一张画装有水多、水少的两个盆子，另一张为自由记录单）。

## 五、活动过程

### 1. 导入

教师：昨天老师带小朋友玩水了，谁来说说，你在玩水的过程中，发现了用什么样的东西可以装水（不漏底的器具）？

### 2. 操作

（1）实验1——哪些工具运水方便？

①观察材料、提出问题。

教师：今天我们继续玩运水的游戏好吗？不过今天老师请小朋友要带着问题，动脑筋来玩运水游戏好吗？

⊙老师给小朋友准备了什么材料（教师逐一出示材料介绍），桌面上有什么（两个盆子，一个装有水，蓝色的。一个没有水，红色的）？

⊙还有一些工具，看看这些工具是什么样子的（大、小碗、小勺）？今天请小朋友试一试，怎样用这些工具可以更方便的帮助我们将一个蓝色盆子里的水，运到另一个红色的盆子里？

②提出要求、操作实验。

教师提出实验要求：幼儿每两人一对，大孩子带一个小孩子为一组（见图3-20-1、图3-20-2）。

图3-20-1

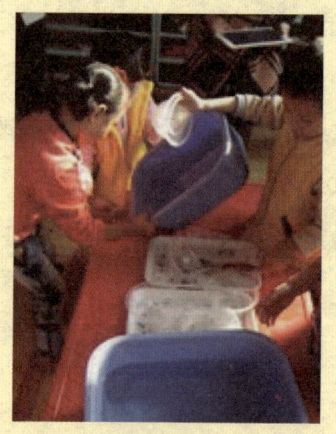
图3-20-2

⊙运水时要挽起袖子，不要弄湿衣服。

⊙运水时尽量不要把水洒到桌上，要安全地把水运到另一个盆子里。如果水洒了可以用抹布擦一擦。

③交流讨论、记录发现。

教师：刚才小朋友做实验的时候，你选择了什么工具来运水？

运水的过程中，当水多的时候，用什么样的工具方便？当水逐渐变少的时候，你用什么工具方便？这些器具怎样搭配运用，运水又快又方便？

小结：盆里的水多时，用稍大一点的容器，装水多运水快。剩下少量的水，用小的容器方便（注意记录幼儿不同的运水方法）。

(2)实验2——远的距离怎样运水更快,发现由高到低水流快,运水方便、快。

①提出问题。

教师:请小朋友看看,现在两个盆子的距离怎么样?如果将水运到远一点的地方,有什么方法?请小朋友商量想一想(提前将两个盆距离放远一点,接水的盆子换大一点的)。

②观察材料。(侧剖开的管子、积木块)幼儿观察尝试用这些材料是否可以运水(见图3-20-3)。

教师:知道这是什么吗?我们用它能运水吗?

请小朋友可以小组商量,用这些材料能不能运水?怎样运?选组长,每个小组提出实验方法。

③合作实验。

幼儿小组实验帮助幼儿进行分工合作(指导幼儿选组长,组长指导大家怎样进行实验,注意给幼儿提供几块木块,用来垫高、垫低管子)。

④交流讨论。

图3-20-3

教师:(选一个小组代表)你们是怎么运水的?用了什么材料?怎么做的?这样运水快吗?为什么?

⊙为什么选择粗管子(或细管子)?

在运水的过程中,你还发现了什么?遇到什么困难?怎样解决的?

小结:远距离用管子运水更方便,粗一点的管子运水快。运水时管子一边垫的要高,另一边垫的要低,水才能流过去。

3. 交流

(1)小结分享。

教师:今天小朋友玩运水的游戏高兴吗?你们还会玩运水的游戏吗?

谁能说一说,今天在运水中,你做了什么工作?今天玩运水的游戏你发现了什么?你还会有更好的方法来运水吗?

(2)拓展问题。

**教师**：以后还想玩运水游戏吗？如果要将水运到更远的地方怎么办？

我们生活中，哪些地方用管子来运水（饮水工程、暖气等）？

小朋友可以在活动区试一试，找到新的办法。

## 六、活动建议

这个活动可以在 4~6 岁年龄段进行（混龄组，大班 6 人，中班 6 人）。因为该活动问题难度循序渐进，年龄小的孩子，教师主要在前半部分让其充分探索简单的问题。活动中的难点部分，可以尝试让大一点的孩子带动小一点的孩子进行探索。以大带小是教师对该活动形式的一个尝试。

## 七、活动反思

在本次教育活动中的最大收获：

首先，第一次大胆尝试了让幼儿以混龄组的形式，展开了探索活动。在该活动之前，我的思考是，该活动设计的问题难易程度，比较适合不同年龄段不同能力的幼儿尝试来发现问题、解决问题。比如，第一个实验活动，让幼儿在运水的过程中去发现，大容器装水多，用它运水方便，年龄小的孩子能够根据他们现有的能力与经验，去探索实现，但当盆子里剩少量的水，没有办法舀水的时候，这时大孩子会根据他们的思考能力与经验，将盆子倾斜，让水流到一边，汇集起来，这样便于将水运走。小孩子在大孩子的带动下，学会掌握了一种新的经验。

其次，在活动的目标中尝试让孩子合作来解决问题，在本次活动中，能充分体现出以大带小、合作解决问题的乐趣。如在第二个实验活动中，让孩子尝试以搭建水管的方式，进行运水活动，当有一组水流特别急，将水洒到对面的盆子外面时，这时孩子们很着急，但其中一个大孩子吩咐小孩子："你到对面，用碗挡一下，别让水流到外面去。"这个女孩马上去做了，虽然大家都想去做那个舀水的工作，但这个女孩脸上的笑容说明她很愉快。我抓住时机，对这个女孩小声说："正是因为你的这个挡水工作，才使你们组顺利地完成了运水的工作。"她很高兴，很有成功感，并在随后的交流活动中，积极配合老师问答，虽然年龄小，但经验的提升与总结非常清晰，说明孩子在活动中，真正思考了，想问题了，并也解决了问题，我想这就是在这节科学活动中，我们应该给予孩子的是什么,它不是知识的多少,而是一种经验的积累,互动的学习方式,合作的快乐,体验到的科学活动所带来的乐趣。

最后,在这个活动中,明确教师的角色定位。科学活动中,常常教师预设的内容,与孩子实际活动中,有很多不确定因素。比如本次活动中,也有的孩子提出或回答的问题似乎与本次内容不太相吻合,但我还是注意听清楚、仔细分析,思考孩子想说明的是一个什么问题。因为我常常在组织孩子教学活动后,会想××孩子,为什么会说这样或那样的话?每一个活动后,教师都要静下心,仔细去分析孩子的思维方式,有时你在活动之后,再和这样的孩子进行交流就会发现,往往是教师没想到的问题,而是孩子事先想到了。老师在执教活动中,偶尔会遇到这样一个问题,是我们没有理解孩子的想法,而常常以为孩子的想法是错误的。所以,本次活动中,当有一个男孩子在表达他的意思时,我当时没有理解清楚,但我还是极力帮助孩子保留他的想法,课后与他交流。这就是我在这节活动中注意到的角色定位,引与导,而不是牵着孩子走。

本次活动中,还有以下的问题与不足:

首先是对孩子的总结经验指导不够有序。如在第一个活动实验之后,我和孩子们一起交流、分享经验,在这一环节中,我梳理得不够细致有序,教师在提升孩子经验时,梳理有序,对孩子的学习方法会有很好的指引作用。我在引导孩子小结分享时,问题提得有点散,使孩子没有集中到一个问题点,和老师进行分享交流,而且标记不够明显、清晰。我想记录单中,如果我将水盆中水量的不同先画好,再引导幼儿,那应该会让幼儿更加明确他们应该思考的一些问题,使他们得到的结论与答案更加明确有效。

其次是对孩子的自主探索学习还不够放手。在进行第二个实验活动时,让孩子分两组,搭水管进行运水活动时,有一组孩子搭的水管是水平的,没有从高向低搭建管子,我有点急于让孩子找到正确的搭建方式,提示了孩子:"你们这样搭运水合适吗?"于是孩子们看看另一组,改了。如果我当时换一种角度处理问题,让孩子就在水平的水管上运水,孩子们很可能发现在水平的水管中水不能流,他们有可能自己就会尝试改搭一个由高到低的管子。课后思考之后,我想是我没有给孩子留下一个纠错的机会与条件,作为教师,对孩子的探索活动还是不够放手，应当相信孩子的能力，给孩子空间，让他们有一个自己认识错误的机会，这样，他们在活动中，得到的经验也许更加深刻。

教师在孩子们的每一次活动之后，认真分析孩子的表现，才能真正了解孩子，从而设计出更有效的教学活动。

（该活动设计被选入"科学启智计划"——科学活动光盘的录制）

**活动设计**：大连理工大学幼儿园　孙萍
**活动指导**：大连理工大学幼儿园　刘洁

## 案例二十一　我认识的国家

### 一、设计意图

中国是一个拥有五千年历史的文明古国，中国文化博大精深、源远流长。《3~6岁儿童学习与发展指南》（以下简称《指南》）中指出："幼儿科学学习的核心是激发探究兴趣，体验探究过程，发展初步的探究能力。成人要善于发现和保护幼儿的好奇心，充分利用自然和实际生活机会，引导幼儿通过观察、交流、操作等方法，学习发现问题和解决问题；帮助幼儿不断积累经验，并运用于新的学习活动，形成受益终身的学习态度和能力。"本节活动是通过引导幼儿认识祖国文化为开始，培养身为中国人的自豪感；继而放眼世界，认识不同的国家，了解不同肤色的人，丰富幼儿的社会认识，培养幼儿关心世界的美好情感。大班幼儿对周围的一切充满了好奇，喜欢刨根问底，喜欢通过探究获得满足与成功的体验。活动依据《指南》要求通过直接感知、亲身体验、实际操作，帮助幼儿初步认识世界上有不同的国家，学习看地图，发展初步的空间概念，分享同伴到外地旅游的见闻，帮助幼儿积累相关经验。

### 二、活动目标

初步认识世界上有不同的国家。

学习看地图、地球仪，发展初步的空间概念。

分享到外地旅游的见闻。

## 三、活动重点、难点

重点：认识世界上不同的国家。

难点：学习看地图、地球仪。

## 四、活动准备

地球仪，收集世界各国资料、国旗，中国和世界地图；投影仪和幼儿自备的旅游照片。

## 五、活动过程

### 1. 导入

出示世界地图，请幼儿观察，说说有什么发现，引发幼儿对世界地图的兴趣。

教师：这是什么？（幼：世界地图）

教师：蓝色的部分是什么？（幼：蓝色的部分是海洋）

教师：绿色的部分是什么？（幼：陆地）

教师：我们还可以看到白色的地方，这是什么呢？（幼：南极和北极）（要做好幼儿说不出来教师引导的准备）

教师：对，白色的地方是世界最冷的地方，常年被冰雪覆盖的南极和北极。

教师：那剩下的部分又是什么呢？（幼：城市……地面……陆地）

教师：地图上什么颜色的面积最大？（幼：蓝色……黄色……土黄色）

教师：让我们再仔细地看看。地图上蓝颜色的海洋的面积最大。

教师：那我们人类都居住在什么地方？我们来指一指。

（请两名幼儿到前面的地图上指出陆地的位置）

教师：小朋友们指的都对。除了海洋和两极，我们人类居住在其他颜色所代表的陆地上。陆地很广阔，分布着不同的国家。

### 2. 观察

(1) 请幼儿在地图上找出中国的位置。

(2) 你能在地图上找到中国吗（请一名幼儿到地图前指出）？

教师：我们一下就找到了中国，像一个大公鸡的图案。我们用我们国家的国旗——五星红旗，来表示中国在这里。（老师拿出五星红旗，贴在地图上的相应位置）

教师：我们的首都在哪里呢？（幼儿齐声：北京；老师手指北京的位置）

**3. 交流**

教师：除了中国外，世界上还有很多国家，你还知道有哪些国家？（幼儿自由回答。当幼儿说出国家名后，教师在地图上找出相应的位置，并贴上该国家的国旗）

教师：你还知道关于这些国家的一些什么事情？（根据幼儿说的加以简短小结，并用投影仪将收集来的国家标志性建筑予以出示；根据实际情况找 4~5 名幼儿）

**4. 操作**

利用投影仪，请幼儿将搜集的自己及家人旅游照片、旅游纪念品予以展示并介绍。

**5. 延伸**

出示地球仪，提问：这是什么（地球仪）？

教师：我们中国人和其他国家的人都生活在地球上，我们的地球就像这个地球仪一样，是近似球体，也就是圆的。谁能在地球仪上找到中国的位置？（请一名幼儿在地球仪上寻找中国）

**6. 活动小结**

教师：我们在地球仪上找到了中国的位置。今天，我们还认识了许多其他的国家。老师现在把地球仪放到区域中，活动后，小朋友们可以一起在地球仪上找出我们知道的其他国家。

## 六、活动反思

首先，"我认识的国家"是一个谈话类的活动，教师的语言指导贯穿活动的始终，切合孩子学习的需要，激起孩子体验活动的热情，激活他们的思维，是启发和引导孩子主动学习的桥梁。应当说这个活动是主题背景下的课程，由中国文化开始，让孩子们了解中国，放眼世界。实现了孩子与环境，孩子与家长，环境与课程，孩子与老师的多元互动。这种师生互动达成了"幼儿主体地位，教师主导作用"的内在和谐统一。活动中的提问，是在教师预设下递进与随机应答相结合的。这种应答能力对老师提出了挑战，既要有善于观察理解孩子的能力，又要有知识和智慧，还需要不断学习和实践来锻炼这种能力和本领。

其次，对一个活动进行的评价，要看其内容、方式及方法是否为本次活动目标服务，内容与目标相符，就能相互支撑，使内容和目标相辅相成，从而达到活动的目的。这样的活动，有助于孩子在教师的启发、引导下开阔眼界，拓展发展空间。在这里，环境也是潜在的老师，这种隐性课程也成为孩子学习生活的一部分。

最后，我们充分利用家长资源，搜集了地图、周围国家的风景、名胜的照片等相关资料，进行整理，对一些无法解释的现象或不同国家的风俗有删减和保留，给孩子的知识要准确、清晰、完整，让孩子对世界有一个初步的认识，这是活动顺利进行的有效铺垫。了解自己国家与周边邻国的相同与不同，从而了解世界、关心世界。为孩子创设了一个良好的学习氛围，适时地将孩子从"家里、自己所在的城市、自己的国家"带到"邻国、亚洲、世界"来。特别是自然观察和空间智能方面，达到较好的教学效果。

但教学中仍存在不少的问题，如老师的提问还需改进。在寻找地图上的国家的环节，教师可以提高难度，请孩子寻找熟悉的外国国家，增强任务感和神秘感。孩子说出国家的名称后，教师可以直接追问这个国家有什么好吃的、好玩的？另外，教师在组织活动的过程中，语言要严谨，以问题为引导，启发幼儿思考，完成活动目标。

**活动设计：** 大连市沙河口区教师幼儿园　韩波
**活动指导：** 大连市沙河口区教师幼儿园　潘义红

（本活动在北京师范大学组织的多元智能活动交流展示会上展示）

# 案例二十二 有趣的陀螺

## 一、设计意图

　　进入大班后，幼儿的生活经验在逐渐地增加，游戏的种类也在逐步的扩展，尤其在5~6岁的时候，有的幼儿有条件和比较大的幼儿一起游戏，更能够获得较多的学习机会。幼儿会将自己获得的经验带到幼儿园中和自己的小伙伴一起分享，有几名幼儿将陀螺带到幼儿园和小朋友共同游戏，感受玩陀螺时旋转带来的快乐。

　　单纯的请幼儿玩陀螺已经不能够满足幼儿对游戏的探索的需求，在游戏的过程中，有的幼儿会提出很多的问题，"陀螺倒过来能转吗？陀螺转起来为什么图案看不清楚了？等等"引发幼儿对陀螺有关的科学问题，为了满足幼儿探索的好奇心，老师设计了有趣的陀螺系列活动，带领幼儿逐步地探索研究陀螺的奥秘。

## 二、活动目标

　　初步感知陀螺的外部特征。

　　能够比较熟练地转陀螺，总结转陀螺的方法。

　　培养幼儿细致的观察能力，认识陀螺各部位名称。

## 三、活动重点、难点

　　重点：学习转陀螺的方法。

　　难点：较熟练地转陀螺。

## 四、活动准备

　　幼儿收集陀螺，能够掌握转陀螺的方法。

## 五、活动过程

### 1. 导入

　　（1）教师出示陀螺，引导幼儿边玩边观察陀螺的外部特征。

　　教师：陀螺什么样子？有哪些部分组成？

　　（2）师生共同总结陀螺的外部特征。

　　引导幼儿交流自己的发现，如陀螺有圆盘、有中心轴。

2．探索

（1）教师引导幼儿自由地玩陀螺，感受陀螺的旋转（见图3-22-1）。

教师：怎样才能让陀螺转起来？要注意什么？

（2）教师鼓励幼儿和伙伴间共同探索陀螺顺利旋转的方法（见图3-22-2）。

3．交流（见图3-22-3）

（1）请小朋友们介绍陀螺的玩法。

教师：请你介绍一下怎样转动陀螺的。

（2）汇总幼儿玩陀螺的方法（见图3-22-4）。

教师：陀螺站直了拇指和食指不能够太快用力，要匀速用力，陀螺要在平滑的地方旋转。

图 3-22-1

图 3-22-2

图 3-22-3

图 3-22-4

4．延伸

（1）区域活动内幼儿继续探索陀螺的不同玩法。

(2) 装饰陀螺：请幼儿用彩笔装饰自己的陀螺，自由地玩陀螺，引发幼儿发现有图案和颜色的陀螺在旋转的时候会有什么样的变化？

## 六、活动反思

活动的关键基于教师对幼儿敏锐的观察，从幼儿的操作过程中发现并引发关于制作陀螺的三个中心问题，再通过教师系统清晰的梳理，让幼儿明确了制作陀螺应当怎样做，怎样才能更好地制作陀螺。

对知识点的启发，在活动中教师引导幼儿寻找圆的中心，通过幼儿的讲述，教师发现幼儿可以使用更加科学的方法，准确地找到圆的中心，这一点是教师没估计到的，从这一点可以看出，幼儿已经具有较强的能力，在以后的活动中教师应当更加注意保护好幼儿的这种能力。

在活动中教师对幼儿整体的关注还是不够的，应当更多的关注那些没有机会表达自己想法的幼儿，让他们能够得到更多表达自己想法的机会，得到更多的锻炼。

活动前教师要有清晰的头脑，目标要明确，抓住科学的关键问题，只有这样才能够更好地引领幼儿系统的开展科学活动。

> **活动设计**：大连市实验幼儿园　刘钰
> **活动指导**：大连市实验幼儿园　邵晓晨

## 案例二十三　美丽的蝴蝶

## 一、设计意图

本次活动内容选自幼儿园探究式课程中的大班科学活动。教材中指出：科学探究应来源于幼儿生活和感兴趣的事物。结合当前季节特点，蝴蝶便成了幼儿观察和探究的对象。我利用多种教学手段，让幼儿在欣赏、了解、探究、发现的过程中，培养幼儿对大自然的探究欲望，激发幼儿爱科学的兴趣。

我班幼儿处于大班的下学期，有较强的观察力和探究欲望，对周围事物有了探究的兴趣，在认知方面他们能通过图书等途径对蝴蝶知识有了初步的了解，有了进一步学习蝴蝶相关内容的基础。

## 二、活动目标

认识了解蝴蝶的成长过程。

观察蝴蝶的外形特征，发现翅膀的对称性。

通过动手设计拼贴，发展动手能力和思维判断力。

## 三、活动重点、难点

重点：了解蝴蝶的成长过程。

难点：通过观察蝴蝶外形特征发现蝴蝶翅膀图案的对称性特点。

## 四、活动准备

（1）物质准备。

蝴蝶的标本和图片、设计情境式蝴蝶展，蝴蝶的成长过程视频科教片、成长阶段图片。

（2）精神准备。

了解蝴蝶相关知识。

（3）家长和幼儿的准备。

收集蝴蝶图片或标本，阅读有关蝴蝶的知识，使幼儿有一定的知识储备。

A1　　　　　　　　　　　　A2

## 五、活动过程

### 1. 导入

（1）提问式导入，引起幼儿的探究兴趣。

（2）教师演示科教短片，让幼儿科学又直观地了解蝴蝶的成长过程。幼儿安静地观看（第一遍）。

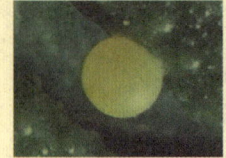  

　　　　A3　　　　　　　A4　　　　　　　A5　　　　　　　A6

**2．交流**

提问：你刚才都看到了什么？

　　　蝴蝶成长都经历了哪几个阶段？

　　　谁能完整有序地讲述蝴蝶的成长过程呢？

（1）请幼儿讨论说出蝴蝶完整的生长发育过程，观看幻灯片（第二遍）。

（2）教师出示图片，完整总结蝴蝶的成长过程。

（3）用动作表现蝴蝶的成长过程（教师生动地讲述故事、幼儿动作表现蝴蝶的一生、加之优美的音乐）。

**3．观察**

参观蝴蝶展，观察发现蝴蝶翅膀的对称性。提问："蝴蝶翅膀有什么特点？""都有哪些地方是一样的？"

总结：蝴蝶的翅膀两边颜色、大小、形状、图案、斑纹的位置都是一样的，我们说它是对称的！

**4．操作**

请小朋友给昆虫的翅膀装饰对称性图案，并跟随音乐跳舞，活动自然结束（见图3-23-1）。

图 3-23-1

## 六、活动反思

### 1．优点

（1）选材符合季节特点，贴近幼儿生活，幼儿感兴趣。

（2）目标定位准确，重难点突出，思路清晰，过渡自然。

（3）能利用多种教学手段解决问题，让幼儿获得了科学准确的知识概念。

（4）教学中的提问简洁明了，能对幼儿的思考起到引领作用。

（5）教学课堂气氛活跃，能关注每一个幼儿，注意个体差异，体现教师引领，幼儿为主体的观念。

### 2．不足

（1）在活动的第一环节中，幼儿自己通过观看短片发现蝴蝶的成长过程中，我该给幼儿更充分的考虑时间，让幼儿自主学习。

（2）教学课堂我的语言组织要更加的严密。

**活动设计**：大连市西岗区幼儿园　刘艳
**活动指导**：大连市西岗区幼儿园　潘丽新

（"美丽的蝴蝶"曾于大连市幼儿园教师教育教学评优活动中获得一等奖）

## 案例二十四　谁吸得快

### 一、设计意图

纸是我们生活中常见的物品，孩子们写写画画也离不开它。随着幼儿活动的丰富，他们接触了更多的纸。为了满足孩子的好奇心，为了达到在探索的过程中能锻炼幼儿的动手动脑和语言表达的能力，我们设计了一系列的有关"纸"的活动，让孩子在活动中通过找一找、看一看、摸一摸等进一步了解纸的种类、特征及用途，通过探究实验，让孩子体验实验操作的快乐。本次活动是系列活动之一——纸的吸水性。

### 二、活动目标

通过实验，感知不同的纸吸水速度不同。

能记录实验结果。

愿意参加科学小实验活动。

### 三、活动重点、难点

重点：感知纸的吸水性。

难点：比较纸的吸水速度。

### 四、活动准备

布绒小猪玩具一个；幼儿操作材料：牛皮纸、报纸、餐巾纸、图画纸、小托盘每名幼儿一份、滴管每人一个、装水的小杯子一组两个、彩笔每人一支；记录单（集体记录单一张、个人记录单每人一张）。

### 五、活动过程

#### 1．导入

出示布绒小猪。

教师以小猪的口吻说："我是小猪笨笨，小朋友们，我遇到了一件急事，刚刚不小心把水洒到桌子上了，可是没有找到抹布，只找到了几张纸，小朋友们帮我看看这几种纸用哪种纸能很快把桌子上的水擦干净？"

#### 2．感知

出示牛皮纸、报纸、餐巾纸、图画纸，请幼儿按照类别取放到自己的小托盘里，摸一摸，看一看，它们都是什么纸？并请幼儿说出其名称（见图3-24-1）。

#### 3．猜想

（1）教师提出问题。

教师：猜一猜用哪种纸可以很快擦干净桌子上的水？

（2）出示记录单，提出记录要求，幼儿记录猜想结果。

（3）组织幼儿交流猜想，说一说，哪种纸吸水最快，能帮上小猪的忙。

（4）教师根据幼儿的猜想，进行集体汇总记录。

#### 4．操作

（1）教师介绍实验用的工具和材料，讲解实验方法及操作要求。

教师：用滴管在小碗里吸足了水，然后在每种纸上滴两滴水，观察纸的变化，并把实验结果记录下来。

(2) 幼儿进行实验操作，教师观察指导（见图3-24-2）。

(3) 展示幼儿记录单。

**5. 交流**

(1) 请幼儿交流自己的实验结果。

(2) 教师进行集体汇总记录。

(3) 集体讨论。

教师：请小朋友们来说说，到底哪种纸能帮上小猪的忙呢？为什么？

**6. 结束**

教师：小猪笨笨非常感谢小朋友的帮忙，它带来了许多糖果要分给小朋友，我们一起回去吃糖果吧！

附：记录单

谁吸得快

|  | 牛皮纸 | 报纸 | 餐巾纸 | 图画纸 |
|---|---|---|---|---|
| ❓ |  |  |  |  |
| ✋ |  |  |  |  |

幼儿姓名：_____

## 六、活动反思

水的特性——吸水性是水的活动的系列活动之一，我在设计这个活动的时候，充分收集材料，课前进行了实验，发现这几种纸最有代表性，表现出的特性最明显。于是，我在活动时选择了这几种纸：牛皮纸、报纸、餐巾纸、图画纸。我还根据幼儿的年龄特点设计了一个情景，小猪笨笨把水洒了，贴近幼儿的生活，幼儿的兴趣点立刻就高涨起来，纷纷想办法，学习的主动性显现出来，在猜想之后，通过验证，幼儿实验的积极性很高涨，实验记录，实验后的表达都很规范，充分体现出经过长时间的科学培训，幼儿的操作规范，科学素养全面。教学效果比较突出。

图 3-24-1

图 3-24-2

**活动设计**：大连市西岗区教师幼儿园　袁桂霞

**活动指导**：大连市西岗区教师幼儿园　潘丽新

（此活动获东北三省学前教育改革与发展研讨会优秀活动设计一等奖）

## 案例二十五　神奇的"磁悬转轮"

### 一、设计意图

磁铁是孩子日常生活中经常见到的和经常玩的物品，而"磁性"的利用在人们生活的各个角落无处不存在。一切东西都会吸引幼儿的心灵，会焕发起幼儿无穷的好奇心。《幼儿园教育指导纲要》（以下简称《纲要》）中指出幼儿园科学教育的内容要从孩子身边取材，引导幼儿对身边常见的事物和现象的特点、变化产生兴趣和探究的欲望。同时《纲要》中还提出："教育内容的选择既要适合幼儿的现有水平，又要有一定的挑战性；既要符合幼儿的现实需要，又要有利于其长远发展；既要贴近幼儿的生活来选择幼儿感兴趣的事物和问题，又要有助于拓展幼儿的视野和经验。"神奇的"磁悬转轮"是我带孩子们进行主题探索活动"好玩的磁铁"了解磁铁的一些特性之后，将经验迁移到我们生活中的一次探究推理活动。如何将幼儿已获得的科学经验与现实生活紧密联系起来，是本次活动的价值取向与关键。孩子们在活动中，通过观察到的"磁悬"现象，与已获得的磁铁"同极相排斥、异极相吸引"的科学经验连接起来，并通过"磁悬浮列车"的引申，了解磁性原理在生活中的运用，扩大幼儿的视野。使他们认识到人们会利用磁铁的一些特性，进行发明创造，对我们的生活带来许多的方便。从而引导幼儿从小感受到科学创造对人类的贡献，也引发幼儿爱科学、学科学、用科学，鼓励他们也会利用科学现象去进行发明创造。这是本次活动的主流思想。

儿童经验分析。本次教育活动，一定要是在幼儿对磁铁的一些特性，有了深层次的了解之后，才可以进行的活动。大班幼儿普遍都知道磁铁可以吸铁，在教师有目的在科学区域投放一些材料之后，他们会发现磁铁更多的特性。如用磁铁可以吸住放在纸上边的铁钉、了解发现磁性的穿透力；当磁铁吸住了一个铁环、这个铁环也具有了磁性，可以再去吸住另一个铁环，这一现象会使幼儿发现磁性的传递性；当幼儿将两块磁铁进行碰撞时，会发现"同极相斥、异极相吸"的特性。有了这些经验之后，教师选择了"磁悬转轮"这个实验器材，让幼儿在玩这一实验器材的过程中，看到磁悬现象，在这个基础之上，幼儿运用已有的磁性经验，进行推测"磁悬浮"现象产生的原因所在（是根据磁性同极相斥、异极相吸的特性而产生的），这作为本次活动的研究讨论点。通过这样的活动，可以提高幼儿在科学教育活动中，善于发现问题、质疑问题，运用已有经验迁移论证问题的能力。对幼儿科学学习能力具有一定的挑战性。

## 二、活动目标

了解磁悬浮现象，知道磁性在生活中的作用。

愿意发表自己的见解，大胆想象与推理。

喜欢参与科学实验活动。

## 三、活动重点、难点

重点：操作发现磁悬现象。

难点：推测讨论磁悬现象产生的科学依据。

## 四、活动准备

### 1. 环境创设

科学活动室投放探究磁性的材料。

**2. 经验准备**

家庭调查——"哪些地方有磁性",搜集记录,了解磁铁的多种特性(主要让幼儿知道磁铁"同极相斥、异极相吸"的特性,见图3-25-1、图3-25-2)

图 3-25-1

图 3-25-2

**3. 材料准备**

磁悬浮列车PPT课件、磁悬转轮器材、记录单磁铁。磁悬浮列车推进原理图示。

### 五、活动过程

**1. 导入**

(1)提问:我们用两块磁铁在一起玩的时候,你发现了什么(同极相排斥、异极相吸引)?

(2)演示。教师演示幼儿观察两块磁铁放在一起的不同变化。

**2. 交流**

(1)提问。在我们生活中,哪些地方用到磁铁(幼儿出示自己的调查表讨论)?

(2)观看课件"磁悬浮列车"。

教师:你们有谁知道磁悬浮列车?它是什么样的列车(请幼儿自由探讨)?

老师这有一些图片,请小朋友看一下(播放课件)。

小结:中国上海有一条磁悬浮列车运行线路,它是全世界唯一用来商业运行的列车,从上海的飞机场直达上海市内,只用40分钟就到达。既节省时间,又低能消耗。

3. 操作——感知发现磁悬现象

(1) 观察"磁悬转轮"结构组成。

教师：小朋友知道磁悬浮列车是怎样运行的吗？它是怎样悬起来运行的？今天老师带来一个"磁悬转轮"实验器材，小朋友玩一玩它，就会明白其中的道理。

教师：小朋友看看它的外形是什么样子的（有转轮、底座、挡板）。

(2) 操作。玩"磁悬转轮"，请幼儿试一试，怎样摆放，磁悬转轮会浮起来。请幼儿轮流分组实验、感觉，转轮与支架有什么特点（有磁性，将磁悬转轮放在支架上方，尖部顶在挡板上）。

教师：请小朋友玩一玩磁悬转轮，看看会发现什么（幼儿操作实验，磁悬转轮悬起来的现象）。

(3) 讨论。幼儿交流自己刚才玩"磁悬转轮"的感受。

教师：刚才小朋友玩"磁悬转轮"的时候，感觉有趣吗？你发现了什么？你怎样让轮子悬浮在空中？

4. 演示

(1) 演示。教师再一次操作磁悬转轮，让幼儿看到转轮悬空现象。

(2) 猜想。幼儿猜想为什么转轮会悬在空中。想象仪器内部磁性方向的排列。

教师：什么原因，磁悬转轮悬起来了（轮子与支架上里边有磁铁）？

（出示记录单）

记录：这是老师给小朋友准备的记录单，小朋友想一想轮子与支架上的磁性怎样排列，轮子才能悬起来（请幼儿将不同想法记录在集体记录单上）？质疑讨论：我们想一想，谁的想法更有道理？为什么？

（磁铁同极相排斥、异极相吸引，使轮子悬空）

5. 验证

(1) 比较。

教师：小朋友有了不同的猜想，那谁猜得对呢？谁的想法有道理呢？老师这里还有一张磁悬浮列车行驶的图示，我们来看看，了解一下这张图，小朋友会发现自己的猜想有没有道理。

观察：教师引导幼儿观察图示。

对照比较：自己的猜想与图示。

（2）交流讨论。

预设问题：（根据幼儿理解程度）。

教师：仔细看这张图示，小朋友的猜想和它有一样的地方吗？有不一样的地方吗？通过这张图你会发现磁悬浮列车是怎样悬浮并向前行驶的呢？

教师：对照自己的猜想，通过这个图示，你觉得自己的猜想有道理吗？为什么？

（3）小结。磁悬浮列车是利用磁性同极相斥、异极相吸的原理发明的。

### 6. 拓展

小朋友的发明：我们人类利用磁铁的特性发明了磁悬浮列车，给我们生活带来了更多的方便，小朋友，请你设想一下，你用磁铁特性还会发明什么，对我们的生活有帮助（请幼儿自由发表设想）？小朋友的想法太好了，请你们回去把自己的设想画下来，我们举办一个科技发明展好吗？

问题延展：关于磁铁的磁性小朋友还想知道什么？

### 7. 延伸

调查：磁悬浮列车是谁发明的？它的优势与缺点是什么？

随着科技的发展，火车都有哪些种类（蒸汽机火车、燃气火车、电力发动机火车、动车等）？

## 六、活动反思

"神奇的磁悬转轮"是"好玩的磁铁"系列活动的拓展和延伸活动，根据《纲要》科学教育内容的选择提出："教育内容的选择既要适合幼儿的现有水平，又要有一定的挑战性；既要符合幼儿的现实需要，又要有利于其长远发展；既要贴近幼儿的生活来选择幼儿感兴趣的事物和问题，又要有助于拓展幼儿的视野和经验。"本次活动的选择比较适合《纲要》提出的要求。虽然"磁悬浮"在幼儿生活中并不是随处可见的，但它存在于现实的生活中，特别是"磁悬浮列车"在活动前的幼儿调查记录中，幼儿对它的调查很感兴趣，有的幼儿还坐过"磁悬浮列车"，所以它离幼儿的生活并不是很远。在实施教育活动的过程中，我组织了两个班级进行了这个教育活动，一个是我自己带的班级，他们对磁铁的探究活动已经进行了半年的时间，在这期间，幼儿通过活动区的材料操作，反复去玩磁铁，再通过教师的问题聚焦于讨论，幼儿对磁铁特性的了解非常深入。另一个班级是借班上课，此前对磁铁的特性没有系统地、连续性地探索了解，只在活动前几天展开了几个小实验，便于丰富前期经验。从两个班级来看，其教学效果是不同的。自己的班级幼儿由于在活动前有了丰富的知识经验，幼儿在假设、推理、构建、验证方面能够大胆地发表自己的见解，幼儿相互质疑讨论，与教师互动紧密，特别是活动的最后环节才通过图示进行比较验证，他们能够运用已有的经验进行经验的迁移，理解了磁悬浮与磁性（同极相斥、异极相吸）的关系。从而感受到了人类正是根据磁性"同极相斥、异极相吸"而发明了磁悬浮列车，为我们的生活带来了方便。这个活动拓展了他们的视野和经验。但在另一组幼儿活动中，由于幼儿科学经验不是很丰富，因此在活动中，让其进行经验的构建产生了一定的困难，幼儿与教师的互动不是很好，只有个别幼儿在活动中理解了该活动的本质，部分幼儿还处在对前期经验的纠结与碰撞中，因此幼儿交流讨论的不是很积极。从这两次教育活动的组织实施中，使我深刻的体会到，幼儿科学素养是在日常生活中不断培养的，才能形成良好的思维方式，它不是一朝一夕就能形成的，教师在选择教育活动内容时，对幼儿的了解要深刻，探究内容的高度、宽度要思考把握准确，这样才能使幼儿在原有的基础上有新的收获。因此，"神奇的磁悬转轮"这个活动一定是要在幼儿对磁铁的特性有了丰富的经验基础上才可以进行的活动。

### 七、活动资源

磁悬浮现象：当两块磁铁同名端靠近时，它们互相排斥；异名端靠近时，它们就互相吸引。如果下面一块磁铁 N 极向上，上面一块磁铁 N 极向下，那么上面的小磁铁就被向上推开，这就是永久的磁铁的磁悬浮。

生活利用：利用磁悬浮制成的地球仪，在一个架子的中间悬空着圆圆的球体，没有贯通球体的轴，由于拨弄它，却能够转动，这就是利用磁悬浮原理制成的。磁悬浮列车。磁悬浮列车是一种靠磁悬浮力（磁的吸引力和排斥力）来推动的列车。由于其轨道的磁力使之悬浮在空中，行走时不需接触地面，因此其阻力只有空气的阻力。磁悬浮列车的最高速度可以达到每小时 500 公里以上，比轮轨高速列车的 300 多公里还要快速。磁悬浮技术的研究源于德国，早在 1922 年德国工程师赫尔曼·肯佩尔就提出了电磁悬浮原理,并于1934年申请了磁悬浮列车的专利。20世纪70年代以后,随着世界工业化国家经济实力的不断加强,为提高交通运输能力以适应其经济发展的需要,德国、日本等发达国家相继开始筹划进行磁悬浮运输系统的开发。中国上海的磁悬浮列车是世界唯一一条正在商业运行的磁悬浮列车。

工作原理。磁悬浮列车利用"同名磁极相斥、异名磁极相吸"的原理,让磁铁具有抗拒地心引力的能力,使车体完全脱离轨道,悬浮在距离轨道约1厘米处,腾空行驶,创造了近乎"零高度"空间飞行的奇迹。

**活动设计:** 大连理工大学幼儿园　孙萍
**活动指导:** 大连理工大学幼儿园　刘洁

## 案例二十六　美丽的水母

### 一、设计意图

《幼儿园教育指导纲要》中指出:5岁以后的幼儿对周围世界有着积极的求知探索态度,他们已经不满足于"是什么",而且想知道"为什么"。幼儿开始具有初步的逻辑思维,对生活中的一些现象和变化可以用科学的道理进行解释。幼儿对周围世界充满了探究的欲望,对新鲜的事物具有强烈的好奇心和求知欲,喜欢提出各种各样的问题。

近一段时间我班幼儿带来了一盘《海底总动员》的光碟,每天吃完晚饭孩子们都要求看这个动画片,可以说百看不厌,对动画片里的动物大家都能说上一些。但看到"水母"这个海洋动物时幼儿了解的较少,而且对"水母"的颜色有争议。

于是,我组织幼儿就"水母的颜色"这一话题展开了讨论,并抛给他们一个问题:"为什么水母会有各种不同的颜色变化?"讨论的气氛顿时热烈起来,可孩子争来争去又说不出个所以然来。《纲要》中说道,科学教育应密切联系幼儿的实际生活进行,利用身边的事物与现象作为科学探索的对象。根据我班幼儿的这一情况，同时结合探究性教材科学领域中的《神奇的海洋世界》这一主题研发了本节活动"美丽的水母"。

## 二、活动目标

了解水母的外形特征，尝试描述水母"像什么"并模仿水母的姿势和动作。

通过实验，探索水母变色的原因，培养初步的探索意识。

激发幼儿对海洋世界有探究的兴趣。

## 三、活动重点、难点

重点：了解水母的外形特征，认识不同形状的水母。

难点：探索水母变色的原因。

## 四、活动准备

多媒体课件、幼儿和家长一同收集的水母图片、手电筒、彩色塑料片（红、黄、蓝）、水母模型片。

## 五、活动过程

**1. 导入**

观看多媒体课件，激发兴趣。让幼儿观察并提问："短片里有什么？它们长得什么样子？它是怎样在水里游动的？"通过观察、讨论对水母有一个初步的认识。

**2. 模仿**

教师请幼儿先用手来学一学"水母是怎样游动的？"再用身体模仿水母游动的姿势。感受水母在水里游动的各种姿态。

**3. 交流**（见图 3-26-1）

图 3-26-1

出示水母图片，进一步描述水母"像什么"，发散幼儿的思维。

这个环节，请幼儿观察不同形状、不同种类、不同颜色的水母，说一说水母"像什么？"（在不断地鼓励幼儿介绍自己搜集的资料、表达自己的观点时，可以通过出示大量的水母图片进一步地认识和了解水母。这样，幼儿在倾听、主动思考、语言表达的过程中对水母的印象就更深刻）。

4．操作

（1）观看课件，再次提起探索兴趣。请幼儿说一说："短片中看到的水母是什么颜色的？为什么会有五颜六色的水母呢？"

幼儿：我在电视上看到的水母就有很多的颜色。

幼儿：水母本来就是有颜色的。

教师：那今天我们就来做一个小实验，看看水母到底有没有颜色。

（2）探索水母变色的原因（这是本节活动的难点）。

实验一。将水母模型片贴在手电筒的前端，离墙10厘米的距离，打开手电筒，墙上会出现一个透明的水母，将手电筒前、后的推移会看见水母在不停地游动（幼儿对这一发现很惊奇，在惊讶的同时让水母在墙上不停地游动着）（见图3-26-2）。

实验二。教师提供了彩色塑料片（红、黄、蓝），让幼儿自己探索"怎样让水母变色呢？"有的幼儿把彩色塑料片贴在墙上，水母上看不到变化；有的幼儿把红色塑料片贴在手电筒上，这时墙上出现了红色的水母，幼儿十分兴奋。幼儿尝试着把不同颜色的塑料片贴在手电筒上，墙上出现了不同颜色的水母。

5．进一步交流

幼儿互相说一说水母的颜色变化。

教师小结：水母是透明的，我们在电视上、海洋馆里看到的彩色水母是被不同颜色的光照射了，便像有了颜色一样，出现五颜六色的水母。

6．延伸

将本节活动的操作材料投放在科学区中，让幼儿通过自己的试验来感知水母的颜色变化。

## 六、活动反思

本节活动坚持以幼儿为主体，教师为幼儿创设宽松自由的探索空间，充分发挥幼儿的自主性，使幼儿在直接观察、直接操作、具体表现的活动中，构建知识经验，发挥幼儿探索精神，幼儿在快乐愉悦的气氛中掌握知识、提高能力，体现了《纲要》中说的：科学活动要以探究为核心，向幼儿提供充分的科学探究机会，应密切联系幼儿的实际生活进行，利用身边的事物与现象作为科学探索的对象。体验学习科学的乐趣。因此，在选择内容上，我从幼儿身边的事物和现象出发，引导幼儿对生活中遇到的问题、变化特点产生兴趣和探究的欲望。在目标的定位上，我根据本班幼儿的实际情况和认知水平从认知、能力、情感三方面设定了四个目标。

在活动中运用了三种方法。第一种直观法：为了让幼儿把思路和精神集中在活动上，所以必须要选择幼儿感兴趣的话题来拉回幼儿的思维，因此用了适宜的多媒体课件。第二种自主探索法：为幼儿提供了手电筒和不同颜色的彩色塑料片，让幼儿自主探索，在探索的过程中，引导幼儿体验和发现水母不断变化颜色的原因。第三种分享交流法：在本次活动的结尾部分，我请幼儿将自己发现的实验结果与同伴分享、交流，体验科学实践的乐趣。让幼儿在轻松、愉快的环境中获得知识体验，做到寓教于乐。幼儿的科学教育是科学启蒙教育，重在培养幼儿的认知兴趣和探索欲望。能使一个好的科学活动成功需要不断的尝试探索，为此我将在以后的教学实践中和孩子们一起探索、一起成长。

图 3-26-2

**活动设计**：大连市海辰企业集团中心幼儿园　吕娜
**活动指导**：大连市海辰企业集团中心幼儿园　李丽红

# 案例二十七 胎生与卵生

## 一、设计意图

孩子对动物很感兴趣,特别是对动物如何生殖、发育、长大更是急于探知,课后经常有孩子问我,为什么鱼妈妈生出来的宝宝一开始和妈妈长得不一样?鸡蛋里为什么会钻出小鸡来……为了满足孩子的求知欲望,让孩子对动物的生殖方式有初步的了解,特设计了此次活动。

## 二、活动目标

认真倾听并理解故事内容。

了解常见的卵生和胎生动物及其不同的出生和哺育方式。

激发对动物的探索兴趣,培养热爱小动物的情感。

## 三、活动重点、难点

重点:了解常见的卵生和胎生动物。

难点:区分卵生和胎生动物。

## 四、活动准备

大图片、统计表。

## 五、活动过程

### 1. 导入

老师:今天老师给小朋友们讲一个好听的故事,故事的名字叫"谁的宝宝"。

### 2. 谈话

提问:小猴子在草丛中发现了什么(一个蛋)?

小猴子以为这些蛋都是谁的呢(大象、兔子、母鸡)?

那么大象、兔子为什么不是蛋宝宝的妈妈呢?

(因为大象、兔子都是胎生动物它们不会生蛋,它们的宝宝生下来就和自己的妈妈长得很像)

那么你还知道哪些动物是胎生动物吗(老虎、狮子、熊猫……)?

母鸡会生蛋,可是这个蛋宝宝也不是它的,那么这个蛋宝宝会是谁的呢?

(小朋友互相之间说一说自己的想法,并请幼儿来说一说)

小结：小朋友说的这些动物都是会生蛋的，那么会生蛋的宝宝都是卵生动物。

3．欣赏（见图3-27-1）

教师：还有的动物它的宝宝是这样的，我们一起来看看吧。

提问：青蛙生下来的是什么（卵）？

卵是怎么变成青蛙的呢（先长出前腿，再长出后退，尾巴退化了，最后变成了青蛙）？

小结：像这样会产卵的动物也叫做卵生动物。

4．游戏

教师：以前我们玩过胎生动物的游戏，今天我们把卵生动物也加到游戏中，教师来说动物的名称，如果是胎生动物拍手、卵生动物拍腿。

5．教师出示统计表（见图3-27-2）

教师：老师给你们准备了一个统计表，看是谁的家，我们把胎生动物、卵生动物请回家，看谁知道得多。

小结：请幼儿来欣赏自己和他人的作品，相互说说并作一检查。互相讲讲你都画了哪些，有没有错的。

6．延伸

（1）回家和父母查阅有关卵胎生的资料。

（2）收集卵生、胎生动物的图片，班级开展"卵生动物和胎生动物"图片展。

## 六、活动反思

幼儿对小动物都很喜欢，老师在活动中也能结合幼儿都熟悉的小动物展开活动，引起孩子的专注和探索的兴趣。

在活动中老师通过一个有趣的故事展开活动，并通过有层次的启发性的提问贯穿了整节活动，让幼儿的思维始终围绕着活动内容来进行，活动生动有趣。

活动中采用的视频课件，给孩子一个视觉探索的空间，幼儿通过观看了解了青蛙的生长过程。

在活动的最后老师运用了一个统计的方式来让幼儿进行统计活动，很符合大班幼儿的年龄特点，统计后也能让幼儿间相互检查，起到了一个相互检验的效果。

本活动的不足之处：幼儿在探索的过程中教师可以多给些时间满足幼儿的探索欲望。

图 3-27-1

图 3-27-2

**活动设计：** 大连市海辰企业集团幼儿园　李娜
**活动指导：** 大连市海辰企业集团幼儿园　梁科萍

# 案例二十八　不倒翁

## 一、设计意图

《幼儿园教育指导纲要》中指出，幼儿园教育活动内容的选择应"既贴近幼儿的生活，选择幼儿感兴趣的事物和问题，又有助于拓展幼儿的经验和视野。"陶行知说过：生活即教育，教育即生活。孩子在生活中学习，在学习中不断地丰富知识，教育契机隐藏在幼儿的一日生活各个环节、每个细节。

孩子们对不倒翁一点都不陌生，生活中很多孩子都有这样的玩具，他们很喜欢不倒翁可爱的样子，然而却不明白，为什么不倒翁不会倒，因此，结合主题我们设计了这节科学课"不倒翁"。

## 二、活动目标

通过观察与动手探索，发现不倒翁不倒的原因。
学会表达让物体"站"起来的方法。
体验对科学的兴趣。

## 三、活动重点、难点

重点：让幼儿了解让物体站起来的方法。

难点：发现不倒翁不倒的原因。

## 四、活动准备

不倒翁1个，木板，椎体；能"站立"的和不能"站立"的物品多种，如盒子、瓶子、纸、直尺、书、积木、牙签、粗细不同的吸管等每组一份；辅助站立的物品若干，如插塑积木、橡皮泥、大米、胶带、剪刀等，塑料筐两个；制作不倒翁的材料：蛋壳、大半个乒乓球、橡皮泥、豆粒、圆形彩纸、彩笔。

## 五、活动过程

**1．导入**（见图3-28-1）

（1）感知并分类。幼儿自由玩物品，区分哪些物品可以站起来。

（2）幼儿通过看一看、摸一摸、玩一玩、试一试，感知哪些物品可以"站起来"。

（3）请幼儿把物品按能"站立"、"不能站立"进行分类。

**2．探索**（见图3-28-2）

（1）怎样使不能"站立"物品站立起来。

（2）引导幼儿选择材料，尝试运用多种方法让"站"不住的物品站起来（这些方法是不是真的有用）？

（3）我们一起来试一试。你用了什么办法，让东西"站"立起来了？

图 3-28-1

图 3-28-2

**3．游戏**

（1）猜谜语。一个老爷爷，别看年纪大，走路左右摆，就是不倒下。

（2）出示不倒翁，引起幼儿参与的兴趣。

①教师让不倒翁动起来，并提出问题，不倒翁为什么怎么推它也不倒下？

②幼儿分组，带着问题去操作、探索和发现不倒翁不倒的原因。

③教师在这个过程中，只是一个参与者、引导者。

**4．交流**

教师提出问题。

（1）不倒翁的外型特征、它的底部是什么样子？它的顶部是什么样子？它的上端和下端在操作过程中你发现了什么？

（2）不倒翁为什么不倒？

（3）教师小结：不倒翁不倒的原因一是它的身体上轻下重，底部有一块较重的铁块；二是底面面积较大并且圆滑，向一边倾斜时，重力的作用使它摇摆起来。

**5．操作**

引导幼儿利用材料尝试制作不倒翁，在制作跟玩的过程中进一步体验物体平衡的现象。幼儿边玩不倒翁边念儿歌边动作结束。

附：

### 儿歌

不倒翁，真好玩，样子长得很独特。

头儿小来，脚儿大；头儿轻来，脚儿重。

左推它不倒，右摇它不倒。

你说好玩不好玩！

## 六、活动反思

物体的平衡与物体的重心位置有关，借助辅助物和改变物体的形状等方法可以改变物体的重心，使不能"站"起来的物体"站"起来。"站立"与"不能站立"是人们生活中常见但又不太注意的现象。在操作没有辅助材料的情况下，让纸"站"起来的环节，幼儿有些不理解，也不明白，这里可以看出老师的引导不够。

活动重点环节在于幼儿操作环节，我准备的充分的活动材料，有序的把材料分散摆放，避免了幼儿操作时的拥挤，给幼儿提供了良好的操作环境。活动难点从开始借助物——没有借助物，最后使一张纸能站起来，鼓励幼儿大胆探索，相互交流表达，当遇到困难时，尽量给幼儿独立的思考空间，让他们自己尝试解决困难。并帮助幼儿进行归纳小结。

活动中存在的不足是，教师对每一位幼儿的关注度不是很够。活动中应再给幼儿自由讨论的时间多一点。

**活动设计**：大连市海辰中心幼儿园　刘晓莉
**活动指导**：大连市海辰中心幼儿园　李丽红

## 案例二十九　冬天来了

### 一、设计意图

《3~6岁儿童学习与发展指南》指出，幼儿的科学学习是在探究具体事物和解决实际问题中，尝试发现事物间的异同和联系的过程。引导幼儿通过观察和比较等方法，帮助幼儿积累经验。随着冬季的到来，幼儿逐渐感受到了肌肤的寒冷，从而自然而然地感受到了气候的变冷，出门都要带上帽子、手套、口罩，系上围巾，还要穿上厚厚的羽绒服。幼儿园动物饲养角的小兔们在这时得到了孩子们的关注，他们发现兔子笼里铺上了厚厚的稻草，用来保暖，那么其他小动物怎么过冬呢？在孩子们的好奇下，我设计了本节活动，鼓励幼儿探索小动物不同的过冬方式。我发动家长帮助幼儿搜集自己喜爱的小动物的过冬方式，不仅激发了幼儿和家长探索的积极性，锻炼了孩子们的信息搜集能力，本次活动运用启发提问法、引导发现法、观察法等，克服教师说教的传统形式，提出开放性的问题，通过观察、探究，以游戏的形式，让孩子们做到在玩中学，学中玩，快乐地获得知识，获得经验。

### 二、活动目标

通过信息的收集与分享了解动物过冬的不同形式。

通过讨论与探索提升幼儿概括与分类的能力。

愿意关注动物的生活习性,产生爱护动物的美好情感。

### 三、活动重点、难点

重点:通过信息的收集与分享了解动物过冬的不同形式。

难点:通过讨论与探索提升幼儿概括与分类的能力。

### 四、活动准备

请幼儿和家长一起收集有关动物过冬的方式图片;歌曲《找朋友》。

### 五、活动过程

**1. 导入**

教师与幼儿讨论人们过冬的方法。

教师:小朋友现在的天气冷不冷啊?

教师:冬天要来了,天气越来越冷,我们怎样度过这个寒冷的冬天呢?

**2. 讲述**

(1)讲述故事《冬天来了》,引导幼儿进一步了解动物不同的过冬方式。

教师:老师给小朋友们讲一个好听的故事,一起来听听故事里都有哪些小动物?怎样过冬的?

教师:还有哪些小动物过冬的方式和它们一样(见图3-29-1)?

(2)启发幼儿运用收集的资料讲述自己知道的小动物过冬的趣事。

教师:你们还知道哪些小动物的过冬方式(见3-29-2)?

图 3-29-1

**3. 交流**

(1)讨论分类方法。

教师:你觉得哪些小动物过冬的方式是相同的? 为什么?

小结:有增厚皮毛的、储存食物的、冬眠的等。

(2) 请幼儿按照不同的过冬方式将动物分类。

教师：根据小动物冬季的习性，我们帮它们分一下类吧（见图 3-29-3）。

4．游戏——冬天来了

(1) 教师任意拿出一个小动物的图片，请幼儿用动作来模仿它们过冬的样子。

(2) 幼儿自选一种动物图片，唱完《找朋友》歌曲后，找到与自己过冬方式相同的"动物朋友"。

教师：我们来玩"找朋友"的游戏，找到你的"动物朋友"后，一起用动作来表示它们过冬的方式，看谁表演得像。

5．活动延伸

在科学区投放小动物图片，供幼儿分类讲述小动物不同的过冬方式。

图 3-29-2　　　　　　　　　　图 3-29-3

## 六、活动反思

大班幼儿探索、求知欲较强烈。故而选择的本节活动，贴近幼儿的生活，也激发了幼儿对小动物的喜爱和关爱情感，延伸至对小动物过冬方式的探索。本次活动通过故事的讲述，引发幼儿对小动物过冬方式进行探索。通过利用给幼儿与家长共同收集的动物图片进行讲述，引导幼儿了解动物不同的过冬方式。通过分类与《找朋友》的游戏，巩固本节活动的重点。

本活动在游戏环节没有提示幼儿将图片高举，以至于个别幼儿看不到其他幼儿的图片是什么，所以没有找到朋友，有些失落。再次游戏时，教师注意到了这个问题，及时提醒了幼儿。在以后的教育活动中，教师应多注意细节问题。

活动设计：大连市海辰企业集团幼儿园　姜黎黎
活动指导：大连市海辰企业集团幼儿园　李丽红

## 案例三十　好玩的磁铁

### 一、设计意图

依据《幼儿园教育指导纲要》所强调的："科学教育应密切联系幼儿的实际生活进行，利用身边的事物和现象作为科学探索的对象。"利用磁铁能够吸铁的特性引发幼儿的好奇心，通过一系列操作探究活动和制作活动引导幼儿运用各种感官探究问题，满足他们的探究兴趣和操作愿望。

磁铁是幼儿现实生活中比较常见的物品。老师贴挂图时经常用到，有些小朋友的文具盒、还有些玩具上也有用到，在孩子们的眼里，磁铁是很神秘的东西，有着神奇的力量。幼儿很喜欢玩磁铁，但大多只是单纯的玩耍，对磁铁并没有多少了解。因此，我根据幼儿天生具有的强烈好奇心，让幼儿在轻松愉悦的氛围中了解磁铁吸铁的特性，感受探究、发现中的喜悦和制作的乐趣。

### 二、活动目标

了解磁铁能吸住铁制品的特性及其在生活中的应用。

能利用磁铁的特性对物品进行分类，主动将自己发现的与同伴交流。

对研究磁铁的秘密感兴趣，体验动手尝试的快乐。

### 三、活动重点、难点

让幼儿在自主的探索活动中，了解磁铁吸铁的特性和在生活中的运用。

### 四、活动准备

磁铁；幼儿每人两个小框、一个大框，大框内装有曲别针、铁丝、铁钉等铁制品和塑料勺子、积木、雪花片、纽扣等非铁制品，一角硬币；白纸、别有曲别针的冰上小芭蕾、两筐雪花片；记录表每人一张；两种材质的一角硬币各一枚。

### 五、活动过程

**1. 导入**

（1）游戏"冰上芭蕾"，引发幼儿兴趣。

教师：小朋友，你们看一看小姑娘为什么会跳舞？教师将立体小姑娘放在白纸下面来回移动，让立体小姑娘跳起舞来。哦，原来小姑娘底部有个曲别针，是磁铁让小姑娘跳起舞来的。你们真聪明，这都能发现了。那么请小朋友想一想，磁铁还能吸起什么？

(2) 幼儿操作实践，自主探索磁铁吸铁的特性。

### 2. 猜想

教师：小朋友，老师给你们每人一包各种各样的物品，请你们来猜一猜，哪些能被磁铁吸起来？哪些不能被磁铁吸起来（见图3-30-1）。你觉得能被磁铁吸起来的，就在"猜想"栏打上"√"，不能被磁铁吸起来的，就在"猜想"栏打上"×"，现在开始吧。

教师：好了，现在请你们来试一试，看看自己猜得对不对，做实验的时候把能被磁铁吸起来的就在"验证"栏打上"√"，不能被磁铁吸起来的就在"验证"栏打上"×"。

### 3. 操作

请小朋友相互检查一下结果并交流自己的发现：磁铁能吸起什么？哪些物品不能被吸起来？为什么磁铁能吸住大头针、曲别针、铁丝、铁钉（见图3-30-2）？

小结：磁铁能吸起铁丝、回形针……因为它们都是铁做的；不能吸起木块、纽扣、雪花片，因为它们都不是铁做的，磁铁有磁性，它能吸起铁丝、铁钉等铁制品，是了不起的吸铁专家（见图3-30-3、图3-30-4）。

教师：小朋友请看一看，老师这有两枚不一样的一角硬币。我们来一起试一试哪一个能被磁铁吸起来？哪个不能？引导幼儿发现两枚硬币的不同材质。

### 4. 交流

引导幼儿寻找周围环境中的铁制品，巩固对磁铁的认识。

教师：你想知道磁铁还能吸什么东西吗？请你用磁铁去吸一吸教室里的其他东西。并互相交流自己的发现。

教师：你在哪个地方还发现了磁铁（门吸、大衣橱门、妈妈包上的按扣等），加深对磁铁的了解。

### 5. 延伸

(1) 设置问题情境，引导幼儿用磁铁解决实际问题。

游戏情境：今天早上老师准备的曲别针不小心掉到了雪花片框里，请大家帮老师找一找曲别针。看谁找的又快又多。组织幼儿分组自主游戏，寻找曲别针。

（2）引导幼儿交流找到区别针的方法，多玩几次。

（3）总结。有的小朋友很聪明，他用磁铁转一下就吸住了很多的曲别针。老师再次演示一下，加深对磁铁用处的了解。

附：

|  |  |  |  |  |  |  |  |  |
|---|---|---|---|---|---|---|---|---|
| 猜想 |  |  |  |  |  |  |  |  |
| 验证 |  |  |  |  |  |  |  |  |

### 六、活动反思

《好玩的磁铁》科学游戏活动，探索有关磁铁的各种有趣现象，让幼儿了解磁铁的基本特征，通过操作让幼儿知道磁铁隔着不同材料能吸住铁制品的特性，即磁力具有穿透性。在开始上课时，我准备了一个"冰上芭蕾"的音乐盒让幼儿欣赏，让幼儿猜出小女孩为什么能在上面转动，原来小姑娘底部有个曲别针，取出了里面的秘密，让幼儿认识磁铁，知道磁体能吸引金属的东西。然后分组实验，通过直接、隔布（物）、水中、埋沙等不同的磁铁吸引实验，让幼儿知道磁铁的本领——具有穿透性。最重要的是让幼儿体验隔布（物）薄厚、水的深浅、埋沙的深浅，磁体吸引的程度和有无磁体吸引。最后让全体幼儿拿着磁铁在自己的身上和教室里去寻找能被磁铁吸住的东西，能吸住的东西就是磁铁的好朋友。很多孩子都找到了水桶、餐车、椅子等东西能把磁铁吸住。这就让幼儿体验了班里哪些东西是金属制品。孩子们寻找得不亦乐乎，活动之后我发现我们班的幼儿对科学的事情和事物产生了极其浓厚的兴趣。他们的小眼睛瞪得大大的，有的小朋友嘴里还念叨着"真好玩、真奇怪"。下课后孙靖超、邢子煜小朋友还追着我说这节课真有意思、真好玩，他们在选择活动区时，很多幼儿选择科学区来做实验，并把结果都告诉我或记录在记录卡上。

每个人不管年龄的大小都有对科学探索和求知的欲望。当然幼儿也不例外，幼儿对每一个新发现事物更是产生了极强的好奇心，对每一件东西和事物的观察更是认真、细致。哪怕是屋子里飞进一只虫子，孩子的眼睛都是跟着虫子飞动的方向来转动。在科学活动中，教师是不可缺少的主体，所以要不断地研究出更好的科学游戏给幼儿，这样在游戏的同时，幼儿既得到科学知识，又体验了科学游戏的快乐。增加了幼儿的探索和求知的欲望。

图 3-30-1

图 3-30-2

图 3-30-3

图 3-30-4

**活动设计**：大连海辰中心幼儿园　于菲
**活动指导**：大连海辰中心幼儿园　梁科萍

幼儿科学教育案例精选

教育部、财政部提升专业服务产业发展能力建设项目成果

"校·园"合作开发

# 幼儿科学教育

## 案例精选

主　编　李桂英
副主编　王淑华　刘嵬嵬
参　编　李雪勤　毕聪君　曲继泓　孙冬梅　刘红梅　李丽红　张　华　司　进

图书在版编目（CIP）数据

　　幼儿科学教育案例精选/李桂英主编．—北京：经济管理出版社，2014.8
　　ISBN 978－7－5096－3048－8
　　Ⅰ.①幼… Ⅱ.①李… Ⅲ.①科学知识—教案（教育）—学前教育
Ⅳ.①G613.3

　　中国版本图书馆 CIP 数据核字（2014）第 068040 号

组稿编辑：王光艳
责任编辑：许　兵
责任印制：黄章平
责任校对：陈　颖

出版发行：经济管理出版社
　　　　　（北京市海淀区北蜂窝 8 号中雅大厦 A 座 11 层　100038）
网　　　址：www.E－mp.com.cn
电　　　话：(010) 51915602
印　　　刷：北京地大彩色印刷有限责任公司
经　　　销：新华书店
开　　　本：720mm×1000mm/16
印　　　张：28
字　　　数：457 千字
版　　　次：2014 年 8 月第 1 版　2014 年 8 月第 1 次印刷
ISBN：978－7－5096－3048－8
定　　　价：78.00 元(上、下册)

·版权所有　翻印必究·
凡购本社图书，如有印装错误，由本社读者服务部负责调换。
联系地址：北京阜外月坛北小街 2 号
电话：(010) 68022974　邮编：100836

# 目录

## 下册

**模块四　数学认知活动（小班）/223**

案例一　分饼干 /224

案例二　数数有多少 /227

案例三　超市购物 /231

案例四　铺小路 /235

案例五　装糖果 /238

案例六　小小饲养员 /241

案例七　纽扣宝宝找朋友 /243

案例八　比较宽窄 /246

案例九　动物找朋友 /249

案例十　一篮水果 /252

案例十一　图形对对碰 /255

案例十二　小动物捉迷藏 /259

案例十三　夹夹乐 /264

案例十四　它们在哪里 /268

案例十五　开商店 /270

案例十六　送我回家 /273

案例十七　老鼠在哪里 /276

案例十八　我身上的数 /279

案例十九　"1"和"许多" /281

案例二十　数数歌 /283

案例二十一　长与短 /288

**模块五　数学认知活动（中班）/292**

案例一　快乐Party /293

案例二　剥花生 /297

案例三　接下来会是什么 /300

案例四　比一比 /304

案例五　掷骰子 /308

案例六　我会排序 /311

案例七　多少蛋 /315

案例八　小动物排排队 /318

案例九　找房间 /321

案例十　有趣的椭圆形 /323

案例十一　踩石头 /327

案例十二　好朋友 /330

案例十三　去郊游 /333

案例十四　去旅游 /336

## 模块六　数学认知活动（大班）/340

案例一　分类排序 /341

案例二　有趣的单双数 /344

案例三　喜羊羊超市之文具大选购 /348

案例四　玩纸牌 /352

案例五　认识整点 /355

案例六　认识整点 /358

案例七　认识相邻数 /360

案例八　买文具 /364

案例九　购物 /368

案例十　认识半点 /372

案例十一　有趣的排序 /375

案例十二　有趣的"0" /380

案例十三　10以内的单双数 /385

案例十四　分小鱼 /388

案例十五　家庭成员数一数 /392

案例十六　有趣的电话号码 /397

案例十七　找家 /399

案例十八　春天的服饰 /403

案例十九　排队坐火车 /407

案例二十　买文具 /410

案例二十一　图形宝宝变变变 /413

案例二十二　闯关探宝 /416

案例二十三　快乐的生日 /420

案例二十四　有趣的电话号码 /423

案例二十五　量一量 /428

案例二十六　架小桥 /432

主要参考文献 /435

## 模块四　数学认知活动　小班

**目标 1**　初步感知生活中数的有用和有趣

体验和发现生活中很多地方都用到数。

**目标 2**　感知和理解数、量及数量关系

能感知和区分物体的大小、多少、高矮、长短等量方面的特点，并能用相应的词表示。

能通过一一对应的方法比较两组物体的多少。

能手口一致地点数5个以内的物体，并能说出总数，能按数取物。

能用数词描述事物或动作中，如我有4本图书。

**目标 3**　感知形状与空间关系

能注意物体较明显的形状特征，并能用自己的语言描述。

能感知物体基本的空间位置与方位，理解上下、前后、里外等方位词。

## 案例一 分饼干

### 一、设计意图

《3~6岁儿童学习与发展指南》中对3~4岁幼儿提出:"感知和发现周围物体的形状是多种多样的,对不同的形状感兴趣,"而不同的形状、五彩的颜色、大大小小的饼干,是幼儿在生活中最常见、也是比较感兴趣的事物之一,所以选择"分饼干"这个活动适合小班幼儿年龄特点和学习特点。

这次活动是在幼儿能正确感知圆形、三角形的图形特征基础上设计的。在面向全体幼儿的同时,注重了幼儿的个体差异,促进不同水平幼儿的发展。以幼儿生活中最熟悉的饼干为材料,以饼干车间为背景,让幼儿模仿工人"进车间"、"分饼干"这些情景,引导幼儿通过观察、比较、操作、学习按图形的某一特征来分类,并将分类的标准分层分配到各个游戏中,让幼儿在玩中学,学中玩。

### 二、活动目标

学习按图形的某一特征(颜色、形状或大小)进行分类。

能愉快地参加操作活动,并在集体面前大胆发言。

在游戏中体验分类的快乐。

### 三、活动重点、难点

重点:能正确地感知图形的特征。

难点:学会按照图形的某一种特征进行分类。

### 四、活动准备

场地布置成两个车间,幼儿手臂上戴红色或绿色的彩带。幼儿人手一份图形卡片、一个分类盒(红或绿)。放大的图形卡片,磁性黑板上用自粘纸贴成分类盒。货架车三辆,分别挂上标记牌。记录纸、记号笔。

### 五、活动过程

**1. 导入**

创设游戏情境"进车间",练习按物体的单一特征进行分类。

①教师:小朋友,你们好,我是兔姐姐,欢迎你们来到我的饼干厂。今天,兔姐姐要带你们到饼干厂。看,这边是"红红饼干"厂,那边是"绿绿饼干"厂,请戴红彩带的小朋友到"红红饼干"厂,请戴绿彩带的小朋友到"绿绿饼干"厂。

②教师:小朋友们赶快到自己的厂里面找一个位置坐下来吧。

(幼儿根据彩带颜色分别找位置,教师检查找位置的情况)幼儿互查。

**2. 感知**

观察讲述饼干的不同特征。

教师:哇,这里的饼干可真多啊,请小朋友们看一看桌上的饼干盒里都有些什么样的饼干?

(教师根据幼儿的讲述出示图形,引导幼儿正确说出图形特征。)

教师:你们说得真好,我们的饼干有红、有绿、有大、有小、有圆形还有三角形的。

**3. 操作**

(1)进行游戏"分饼干",探索分类方法。

教师:兔姐姐想请小朋友们轻轻地拿出放在凳子下面的饼干盒,然后把我们桌上的饼干分成两堆放在我们手里的饼干盒里面,一边放一堆,看看我们的小工人们能想出什么好方法来分这些饼干(见图4-1-1)?

(幼儿操作,教师观察幼儿分饼干,对个别能力差的幼儿给予帮助。)

(2)个别幼儿讲述自己的分类方法。

教师:现在兔姐姐请几个小朋友来说一说你是怎么分的?请你上来分分看吧,其他的小工人看一看他分的对不对(见图4-1-2)?

教师:你是按颜色来分的,谁也是这样分的?还有什么不同的分法吗(可以再请按形状、大小分类的幼儿讲述。教师将方法记录在记录纸上)?

教师:(教师提出再次操作的要求)小朋友干的真棒,都有自己的分法。我们发现,可以按饼干的颜色分,也可以按照饼干的形状分,按照大小也能分,那么,现在我们再用别人的方法也来试试看。

(3) 幼儿再次集体练习,教师巡视。

4. 游戏

进行游戏"运饼干",学习按物体的两种特征分类。

(1) 推出小货车,指认标记牌。

教师:我们的饼干包装好了,现在我们就要来把饼干装上车了。看,这是我们用来装饼干的小货车。

教师:我们先来观察我们的小货车,然后再观察一下我们的饼干盒,告诉兔姐姐你发现了什么秘密?

(2) 引导幼儿按物体的两种特征分类。

教师:那你认为我们的饼干盒应该放到哪个小货车上呢?

教师:那我们现在马上动手搬饼干吧,把我们包装好的饼干放到货车上。

教师:(幼儿分组装上饼干,教师检查分装情况)小朋友可真能干。

教师(电话铃响):喂,是幼儿园啊,我们已经把饼干装上车了,马上给你们送来,再见(师生推出活动室)!

5. 活动延伸

将图形饼干放在益智区,幼儿在空闲时可以进去玩分类的游戏。

## 六、活动反思

"分饼干"是一个比较富有趣味的一个活动,将平淡的分类活动转化成进车间工作的情景,让幼儿在玩中学,以幼儿最喜欢的游戏方式将整个活动贯穿。

本节活动的重、难点比较突出:学习按图形的某一特征进行分类。老师引导幼儿通过角色扮演和有效提问来解决重难点。

本节活动层次分明,层层递进,围绕目标而进行。

1. 角色导入,激发兴趣

这一环节教师以兔姐姐的身份交代游戏任务,幼儿马上就进入工人的角色,并且以自己所戴的彩带颜色来进行分类,巩固了幼儿在没有其他因素干扰下按单一特征分类的技能。

## 2. 操作探索，引导观察

引导幼儿排除其他特征干扰，按图形的某一特征分类。

这个环节是本次活动的重点，教师注重启发幼儿操作探索，主动讲述分类方法，让幼儿充分得到锻炼和发挥，并且在游戏最后以贴星的形式评价，巧妙地为下一个游戏做好铺垫。

## 3. 搬运"提神"，拓展深化

最后以装运饼干的游戏结束，并将分类要求再次提高，使整个活动一气呵成，结局完整，取得良好效果。

图 4-1-1

图 4-1-2

活动设计：大连市甘井子区希望之星幼儿园　杨丽
活动指导：大连市甘井子区希望之星幼儿园　张梅

案例二　数数有多少

## 一、设计意图

《3~6岁儿童学习与发展指南》中指出："要利用生活和游戏中的实际情境，引导幼儿理解数概念。"鞋子是幼儿生活中比较熟悉的必需品，对于小班幼儿来说，这些花花绿绿、款式各异的漂亮鞋子是他们经常讨论的内容，极具兴趣点。因此，结合幼儿熟悉的生活和兴趣，我以鞋为媒介，设计了"数数有多少"这节数学活动，以引导幼儿在实际操作中，直接感知、体验，从而获得数量经验。

## 二、活动目标

感知4以内的数量,并能够手口一致地点数。

能发现数数与总数的关系,即最后数出的数就是总数。

体验参与数学活动的乐趣。

## 三、活动重点、难点

重点:手口一致的点数。

难点:发现数数与总数的关系,即最后数出的数就是总数。

## 四、活动准备

鞋店的场景布置,鞋柜1个,鞋的图片:皮鞋4双、布鞋3双、凉鞋4双、靴子2双,共13张。

幼儿人手1份:鞋柜1个,红色的皮鞋4双,绿色的布鞋3双,蓝色的凉鞋4双,黄色的靴子2双。

小猪、小狗、小兔子、小青蛙的图片1张,红色、黄色、蓝色、绿色的盒子各1个。电话1部,小托盘16个。

## 五、活动过程

### 1. 导入

教师:小猫咪咪刚开了一个鞋店,它想请林老师和小朋友一起到它的鞋店参观,好吗?我们就一起出发吧。

出示小猫的"咪咪鞋店"。

教师:咪咪鞋店,就是这里了,哇!这里有好多的鞋,你们看,这里都有什么样式的鞋(皮鞋、布鞋、凉鞋、靴子,见图4—2—1)?

### 2. 感知

请幼儿自己探索感知4以内的数量,尝试按照鞋的样式将鞋摆在鞋柜里。

教师:咦?这里有个鞋柜,可是上面空空的,我们帮小猫把鞋都摆在鞋柜上好吗?在摆的时候要注意了,把相同样式的鞋摆在一层,把另一种样式的鞋放在下面一层。听清楚了吗?在你们的桌子上,也有一个小的鞋柜,一会儿请你们把鞋按照相同的样式摆在鞋柜上。

教师:你们要把什么样的鞋摆在一层(要把相同样式的鞋摆在一层)?

### 3. 操作

（1）请幼儿操作，将相同样式的鞋摆在一层。

（2）请幼儿手口一致地点数，并说出总数。

教师：谁能说说在你的鞋柜上，都有哪几种样式的鞋（皮鞋、布鞋、凉鞋、靴子）？我们一起来数一数有几种样式的鞋（教师带领幼儿从上向下数1、2、3、4，有4种样式的鞋）？

教师：看一看你的鞋柜上是不是也是这4种鞋？（请幼儿检查自己摆放的鞋柜）

教师：皮鞋有几双（4双）？布鞋有几双（3双）？凉鞋有几双（4双）？靴子有几双（2双）？

（请幼儿伸出手指与教师一同从左向右点数，并说出总数）

教师：在鞋柜上有几种颜色的鞋（红色、黄色、蓝色、绿色，有四种颜色的鞋）？

（每一次教师提出问题都带领幼儿手口一致地从左向右点数，并说出总数）

### 4. 游戏

"叮铃铃，叮铃铃"电话铃声响了，老师接电话。

教师：小猫咪咪来电话，说森林里的小动物在它的鞋店定了一批鞋，可是它忘记把鞋分给小动物了，所以想请我们的小朋友帮帮忙。小猪喜欢红色的鞋，请每个小朋友在你的鞋柜里取出4双红色的鞋，放在小猪的鞋盒里面（请幼儿在鞋柜中数4双红色的鞋，放在前面小猪的鞋盒里）。

教师：小狗喜欢蓝色的鞋，请小朋友在你的鞋柜里取出3双蓝色的鞋，放在小狗的鞋盒里（请幼儿在鞋柜中数3双蓝色的鞋，放在前面小狗的鞋盒里）。

教师：小兔子喜欢黄色的鞋，请你在你的鞋柜里取出1双黄色鞋，放在小兔子的鞋盒里（请幼儿在鞋柜中点数1双黄色的鞋，放在前面小鸡的鞋盒里）。

教师：小青蛙喜欢绿色的鞋，请小朋友在你的鞋柜里取出2双绿色的鞋，放在小青蛙的鞋盒里（请幼儿在鞋柜中数2双绿色的鞋，放在前面小青蛙的鞋盒里）。

### 5. 结束

教师：小朋友太棒了，做了那么多的事情，真能干，可是时间不早了，我们也该回去休息了，小猫咪咪的鞋店也要关门了。

## 六、活动反思

"数数有多少"这节活动是"鞋儿多多"这个主题中的一节数学活动。根据幼儿的思维特点以具体形象思维为主，我在活动设计上注重从幼儿的年龄特点出发，引导幼儿通过直接感知、亲身体验和实际操作进行学习，运用情境的方式，游戏的形式，让幼儿主动地探究，从而获得知识经验。在整个活动中以"咪咪鞋店"为主线，通过从不同角度对鞋的探索、操作进行了数学学习，达到了教学目标。

活动材料的准备是幼儿进行操作活动的物质基础。因此，在制作材料的选择上，我注重了材料的持久、耐用，便于小班幼儿进行操作。在活动材料的准备上，我更多地注重它的使用价值，能够最大限度地发挥材料的作用，准备的材料大小、尺寸都以幼儿的能力为考量，符合幼儿的内在需要。在活动中，我选用了幼儿都比较熟悉的童鞋卡片作为操作的用具，因为鞋子的卡片是孩子身边的事物，每天必备的生活用品，孩子也非常感兴趣。

要实现数学教育目标，就必须选择适合幼儿认知特点的教育方法。因此，在活动过程的组织中，我体现的是让幼儿主动地进行探索，无论是一开始在鞋柜中摆鞋，还是后来的给小动物送鞋，我都是让幼儿在探索中获得知识经验，改变了传统数学活动教师进行讲解、演示、示范的方式。在活动中我更多的是以一个隐性引导者的身份贯穿始终，通过提问的方式，引导幼儿进行总结，感知4以内的数量，并进行手口一致地点数。真正地将幼儿推到了获取知识活动的中心，充分发挥了幼儿的主动性和主体性，使幼儿在游戏过程中体验到了成功的快乐。

图 4-2-1

为了能够有效地突破重难点，完成制定的目标，我运用游戏的形式贯穿其中，从不同的角度引导幼儿进行点数，如鞋的样式、颜色、种类、大小等，由上至下，由左至右地点数，使幼儿在主动学习、主动探究中，使孩子的思维结果物质化，体验成功的快乐，有效地促进了目标的达成。

**活动设计：** 大连市中山区春童幼儿园　林晶
**活动指导：** 大连市中山区春童幼儿园　孙月枝

## 案例三　超市购物

### 一、设计意图

在日常生活中，去超市购物是幼儿很喜欢的活动，因为那里有很多孩子们喜欢吃的和玩的物品，而超市里的物品数量很多，恰恰适合幼儿进行点数，《3~6岁儿童学习与发展指南》（以下简称《指南》）中又要求小班幼儿能手口一致地点数5个以内的物体，能说出总数，并能按数取物。《指南》中同时建议教师利用生活和游戏中的实际情境，引导幼儿理解数的概念。所以，本活动结合《指南》的精神，从幼儿的兴趣出发，以购物游戏为主线，让幼儿在游戏中获得发展。

### 二、活动目标

学习按数取物，理解4以内数的实际意义。

能手口一致地数4以内物体的数量，说出总数。

喜欢参加购物点数游戏。

### 三、活动重点、难点

学习点数的方法，能根据圆点数量准确地购物。

### 四、活动准备

"圆点标记"、"超市里的食品"游戏卡。

活动前，将操作白板制作成插入式购物记录板（见图4-3-1）。

"去购物"操作单。

### 五、活动过程

**1. 导入**

教师：老师今天早上去超市了，瞧，我买了这么多好吃的东西，可是忘记每样东西买了几个，小朋友们帮我数一数吧。

## 2. 感知

引导幼儿观察每种食品，调动多种感官来记录总数。

（1）出示一瓶水，让幼儿通过目测来说出物品数量，并找出圆点卡片。

教师：小朋友看，老师买了几瓶水？一瓶水可以用几个圆点来表示？

（2）出示两袋饼干，教师用兔跳的动作，让幼儿记忆说出物品总数，并找出圆点卡片。

教师：老师用小兔跳，跳几下就表示买了几袋饼干，认真看。

老师买了几袋饼干？两袋饼干可以用几个圆点来表示？

谁能找到圆点卡片？

（3）出示火腿肠，教师请幼儿闭上眼睛，倾听教师拍手，通过听觉来判断物品总数，并找出圆点卡片。

教师：请小朋友把眼睛闭上，听老师拍手，拍几下就表示老师买了几根火腿肠。

老师买了几根火腿肠？

4根火腿肠可以用几个圆点表示？谁能找到圆点卡片？

（4）出示薯片，让幼儿根据前面物品数量的规律猜出薯片的总数，并找出圆点卡片。

教师：刚才小朋友看到了，老师买了一瓶水、两袋饼干和三根火腿肠，小朋友猜一猜我会买几筒薯片呢？

4筒薯片可以用几个圆点来表示？谁能找到圆点卡片？

教师：谢谢小朋友帮助老师数清各种物品的数量，你们想不想到超市去购物呢？

## 3. 游戏

（1）展示介绍"食品小超市"，引发幼儿购物兴趣。

教师：我们班级里也开了个食品小超市，就在小朋友的身后，一会儿我们就去购物。

（2）出示圆点标记卡和购物记录板，教师示范取卡购物。

教师：小朋友在购物前要先想好你要买什么食品，只能买一种食品。

教师：那么怎么去买呢？老师给小朋友准备了点卡和购物记录卡，先选一张点卡插在购物记录板的最上面一行，标记卡上有几个圆点就买几个，然后一边买一边数，并将食品卡片插到点卡的旁边。

(3) 幼儿学习取卡购物，教师观察指导（见图4-3-2）。

教师：请每个小朋友先选一张点卡，插在最上面一行的最前面。

教师：数数你的点卡上有几个圆点，想想你要买什么东西，记住只能买一种东西，想好了就可以买了。

教师：谁能向大家介绍一下，你买了什么好吃的，买了几个？小朋友一起数一数，看看他买的对不对。

(4) 幼儿再次取卡购物，教师观察指导。

教师：我们再来买一次，这一次我们选两张点卡，分别插在中间一行和下面一行的最前面，你可以买两样东西，老师还给小朋友增加了一张点卡，放在你的点卡盒里，你可以尝试一下。

教师：最好买和第一次不一样的东西，想好了就可以买了。

教师：小朋友互相说一说，你买了什么好吃的？买了几个？

互相数一数，看看同伴买的对不对？和圆点数量一样吗（见图4-3-3）？

### 4. 结束

老师会把这些学具投放到班级的活动区里，你们可以继续玩购物的游戏。

### 5. 活动延伸

活动后，在区域中投放《去购物》操作单，引导幼儿按照购物卡上的点子数目，圈画出要买的物品数量，进一步提高点数匹配能力（见图4-3-4）。

## 六、活动反思

本活动以购物为主线，展开了系列环节。在感知环节，幼儿充分的感知4以内的数量，我运用了多种方法，调动幼儿的多种感官，首先是目测1的数量，然后用动作记忆2的数量，接着用倾听来判断3的数量，在感知1~3的数量之后，让幼儿通过前面数字出示的顺序，按规律往下猜出4的数量，在这个过程中，体现了由易到难的原则，帮助幼儿强化理解4以内数的实际意义，为游戏环节打好基础。此外，我还注重了幼儿对量词的使用，针对每种食物要配上一定的量词，帮助幼儿初步形成数量结合的概念。

在游戏环节，第二次购物的时候，我增加了数字5的点卡，请幼儿尝试选择进行购物，为能力强的幼儿提供了再次拔高的机会，让他们觉得有一定的挑战性，从而更积极地投入到活动中。同时也遵循了《幼儿园教育指导纲要》中因人施教的原则。

交流的环节也是一个互相检验的过程，在第一次交流时，我采用的是让个别幼儿来介绍自己的购物，让全体幼儿通过点数来验证，目的是让幼儿了解验证的方法；而在第二次交流的时候，我是让幼儿互相来检查和评价，这样提高了他们参与评价的积极性，初步尝试了与人交往的能力，为中大班进行互评打好基础。

本活动不足之处：因为小班幼儿在表达时比较胆怯，所以我应该多给他们提供说话的机会，增强他们的自信心。

图 4-3-1

图 4-3-2

图 4-3-3

图 4-3-4

活动设计：大连市金州区第三幼儿园　宫晓波
活动指导：大连市金州区第三幼儿园　孔晓华

（此活动曾获大连市金州区教师教育教学能力大赛一等奖）

## 案例四　铺小路

### 一、设计意图

在数学活动中，图形可以培养幼儿的空间智能，发展幼儿的观察能力，但是图形对幼儿来说是比较抽象的，然而图形在砖的运用上是最为明显的，砖在生活中又随处可见，是幼儿很容易感受和看到的，并且幼儿对铺砖活动也特别感兴趣。《3~6岁儿童学习与发展指南》（以下简称《指南》）中提出："引导幼儿观察发现按照一定规律排列的事物，体会其中的排列特点与规律，并尝试自己创造出新的排列规律。"《幼儿园教育指导纲要》中也提倡"教育内容的选择要贴近幼儿的生活，选择幼儿感兴趣的事物和问题"，所以我遵循《指南》的教育建议，从幼儿的兴趣出发，设计了用砖铺小路这一活动。让幼儿在感知规律的基础上，来设计不同的排序规律。这对于幼儿来说有一定的难度，但是一旦掌握，就会有利于拓展他们的经验，在以后的生活中，幼儿可以根据已有的经验发现和掌握更多的排序规律。

### 二、活动目标

初步尝试按图形特征进行排序、接龙。

能够尝试设计不同的规律，并用图卡的方式进行记录。

体验有规律排序活动的乐趣。

### 三、活动重点、难点

能发现、设计不同的规律，并按照自己设计的规律来铺路。

### 四、活动准备

小猪盖的新家、制作的立体小路（上面镂刻圆形和方形）、展板。幼儿每人一张设计小路的操作卡片、圆形卡片、方形卡片若干。幼儿每人一套铺小路的材料、半圆形和长方形的砖若干。

### 五、活动过程

**1. 观察、判断**

(1) 出示小猪盖的新家和立体小路,观察砖的形状。

教师:小猪在草地上盖了一个新家,这是它在家门口设计的一条小路,可是砖还没有铺上,这是小猪买的砖,咱们一起来看看都有什么形状。

(2) 引导幼儿按照小路上的图形特征,把图形砖嵌铺在小路上。

教师:现在咱们一起帮助小猪把砖铺在小路上,在铺砖的时候,每个小朋友拿一块砖,看清楚砖的形状再铺。

(3) 请幼儿观察小路上的砖。

教师:这条小路上都有什么形状的砖?是按照什么规律铺的呢?

引导幼儿感知并说出砖的排序规律,即圆形、方形、圆形、方形的规律。

**2. 操作、记录**

(1) 启发幼儿用圆形和方形的砖来设计小路。

教师:老师想请小朋友帮助小猪多设计几条小路,请你们想一想,用圆形和方形的砖可以设计什么样的小路呢?除了这样设计,还可以怎样设计?

(2) 引导幼儿利用操作卡,记录自己设计的规律(见图4-4-1)。

出示操作卡片,请小朋友按照自己的设计,把砖有规律地摆在小路上。鼓励幼儿的设计和别人不一样。

(3) 请幼儿将自己设计的小路粘到展板上,一起检查,看看有几种规律,对于没有规律的小路集体进行纠正,让幼儿充分感知不同的小路设计(见图4-4-2)。

**3. 游戏——铺小路**

(1) 出示不同形状的砖,引导幼儿观察。

教师:小猪给每个小朋友准备了一盒圆形和方形的砖,还准备了一些其他形状的砖,咱们来看看都是什么形状的。

(2) 将小猪放在场地中间,引导幼儿以小猪家为中心,试着有规律地铺小路。

教师:我们从小猪家开始,向外铺小路,要连着铺出一条有规律的小路。

幼儿可以任意选择图形来铺小路,只要有规律就行(见图4-4-3)。

4．分享体验：走小路

（1）请幼儿站在自己铺得小路的终点，集体观察铺好的小路。

教师：看看谁的小路铺得有规律，是什么样的规律。

发现没有规律的小路，大家一起帮助改正。

（2）请幼儿自由走不同的小路，互相学习，体验有规律排序活动的乐趣。

要求：一边走，一边说出你踩到的砖的形状。

5．活动延伸

（1）活动变式。可根据天气情况，将本活动放在户外进行，如果班级幼儿数量较多，可以采用分组活动的方式进行。

（2）环境创设。可以将幼儿利用不同图形有序排列的花边，展示在墙面上。

（3）区域活动。将设计小路的游戏材料放到益智区，并增添三角形，引导幼儿继续练习有规律地设计小路。

（4）领域渗透。

健康领域。将立体的铺小路游戏材料投放到户外体育活动中，引导幼儿在户外活动时有规律地铺小路，同时也可以锻炼幼儿跨跳等运动技能。

艺术领域。利用其他图形有规律地装饰发带、花边、桌布等（见图4-4-4）。

## 六、活动反思

在本次活动中，我以幼儿为主体，始终围绕"按图形特征进行排序、接龙"这一目标展开活动。幼儿通过用圆形和方形的砖设计小路、铺小路和走小路，自主地观察、发现和探索有规律的排序，并尝试创作了多种排序的规律，也从中体验和发现生活中有规律排序活动的乐趣。

在活动中，我也在不断反思。活动开始时我为幼儿提供的半圆形和长方形的砖是平均分配的，而在活动中，我发现能力较强的幼儿能够很好的运用，而能力较差的幼儿有的用不上，有的用了之后却变得没有规律了，因此，我便调整为将这些砖投放在场地的一边，当幼儿需要时自由地去选择，将其拼成自己需要的形状继续铺小路。这样设计符合了因材施教的原则，使不同能力的幼儿在各自的水平上得到再次提高。

图 4-4-1

图 4-4-2

图 4-4-3

图 4-4-4

**活动设计**：大连市金州区第三幼儿园　宫晓波

**活动指导**：大连市金州区第三幼儿园　孔晓华

（此活动曾获大连市教师教育教学能力大赛特等奖）

## 案例五　装糖果

### 一、设计意图

《新纲要》中指出："幼儿园教育应以游戏为基本活动"。幼儿在游戏中蕴藏着发展的需要和教育契机，小班的孩子注意力集中时间短、易分散，幼儿注意的稳定性相对就较小，游戏是幼儿最感兴趣的活动形式。糖果是幼儿最喜欢的零食，基于这一理念，我设计了"装糖果"这节活动。

为此，我提供实物让幼儿感知数量，运用观察法、操作法等使幼儿在操作中感知4以内的数量。这不仅生动有趣，又能提高幼儿认知数量，巩固手口一致点数，非常适合小班教学。

## 二、活动目标

感知4以内数量，初步学习按数取物。

能手口一致点数4以内的物体数量，说出总数。

喜欢参加动手操作活动。

## 三、活动重点、难点

能手口一致地点数4以内的数量。

## 四、活动准备

贴有双面胶条的一次性纸盘3个、小动物卡片3个、贴有数字2、3、4的大筐。"圆点标记"游戏卡、数字卡2~4。贴有2~4圆点粘贴小盘人手一个，糖果若干。

## 五、活动过程

**1. 导入**

出示小动物，引出"分糖果"游戏。

教师：今天下午，小猫的糖果屋就要开业了，可是它一个人忙不过来，所以就请了几个好朋友来帮忙装糖果，看看都谁来了？

**2. 感知**

（1）依次出示2~4块糖，引导幼儿点数并贴上对应的圆点卡片和数字。

教师：小猫要求每个好朋友装的糖果数量都不一样，我们一起来看看他们都装了几块糖？

教师：小猪的盘子里装了几块糖？可以用几个圆点来表示？可以用数字几来表示呢？

（2）依次提问小象、小兔。

教师：小动物们都很高兴地帮小猫装糖果，小朋友愿意一起来帮助小猫吗？

**3. 操作**

出示蛋糕盘，请幼儿根据盘上的圆点装糖果。

教师：小猫给每个小朋友都准备了一个盘子，看看你的盘子上有什么？

现在请你从左往右数一数盘子上有几个圆点？

提问：你的盘子上有几个圆点？2个圆点应该装几块糖？

教师：现在就请小朋友往盘子里装和圆点数量一样多的糖果。

要求：拿一个数一个，装完的小朋友可以和你旁边的小朋友说说你装了几块糖。

提问：你装了几块糖果？

**4. 游戏**

教师：现在老师扮演买糖的人，你们就扮演小猫店里卖糖的人，我要买几块糖，就请装有几块糖的小朋友把糖端过来，如我想买三块糖，请装有三块糖的小朋友把糖端来放进数字3的筐里，放一个数一个。

教师买糖果。教师检验并引导操作错误的幼儿再次操作。

## 六、活动反思

本节活动，我以小动物开糖果店这个故事情节引出活动过程，并且制作了颜色鲜艳的小动物图片，准备了大量的糖果，吸引幼儿的注意力，使其产生了浓厚的活动兴趣。

在教学过程中，我用循序渐进的方法，使幼儿逐步理解数与量的关系，并且在环节设计中环节紧扣，思路清晰，幼儿能够随着老师的思路进行手口一致的点数，并说出总数，同时还体现了圆点和糖果一一对应的数量关系。

在教学过程中教师的随机教育不够，在发现幼儿吐字不清楚的情况下应该去纠正幼儿。

在验证幼儿拿糖果的环节中，教师应根据本班幼儿的实际情况，请几个幼儿说说拿了几块糖果、为什么，而不用大面积地提问。

在最后卖糖果这个环节中，教师考虑的还不够细致。幼儿送完糖果可以让幼儿拿盘子回去互相点数盘子上的圆点，这样可以避免孩子等待、坐不住。

**活动设计**：大连市金州区第三幼儿园　张娜
**活动指导**：大连市金州区第三幼儿园　孔晓华

## 案例六 小小饲养员

### 一、设计意图

在我们幼儿园的饲养角中养了几只小鸡,幼儿非常喜欢这些可爱的小动物,总是争先恐后地给小鸡们喂食。《3~6岁儿童学习与发展指南》中提出:"利用生活和游戏中的实际情境,引导幼儿理解数概念。"点数是小班科学领域数学认知活动中要掌握的一个重要知识点,依据《指南》精神,结合小班幼儿年龄特点和发展水平,创设了"小小饲养员"的情境,让幼儿尽情体验喂养小动物的快乐,同时学习手口一致地点数1~4的物品并说出总数,理解数目4的实际意义,能够按数取物,寓教于乐!

### 二、活动目标

理解数目4的实际意义,能够按数取物。

能手口一致地点数1~4的物品,并说出总数。

喜欢参加数学活动,体验游戏的快乐。

### 三、活动准备

画有大嘴狗、大嘴兔、大嘴鸡、大嘴猫的纸箱。小骨头、胡萝卜、小虫子、小鱼图片若干。幼儿学习过3以内的点数。

### 四、活动重点、难点

重点:能手口一致地点数1~4的物品并说出总数,能够按数取物。

难点:理解数目4的实际意义,能手口一致地点数1~4的物品并说出总数,能够按数取物。

### 五、活动过程

**1. 导入**

出示三个大嘴动物,激发幼儿的学习兴趣。

教师:今天老师为小朋友请来的几个小动物,看看它们都是谁(大嘴狗、大嘴兔、大嘴鸡)?

**2. 感知**

(1) 引导幼儿点数复习3以内的点数。

教师：我们一起来数数一共有几个小动物？

(2) 增加一个大嘴猫，引导幼儿学习4以内的点数。

教师：喵喵喵，谁来了？

教师：现在有几个小动物？我们一起数一数（见4-6-1）。

**3. 游戏**

(1) 进行游戏"小小饲养员"，按数取物。

教师：小动物来我们班级做客，我们一起喂喂小动物吧！

玩法：小动物在吃食物的时候有一个要求，他们一次只吃4个食物，吃多了会撑，吃少了呢，又吃不饱，请小饲养员们要喂一个数一个。

(2) 教师观察、引导、鼓励幼儿喂小动物。

教师示范喂小动物，请个别幼儿喂小动物，全体幼儿一起喂小动物（见图4-6-2）。

**4. 拓展**

教师与幼儿一起玩吹泡泡的游戏。

玩法：教师说儿歌："吹泡泡，吹泡泡，吹了一个大泡泡。"此时幼儿和教师拉成一个大圆圈。教师说："一个大泡泡变成几个小泡泡，每个小泡泡有四名幼儿组成。"四名幼儿拉成一个小圆圈。游戏可反复进行。

## 六、活动反思

小班的幼儿在能力、水平上都存在很大的差异。点数时会出现手口不一致或者说不出总数的情况。此次教学活动从幼儿的操作情况能够看出幼儿掌握点数的技能，并且愿意操作，目标达成较好。

本节活动在活动设计时从幼儿感兴趣的事物出发，所以幼儿愿意反复进行操作，多次喂小动物，巩固了4以内的点数。而在幼儿游戏环节中，为了使幼儿操作更有目的性和准确性，采用了逐步过渡的方法，先由教师示范、增加个别幼儿操作环节，直至全体幼儿操作，使得幼儿从直观的角度获取知识技能，又便于教师观察幼儿对于点数技能的掌握情况。为每个幼儿提供了练习点数的机会，实现了幼儿喂小动物的情感需要，活动现场的氛围达到了高潮。

本活动不足之处：不能检验所有幼儿是否每次都正确取了4个食物喂小动物。在全体幼儿喂小动物环节，一名教师在大嘴动物处观察幼儿的活动情况，其他教师在幼儿取食物处观察幼儿的点数情况，幼儿人数较多，不能确保每个人都是正确点数了4个食物再喂小动物，缺少错误控制的设计。

图 4-6-1　　　　　　　　　　　　　图 4-6-2

**活动设计**：大连长兴岛临港工业区幼儿园　栾华英
**活动指导**：大连长兴岛临港工业区幼儿园　司进

## 案例七　纽扣宝宝找朋友

### 一、设计意图

纽扣是幼儿生活中比较熟悉的用品，各种款式的服装上有着大小、颜色、形状不同的纽扣，吸引着幼儿。根据《3~6岁幼儿学习与发展指南》中"引导幼儿注意观察生活物品的图形特征，鼓励他们按形状分类整理物品"，结合小班幼儿的认知特点，选择"纽扣宝宝找朋友"这一活动。让幼儿在观察、讨论、游戏、摆弄的过程中，了解纽扣的外形特征以及作用。有意识地引导幼儿观察事物，学习观察的基本方法，培养观察与分类能力。

## 二、活动目标

学习按纽扣的外部特征进行分类。

能区分纽扣的相同和不同之处。

感受观察、发现的乐趣。

## 三、活动重点、难点

区分纽扣的相同和不同之处。

## 四、活动准备

"纽扣宝宝"游戏卡、音乐CD。

不同种类桌面玩具、图书、塑料筐若干，袜子若干。

## 五、活动过程

### 1. 导入

教师：你有好朋友吗？你的好朋友是谁？

游戏：《找朋友》随音乐找到自己的好朋友。

### 2. 感知

（1）出示"纽扣宝宝"游戏卡，引导幼儿观察、感知形状相同和不相同。

教师：纽扣宝宝也想找朋友，看看它们长得一样吗？什么地方一样？什么地方不一样？

（2）请幼儿选择一张游戏卡，具体观察辨别。

教师：看一看，你的纽扣颜色、形状都是什么样的？扣眼有几个（见图4-7-1）？

### 3. 游戏

（1）每人一张游戏卡，进行游戏"纽扣宝宝找朋友"。

教师：纽扣宝宝说它要找和它长得一样的纽扣做好朋友。仔细听，找找看！颜色（形状、扣眼数量）一样的纽扣宝宝在哪里？颜色、形状都一样的纽扣宝宝在哪里？

(2) 引导幼儿交换游戏卡，再次玩"纽扣宝宝找朋友"游戏。

教师：这次请小朋友找一个和你长得不一样的纽扣宝宝换一下卡片。

小结：纽扣宝宝可以找颜色、形状、扣眼数量相同的朋友，也可以找颜色、形状、扣眼数量不一样的朋友！

4．操作

提供三组操作材料，引导幼儿选择材料进行整理活动。

教师：今天整理活动区时，我发现有些物品混放在一起，请小朋友帮忙整理，帮助找到它们的好朋友。

5．活动延伸

在科学区投放"纽扣宝宝找朋友"游戏卡，引导幼儿根据相应的特征进行匹配，加深对纽扣的认识（见图4-7-2）。

## 六、活动反思

本活动是主题"小纽扣"中"纽扣宝宝找朋友"一节科学活动，根据《3~6岁儿童学习与发展指南》，通过提问等方式，引导幼儿在观察和探索的基础上，尝试进行简单的分类、概括。但对分类的物品进行再分类，能力比较欠缺。

在重难点的突破上，运用了先分散再集中的方式进行活动，教师引导幼儿对活动中提供的分类材料——纽扣先有个具体了解、感知，让幼儿观察、比较相同和不同之处，请幼儿在游戏卡中指出，让其他幼儿清楚观察和判断。为找朋友做准备，找朋友游戏教师的指令设计体现了由易到难的层次性，幼儿在寻找的过程教师要不断重复找朋友的要求指令，起到提示和引导作用，帮助幼儿进行观察、判断来找朋友。

体验环节中每位幼儿能积极主动地参与，这与孩子的兴趣是分不开的，兴趣是孩子学习的动力，教师要善于发现幼儿的兴趣点，从兴趣入手，调动幼儿保持良好的积极性和兴趣性，在活动的各个环节之中，使观察、判断能力进一步得到锻炼。

本活动中存在的不足之处：教师对幼儿的操作检验不是很够，未能及时观察到每位幼儿的操作过程。

图 4-7-1

图 4-7-2

活动设计：大连市金州区第三幼儿园　刘静
活动指导：大连市金州区第三幼儿园　朱晓华

## 案例八　比较宽窄

### 一、设计意图

在生活中，孩子们会接触很多宽窄不同的物体。小班下学期的一天，两个孩子之间相互比较谁的围巾"大"，实际上他们的围巾是一样长的，只是宽窄不同。《幼儿园教育指导纲要》中指出："让幼儿喜欢观察，乐于动手动脑；理解生活中的简单数学关系，能用简单的分类比较、探索事物。"我从中受了启发，就设计了这节数学活动"比较宽窄"。

### 二、活动目标

感知物体的宽窄不同。

能够尝试用多种方法比较物体的宽窄并进行排序。

体验操作探索的乐趣。

### 三、活动重点、难点

重点：感知物体的宽窄，区分出最宽的、比较宽的、最窄的。

难点：尝试用多种方法比较物体的宽窄并进行排序。

### 四、活动准备

教具彩色卡片、学具彩色卡片、不同宽窄的书3本、"三只小猪铺地毯评价单"。

### 五、活动过程

**1. 导入**

教师带幼儿一边念儿歌《小竹桥》，一边根据儿歌的内容做相应的动作。

教师：今天，老师给小朋友带来一首好听的儿歌《小竹桥》。

教师：小木桥，摇摇摇，小朋友们来过桥，小小木桥真是窄，一步一步慢慢来；小砖桥，它不摇，它的桥面很宽敞，小朋友们排好队，大家一起过木桥。

**2. 感知**

（1）目测比较两个物体的宽窄。

教师：（创设情境）老师这里有2片宽窄、颜色不同的木板也想来搭小桥，我们一起看看谁宽谁窄吧（引导幼儿观察，并说说谁宽谁窄）！

（2）教师：我们来比一比。

**3. 操作**

（1）尝试用多种方法比较宽窄。

教师：请小朋友每人拿1片彩色片，和同伴比一比，看看谁的宽、谁的窄。说说你用了什么办法？

（鼓励幼儿用多种方法比较宽窄）

（2）教师演示比较方法。

教师：一端对齐比。

教师：叠放比较。

(3) 出示 3 张彩色卡,按宽窄排序。

教师:(创设情景)彩色木板要来搭小桥了!请小朋友按宽窄的不同,给它们排排队吧!你是怎么排的?

幼儿操作"彩色片",比较 3 片彩色片的宽窄(见图 4-8-1)。

(尝试从宽到窄的顺序排列)

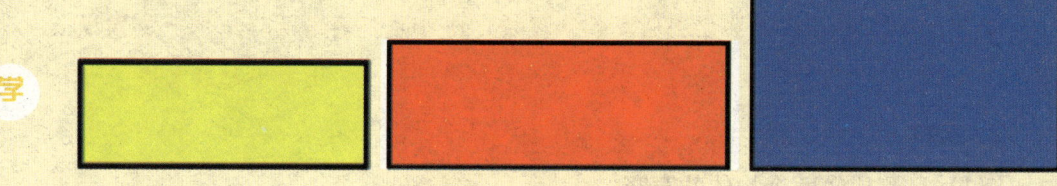

(尝试从窄到宽的顺序排列)

(4) 幼儿完成评价单——三只小猪铺地毯。

教师:三只小猪铺地毯,请小朋友给最宽的地毯涂上红色,最窄的地毯涂上黄色,不宽也不窄的地毯涂上蓝色。

幼儿操作,老师注意观察、了解幼儿的掌握情况(见图 4-8-2)。

4. 游戏

教师:你在游戏中,遇到宽窄不同的情况时是怎么比较的?

(教师引导幼儿收拾整理好学具)

## 六、活动反思

在活动中,孩子们兴趣浓厚,在游戏中较好地理解了宽窄。在活动一开始,教师通过儿歌导入活动,为活动的开展做了准备,更激发了幼儿的学习兴趣。在第二环节中,教师注意引导幼儿充分调动感官,来比较红色卡片和黄色卡片的宽窄。大部分幼儿能用目测的方法，比较两张卡片的宽窄。在第三环节中，充分发挥了幼儿的思维能力和动手能力。幼儿通过操作、尝试用多种方法比较宽窄，发展了幼儿的观察、比较能力。在第四环节、第五环节中，幼儿学习了对3个以内物体进行宽窄排序的方法。每个环节层层递进，逐步加深难度。

在评价单练习环节中，有趣的游戏练习形式，使幼儿巩固了所学的知识，同时也较持久地激发了幼儿的学习热情，让幼儿在对所学知识的应用中体验成功。在最后的游戏中，加深了对区分宽窄的复习。

在本活动的教学过程中，教师还特别注意发挥幼儿的主体作用，从目测比较两个物体的宽窄，到幼儿亲自操作，尝试用多种方法比较宽窄，再到评价单，游戏都是在教师的引导下，由幼儿在独立思考、合作交流中完成，使幼儿感到自己是学习的主人。

图 4-8-1

图 4-8-2

**活动设计：** 大连市甘井子区龙泉幼儿学苑　赵忠华

**活动指导：** 大连市甘井子区龙泉幼儿学苑　顾雨华

## 案例九　动物找朋友

### 一、设计意图

《幼儿园教育指导纲要》科学领域明确指出："要让幼儿在生活和游戏中感

受事物的数量关系并体验到数学的重要和有趣。"对于3~4岁的幼儿目标要求会按物体的单一特征进行分类和排序。我班幼儿对周围的事物越来越感兴趣，尤其是身边的小动物。根据幼儿的年龄特点和已有的知识经验，我从幼儿的兴趣点着手，通过情景创设让他们在操作、探索的过程中对动物进行分类，并找出他们的相同和不同，激发孩子的学习兴趣。并且利用举一反三、层层诱导的学习策略使幼儿在玩中自然感知、理解学习。

## 二、活动目标

辨别动物的相同和不同。

初步尝试和学习对动物进行分类。

喜欢进行数学活动。

## 三、活动重点、难点

重点：辨别动物的相同和不同。

难点：初步尝试和学习对动物进行分类。

## 四、活动准备

各种姿态的狗、兔子、猫各四只；彩色画笔，幼儿操作卡每人一张。

## 五、活动过程

### 1. 导入

教师：星期天，老师到动物园去给小动物拍照片了，看看都给谁拍照片了（幼儿说，教师拿出一种小动物的一只放在黑板的另一侧）？

### 2. 感知

（1）把同类的动物归类。

教师：老师想把相同的小动物排在一起，谁来帮我？

（2）找出同类中两张相同的图片。

教师：现在请小朋友仔细看小狗的照片，哪两只小狗的照片是一模一样的？请到前面找一找，老师把这两只一样的小狗用笔圈起来。现在我们再来看看小兔和小猫的照片哪两张是一样的？

### 3. 操作

（1）出示操作单请幼儿找相同。

教师：老师给每个小朋友准备了一张动物的图卡，请小朋友将一模一样的动物找出来，然后也向老师这样把它圈起来，圈好后把它放在黑板上。

（2）幼儿操作，教师指导。之后师幼共同进行检测（见图4-9-1）。

### 4．交流

请幼儿说出相同和不同。

教师：请小朋友来看，你为什么说这两只小狗是一模一样的？

教师小结：这两只狗身上都有黑点，是斑点狗，种类是一样的，所以把它们放在一起。再看小兔子，这两只兔子都是白色的；再看小猫，这两只小猫都小，所以把他们放在了一起（见图4-9-2）。

### 5．活动小结

小朋友真聪明，把一样的小动物放在了一起，也把两只一模一样的找出来了，小朋友真能干。

## 六、活动反思

在第一环节中，完成了对动物进行分类的任务，我主要采用了情境导入法，孩子们对这个方法兴趣浓厚，思维活跃。成功之处在于很好地选择了教学方法，适合本班幼儿的年龄特点，与幼儿的生活实际相结合，抓住幼儿喜欢上动物园和喜欢小动物的特点进行的，所以本环节进行得非常顺利。

在第二环节中，孩子们对小狗的反应比较强烈，主要是在教具的设计上比较明显，孩子们会很容易的找到相同的小动物，教具分三个层次，以梯度递进的形式，由易到难。不理想的地方是，我们班幼儿的年龄比较小，观察力不够细致，设计的教具有些难度，没有考虑孩子的个体差异，因材施教，他们只从大的方面进行比较，没有考虑细小之处。

在第三环节中，由于孩子们进行操作，在找相同和不同时，很快找到了，主要是在第一个环节中孩子们有了一定的基础，这样学习起来比较容易，再加上独立进行了操作，使活动顺利开展。另外，一部分幼儿在观察上还不够细致，我们老师要做足够的引导，在大小、颜色、种类上尽量让孩子们多进行观察，让孩子们自己探索学习。

本活动中不足之处：教具的设计上有个别动物不形象，如小兔子。孩子们的操作卡，应该涂上颜色，便与幼儿观察学习。

图 4-9-1

图 4-9-2

活动设计：大连市甘井子区教育局第三幼儿园　姜燕

活动指导：大连市甘井子区教育局第三幼儿园　孙秀雪

## 案例十　一篮水果

### 一、设计意图

教师在实施数学教学过程中，很容易出现"小学化"的痕迹。如果教师仔细斟酌教材，抓住幼儿的心理特点，采用游戏化的形式帮助幼儿解决重、难点，那么孩子们会在一种愉悦的氛围中掌握知识与技能。《幼儿园教育指导纲要》中曾指出，会按物体的单一特征（颜色、大小、形状或其他）进行分类和排序。针对这一目标，我选择了省编教材中的一节活动"一篮水果"，不仅引导幼儿在游戏中掌握二维分类的方法，而且从观察、操作、探究中发现水果的大小、颜色不同，通过这个环节启发幼儿发现它们的形状不同，进而进行圆与不圆的分类，这样将枯燥的分类知识运用到游戏中，问题迎刃而解了，使孩子们体验到数学活动的快乐了。

### 二、活动目标

学会按 5 以内物品的特点进行分类。

能进行5以内物品的计数。

体验生活中数学的乐趣。

## 三、活动重点、难点

**重点**：学会按5以内的物品特点进行分类。

**难点**：能进行物品的计数。

## 四、活动准备

水果图片：苹果、草莓、香蕉、梨、樱桃图片，幼儿人手1份。记录单每人1张、1~5点卡各1套，分类盘每人2个。教师大教具1套，记录单1张（见图4-10-1）。

## 五、活动过程

### 1. 感知

（1）出示水果图片，引导幼儿说出它们的名称和特点。

导语："今天老师带来许多水果的图片，请小朋友看看都有哪些水果（教师一一出示水果图片）？"

引导幼儿仔细观察，发现它们颜色、形状的不同（有红色和黄色的，圆的和不圆的）。

（2）出示记录单，与幼儿共同记录水果的不同特征，如红色的水果、黄色的水果，圆的水果和不圆的水果。

（3）讲解记录单的用法。将水果按颜色分类后，是几个水果就粘几的点卡（将双面胶撕下来后再粘）。

### 2. 游戏

（1）出示水果分类盘，引导幼儿进行水果分类计数游戏。

①导语：请小朋友们把水果分别按照红色、黄色进行分类。

要求：首先根据筐中的水果，按颜色进行分类，看看红色的水果有几个，粘上几的点卡；将撕下来的纸放入筐中；仔细观察后再做，粘上就不能拿下来了。

引导幼儿完成后，教师进行检测，小结（见图4-10-2、图4-10-3）。

②将圆的水果和不圆的水果放在不同颜色的分类盘中，数数有多少。

要求：将水果放入篮中，从形状上发现圆和不圆，进行分类计数。

幼儿操作后，教师进行检测，小结。

（2）幼儿进行分类操作游戏，教师重点指导分类计数有错误的幼儿。

### 3．交流

组织幼儿交流、分享计数结果，并与幼儿共同将结果记录在记录单上。

### 4．操作

出示图片，请小朋友在活动区完成，数数小刺猬身上果子有几个，然后粘上相应的点卡。

## 六、活动反思

针对幼儿园教育小学化倾向出现的一些问题，对照自己在教学活动中的一些不足，所以设计了本节活动，通过趣味性的游戏激发幼儿的参与性，把关注点放在孩子身上，让幼儿在探究中发现问题、解决问题。通过这次实际教学，我有很深的体会与反思。首先，从教师这个层面上来说，突破"教"的痕迹，将问题抛给孩子，把"任务"交给孩子，采用趣味性的语言实施活动，但是孩子们在第二次分类计数时，出现许多错误之处，这也是课前没有备好课的主要原因，尤其是提问要有艺术性与科学性，而我一味地在乎每个教学环节，没有真正解读孩子，在进行圆与不圆分类计数时，忽略了自己的大教具，直接让幼儿进行操作，这对出现的突发问题缺少一定的应变能力，所以，在大家的提示下，我开始进行改进，从而可以看出，上好一节活动，首先要把目标定位好，然后才能对各个环节进行细致考虑，要有自己的想法，同时还要把握好重、难点，要具备解决偶发事件的能力，关注幼儿在操作中遇到的难点，而不是流于形式的检查。

通过这次教学活动，进一步了解了数学活动的实施步骤，学到了很多方法，同时在教研中，也提高了自己，但是，如何上好一节数学活动，还要学习很多，不是拿来教案就可以实施的，其中需要解读的知识点很多，需要我读懂教材，读懂孩子，仔细斟酌每个环节，抓住《幼儿园教育指导纲要》的理念，才能不断提高自己。尤其在杜绝"小学化"倾向的过程中，更应该将时间与空间交给孩子，让他们在做、学、探究中掌握方法与技能，让幼儿在游戏中找到快乐与自信。

分水果

| 时间 | | 姓名 | | | |
|---|---|---|---|---|---|
| ⬜ | | | ⬜ | | |
| ◯ | | | | | |

图 4-10-1

图 4-10-2

图 4-10-3

**活动设计**：大连市甘井子区教育局第三幼儿园　金燕
**活动指导**：大连市甘井子区教育局第三幼儿园　孙秀雪

## 案例十一　图形对对碰

### 一、设计意图

《3~6岁儿童学习与发展指南》中指出："幼儿的思维特点是以具体形象为主，应注重引导幼儿通过直接感知、亲身体验和实际操作进行学习。""图形对对碰"是小班的一节数学活动，根据小班幼儿年龄特点和认知特点，我设计了游戏情节，以给小动物喂饼干的游戏情节巩固幼儿对几何图形的认识，提高幼儿学习的积极性。

## 二、活动目标

巩固圆形、正方形、三角形的认识，能根据图形特征进行分类。

能够在观察、判断的基础上排出颜色干扰分类。

乐于参加活动，喜欢操作。

## 三、活动重点、难点

重点：能根据图形特征进行分类。

难点：能够在观察、判断的基础上排出颜色干扰分类。

## 四、活动准备

装有"图形对对碰"游戏卡的不透明口袋人手一个。瓶口形状不同的三种瓶子。"我的纽扣"操作单。

## 五、活动过程

### 1. 创设情境，激发兴趣

教师：小朋友，可爱的瓶宝宝来我们班做客，你们仔细看一看，它们嘴巴形状一样吗？有什么不同？

教师：它们嘴巴都是什么形状的？

教师：小朋友真聪明，瓶宝宝的嘴巴不一样，有圆形的，有三角形的，还有正方形的。

### 2. 取饼干

（1）通过触觉感知图形特征。

教师：瓶宝宝来做客。老师给瓶宝宝准备了礼物，请每个小朋友轻轻地拿一个小口袋，把手伸进小口袋里摸一摸，猜猜里面装的是什么礼物？

教师：谁来说说，口袋里装的什么（见图4-11-1）？

（2）通过视觉感知图形特征。

教师：老师给客人准备了饼干，你们把口袋里的饼干倒出来摆成一排，看一看，说一说，有什么形状的饼干？

教师：你有什么形状的饼干呢？

教师：你们把圆形饼干举起来！

教师：你们把正方形饼干举起来！

教师：你们把三角形饼干举起来（见图4-11-2）！

### 3. 操作

教师：瓶宝宝见了这些饼干很高兴，想吃饼干了，你们说，圆形嘴巴的宝宝应该喜欢吃什么饼干呢？

教师：瓶宝宝喜欢吃和它嘴巴同样形状的饼干，圆形嘴巴的瓶宝宝喜欢吃圆形饼干，我喂它圆形饼干，边喂边说，瓶宝宝，给你吃圆形饼干。

（1）幼儿给瓶宝宝喂饼干，教师巡回指导（见图4-11-3）。

（2）集中检测。

教师：你们给瓶宝宝的饼干是它喜欢吃的吗？

教师：是吗？请你们把三角形饼干拿出来，放到三角形嘴巴的瓶子里吧。

（3）连线。

教师：小朋友真能干，给瓶宝宝喂饼干，瓶宝宝吃饱了，要休息了，老师还想请你们帮帮忙，请每个小朋友拿一张操作单，你们看，操作单上，妈妈、爸爸、宝宝衣服上的扣子一样吗？有什么不同？

教师：下面这排纽扣里有和妈妈、爸爸、宝宝衣服一样的纽扣吗？请你找出相同的扣子连到爸爸、妈妈、宝宝的衣服上，看谁连得又快又好。

教师：连好的小朋友把你的操作单送给老师看。

教师：妈妈的扣子是绿色圆形的，下面这排扣子哪个是绿色圆形的？应该怎样连（见图4-12-4）？

### 4. 小结

教师：有一些小朋友连错了，没有关系，我们给改正过来，跟客人、老师再见。

## 六、活动建议

教师也可以组织幼儿到户外玩"占图形"的游戏。

## 七、活动反思

游戏是幼儿最喜欢的活动，让幼儿在游戏中学数学，能提高幼儿学习的有效性。小班幼儿年龄小，只有在对物体特征有了正确感知的基础上，才能较好地对其进行分类。如何提高幼儿对图形的识别能力和主动积极的学习欲望呢？只有通过游戏化的教学才能让幼儿积极主动地学习。

在设计"图形对对碰"活动过程中,我以游戏的口吻贯穿活动过程,以瓶宝宝做客引出活动的主题,然后告诉幼儿,老师给客人准备了礼物,让幼儿通过触摸感知圆形、正方形、三角形基本特征,在此基础上,让幼儿通过视觉验证了图形的特征,最后通过给瓶宝宝喂饼干,让幼儿对图形进行分类。给瓶宝宝喂饼干时,我先引导幼儿观察瓶宝宝嘴巴的形状和"饼干"的形状,设置问题情境,提出:瓶宝宝喜欢吃和它嘴巴相同形状的饼干,让幼儿明白要对图形进行分类。在检测环节中,我提出:"你们给瓶宝宝的饼干是它喜欢吃的吗?"让幼儿去发现有没有错误。

在语言上,我也以启发式提问为主,尽量让幼儿通过教师的启发引导积极主动参与学习。

本活动不足之处:连线是本节活动的难点,让幼儿排除颜色的干扰给纽扣连线,很多幼儿连得不正确,幼儿对图形的识别缺乏较全面的感知,我在让幼儿找出相同的扣子连到爸爸、妈妈、宝宝的衣服上时,由于幼儿年龄小,找出相同这个字眼孩子们听不懂,应该进一步启发引导幼儿,哪个扣子和妈妈的扣子一模一样呢,让孩子先说,说完以后教师示范连一个,然后再让幼儿连线,这样的效果能好些。

教师上课有些急躁,以自我为中心,总想着往下进行教案,关注幼儿不够,在巡视幼儿操作过程中应该帮助能力弱的幼儿,进行具体指导,不能走过场。

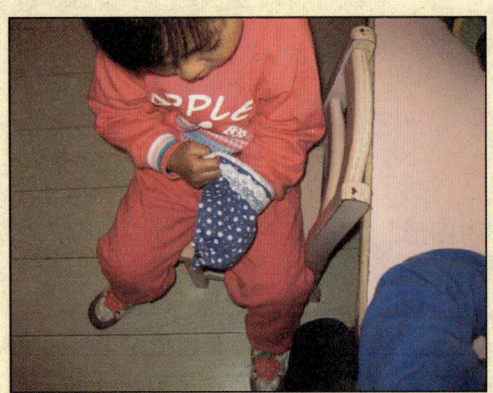

图 4-11-1

图 4-11-2

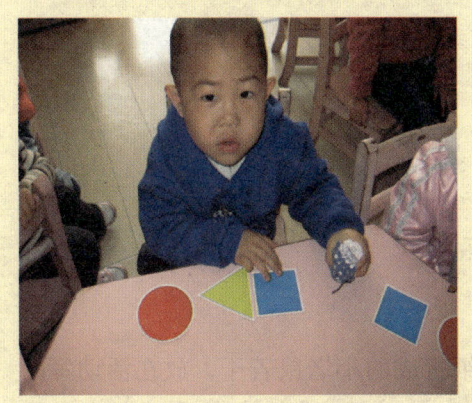
图 4-11-3

图 4-11-4

活动设计：大连市甘井子区教育局第三幼儿园　孙秀雪
活动指导：大连市甘井子区教育局第三幼儿园　刘巍

## 案例十二　小动物捉迷藏

### 一、设计意图

爱玩是孩子们的天性，孩子们在玩的过程中探索每一件感兴趣的事物。《3~6岁儿童学习与发展指南》中指出："丰富幼儿空间方位识别的经验，引导幼儿运用空间方位经验解决问题。"这节活动，就是让幼儿通过游戏的形式认识里外空间方位、练习说方位词，辨别两个物体之间的上下、前后、里外关系，体验空间方位游戏的快乐。因为小班幼儿已具备一定的空间方位认知经验，他们能够以自身为中心认识上下、前后方位，而且能够区分和说出以客体为中心的上下方位。所以，本节活动在此基础上增加了对里外空间方位的认识和学习。

### 二、活动目标

认识里外空间方位，练习说方位词。

辨别两个物体之间上下、前后、里外关系。

体验空间方位游戏的快乐。

### 三、活动重点、难点

重点：认识里外空间方位，练习说方位词。

难点：辨别两个物体之间上下、前后、里外关系。

### 四、活动准备

《小动物捉迷藏》挂图，小动物图片。纸折成的小老鼠若干，放在活动室的角落里。小老鼠叫声音效。活动室内提供的教具：纸箱、纸盒、玩具滑梯、大树、椅子、桌子等。背景音乐《音乐的瞬间》。篮筐、小兔、小狗毛绒玩具。

### 五、活动过程

**1. 游戏**

与幼儿玩小手藏起来的游戏，引导幼儿辨认自身的不同方位。

教师：今天我们一起玩一个小手藏起来的游戏，我们的小手可以藏在身体的不同地方，在心里想一想你要把小手藏在哪里？我们准备拍拍小手。

教师：上上下下，前前后后，咕噜咕噜1，咕噜咕噜2，小手小手藏起来。

教师：说说你的小手藏到哪里了？（教师引导幼儿用完整的话说出小手藏的位置）

教师：我们再玩一遍，看看谁的小手藏的地方和别人不一样。上上下下，前前后后，咕噜咕噜1，咕噜咕噜2，小手小手藏起来。

教师：老师的小手藏在哪里了？说说你的小手藏到哪里了？

总结：我们的小手藏的地方可真多！可以藏在……（幼儿一起看老师的提示说出：身后面、头顶上、腿下面、屁股底下）

**2. 引导幼儿说出"里外"空间方位词（出示篮筐）**

（1）教师提前把小狗和小兔藏在篮筐里，引导幼儿说出小狗藏的位置。

教师：今天有一些小动物也来和小朋友玩游戏了，猜猜它们是谁？（汪汪小狗）

教师：Hello，小朋友？小狗藏在哪里了？（篮筐里面）

（2）教师把小狗放在篮筐外面，再次引导幼儿说出小狗的位置。

教师：现在小狗在哪里了？（篮筐的外面）

（3）引导幼儿说出小兔子藏的位置。

教师：看看篮筐里还有谁？其实刚才你们已经猜到了，是小兔子。

教师：小兔子在哪里？（教师将筐转向幼儿，并引导幼儿说出小兔在篮筐里，小狗在篮筐外）

### 3. 观察讲述

（1）出示挂图，请幼儿观察并辨别动物所藏的方位。

教师：小狗和小兔要和小朋友做游戏，可是还有几只小动物着急了，也要和小朋友一起游戏。看看它们都是谁？有我们刚才看到的小狗和小兔（出示小猴子、小兔子、小鸡、小猫、狗妈妈、狗宝宝、小鸭子）。

教师：它们要和小朋友们玩捉迷藏的游戏，一会儿我们把小眼睛蒙上喊"1、2、3"。它们就藏好了。准备……（幼儿：1、2、3。老师将黑板转过来，出示藏好的小动物挂图）

（2）引导个别幼儿说出小动物的位置。

教师：看看它们都藏在了哪里？谁来说一说小鸭子藏在哪里？（小鸭子藏在桌子下面）（教师引领）

教师：还有谁藏在哪里了？（小猴藏在电视机前面）

引导全体幼儿说出小兔的位置。

教师：还有谁藏在哪里了？（小兔藏在电视机后面）

小兔藏在哪里？（引导幼儿集体参与）

教师：小鸡藏在哪里了？（小鸡藏在柜子里面）

教师：猜一猜，小筐里藏着谁？（狗宝宝藏在小筐里）

狗宝宝藏在哪里了？（集体说：狗宝宝藏在小筐里）

教师：小猫藏在哪里？（小猫藏在柜子上面）

总结：小朋友们真厉害，这么快就把它们找到了，每个小动物藏的地方都不一样，有的藏在上面，有的藏在下面，有的藏在前面，有的藏在后面，有的藏在

里面，还有的藏在外面。（边说边指出小动物藏的位置）

### 4. 游戏（捉老鼠）

（1）播放小老鼠吱吱叫的音效，同时出示折好的"小老鼠"，引出"捉老鼠"游戏。

教师：听听！还有谁来了？小老鼠是在哪里钻出来的啊？（盒子里）

教师：听听还有没有？（再次播放小老鼠吱吱叫的音效）

教师：还有好多只老鼠，它们都藏起来了，一会儿我们轻轻过去把它们都找出来，找到一只老鼠的小朋友就可以回到小椅子上和你旁边的小朋友说一说，你是在哪里找到的小老鼠。

（2）老师示范找老鼠。

教师：现在老师先去找找看。我在箱子里找到了一只老鼠，我要告诉我身边的朋友我的小老鼠是在箱子里找到的。

教师：我们准备去捉老鼠咯！轻轻的，不要把老鼠吓跑了啊！（背景音乐）（幼儿去捉老鼠，音乐停，幼儿拿着老鼠回到家里）

### 5. 总结与梳理

请个别幼儿说出小老鼠藏的位置。

教师：我们的小朋友都找到了小老鼠，听听小老鼠说什么？它问小朋友是在哪里找到它们的？谁来说一说，你是在哪里找到小老鼠的。

### 6. 活动延伸

与幼儿共同分享游戏成果。

教师：小老鼠好像又在说什么了？哦！原来它们说要小朋友们把它们也藏起来，我们把小老鼠藏在……（头顶上、衣兜里、椅子下面）（老师引导幼儿巩固和复习上下、前后、里外等方位）

教师：我们这次排着小火车一起去把小老鼠藏到外面吧！（播放音乐）

## 六、活动反思

"小动物捉迷藏"是一节小班的数学活动，活动目标是认识里外空间方位，练习说方位词；辨别两个物体之间上下、前后、里外关系；体验空间方位游戏的快乐。在活动前期的准备阶段，我先向自己提出了这样几个问题：活动的重难点是什么？我将采用哪些策略突破活动的重难点？我将采用哪些组织形式？怎样让幼儿对认识空间方位感兴趣？基于对这几个问题的思考，在活动中我采用了如下几个策略：

1. **设计游戏情境，让幼儿在"玩游戏"中认识和学习上下、前后、里外的空间方位**

在第一个环节中，通过玩"小手藏起来"的游戏，引导幼儿以自身为中心，巩固上下、前后、里外的空间方位。让他们知道小手可以藏到身体的不同方位，为下一环节观察讲述挂图中小动物的躲藏位置做铺垫。以提问的方式，让幼儿说出自己的小手藏在了哪里，并启发他们尽量藏的与别人不一样。

在"捉老鼠"的游戏环节中，我设计了捉老鼠的游戏场景，将折好的老鼠藏在不同的位置，让幼儿通过和老鼠捉迷藏的游戏形式，调动幼儿的积极性和参与的兴趣，为了能让幼儿更好地分享自己的游戏成果，让他们能够充分的表达，我采用了师幼、幼幼互动的方式，让他们在找到老鼠后，和身边的同伴、老师进行交流，在交流的过程中，孩子们对自己的游戏成果进行了很好的验证。

2. **做了充分的预设，储备回应素材**

在活动前，我对于活动每个环节的问题都做了充分的预设，以便有效地给予幼儿回应。在第三个环节，孩子对我提问的回答和我前期预设的结果还是有一定差别。比如教案中的问题是："狗妈妈藏在哪里了？"我预设的答案是："狗妈妈藏在小筐的外边"，而在活动过程中，小朋友的回答是："狗妈妈藏在了小筐的边上"，其实，这个答案也是对的，但是，为了能引导幼儿说出"里、外"的方位词，我采用的回应策略是：拿着狗妈妈的图片，边演示边告诉幼儿，狗妈妈在这边（小筐左边）、在这边（小筐的右边），这些地方都是小筐的外边，为了能强化他们对里外空间的认识，我又引导全体小朋友说出狗妈妈的位置。

3. **积极有效提问**

积极有效的提问，可以激发幼儿的学习兴趣，启发幼儿的思维。调动幼儿学习的积极性是启迪幼儿智慧、开发幼儿智力、提高观察思维能力等心理品质的有效途径。

挂图出示后，简单有效地提问："小猫藏在哪里？""还有谁藏在了哪里？"

孩子们很快对问题的提出给予一定的回应。提高了活动的效率。

### 4. 根据孩子的表现，及时调整教学策略

在观察讲述的环节中，有的小朋友非常积极地想要表达自己的想法，但是站起来之后，却表达不出来，为了能更好的启发、引导他进行表达，我及时调整策略，让他到前面来指出小动物藏的位置，再让其他小朋友帮忙说出他所指的小动物的位置，在同伴的相互影响下，他也会很快地表达出小动物的位置。

在整个活动中还存在一定的不足，比如孩子们在活动过程中的表达还不够充分，有部分幼儿在找到老鼠后还不能准确地表达出老鼠躲藏的位置，对于这样的小朋友该如何帮助他准确地表达，是我在活动后需要思考的问题。

**活动设计**：大连市沙河口区教师幼儿园　邹新新
**活动指导**：大连市沙河口区教师幼儿园　李丹

（本活动获大连市青年教师大赛一等奖）

## 案例十三　夹夹乐

### 一、设计意图

《3~6岁儿童学习与发展指南》（以下简称《指南》）在小班数学目标中提出："能手口一致地点数5个以内的物体，并能说出总数。能按数取物。"同时也建议"结合日常生活，为幼儿提供'按数取物'的机会。"小班数学活动"夹夹乐"正是符合了《指南》的精神，运用生活中妈妈洗衣服常用的衣服夹子来进行5以内数的学习，让孩子们在颜色漂亮、操作简易的众多小夹子中数一数、夹一夹、玩一玩中理解5以内数的实际意义。

### 二、活动目标

理解5的实际意义。

能进行5以内的按物计数，分类计数。

能认真倾听并遵守活动规则。

## 三、活动重点、难点

重点：理解5的实际意义。

难点：能进行5以内的按物计数，分类计数。

## 四、活动准备

"夹夹子"操作单及相关小粘贴，铃鼓1个，5种颜色夹子若干，托盘3个。

## 五、活动过程

### 1. 夹夹子（出示夹子，引起幼儿兴趣）

（1）教师出示夹子，引出活动内容。

教师：看一看，今天老师给小朋友带来了什么？看看都有什么颜色？

教师：今天我们要和小夹子做游戏。

（2）教师介绍游戏玩法和规则。

教师：铃鼓一响，小朋友开始夹夹子，要拿一个夹一个，把夹子夹在衣服上；铃鼓声停止，你们就停止夹夹子。

（3）教师敲击铃鼓，幼儿玩夹夹子的游戏。

### 2. 数夹子（点数、验证）

（1）请幼儿点数自己衣服上的夹子。

教师：数一数，你在自己衣服上夹了几个夹子？

（2）请个别幼儿上前介绍自己身上夹子的数量，大家一起验证。

教师：谁愿意告诉我，你夹了几个夹子？

（3）教师引导幼儿相互交流、点数验证。

教师：那么请你和旁边的小朋友互相数一数，看看他夹了几个夹子？

教师：请你们把小夹子放回筐里。

### 3. 找朋友（通过操作，引导幼儿按物计数、分类计数）

（1）教师引导幼儿再玩一遍夹夹子的游戏。

教师：每一种颜色的夹子都想和小朋友做游戏，请小朋友把每一种颜色的夹子都夹一个，你来试试看。

教师：你夹了几种颜色？有几个夹子？

教师：请小朋友把夹子一个一个送回家，送一个说一个是什么颜色的。

教师：都送回家了吗？老师也把小夹子送回家了，有几种颜色（与幼儿一起数）？

教师：有哪五种颜色？有一个红的，有一个黄的……每种颜色都有一个小夹子。一共有几个夹子？

小结：一共有5种颜色，每种颜色的夹子有1个，一共有5个夹子。

（2）引导幼儿将相同颜色的夹子夹在一起，并进行点数。

教师：一种颜色的夹子太孤独了，它想和它颜色一样的夹子做朋友，（教师举起一个粉色夹子）粉颜色的小夹子我夹到这，（教师再举起一个粉色夹子）这是什么颜色？和它是不是好朋友？我把它们夹到一起。（教师再举起一个蓝色夹子）这是什么颜色的夹子？和它是不是好朋友？我给它夹到旁边。

教师：这里还有很多颜色的小夹子，你能帮它们找到好朋友吗？

（3）幼儿操作、点数。

教师：你为什么颜色的夹子找到了好朋友？

数一数（请一个幼儿上前点数），粉（黄、绿、蓝、白）色夹子有几个？

（4）请幼儿介绍自己身上相同颜色夹子的数量，大家一起验证。

教师：你可以说给客人、老师听你为什么颜色的夹子找到了好朋友。

（5）结束游戏。

教师：小夹子说它累了，想睡觉了，我们一起送它回家睡觉吧。

4．连一连

（1）指导幼儿在"夹夹子"操作单上，根据阿姨伸出的手指头数量粘贴相同数量的夹子。

教师：老师这有一张操作单，上面都有什么？

教师：原来两个阿姨在晒床单，但是风太大了，阿姨想让小朋友帮忙夹夹子。将夹子轻轻地从粘贴页上取下来，夹到阿姨洗完的床单上。注意听要求，阿姨伸出几个手指头，就是需要几个夹子（教师用手势引导）。

（2）幼儿操作、教师观察，操作完的幼儿教师给予小粘贴。

## 六、活动反思

小班阶段幼儿是手指小肌肉群发展最迅速的时期，动作是幼儿构建思维结构最坚实的基础，在动作基础上记住的数学知识才是最牢固的，不会遗忘。因此，本节数学活动"夹夹子"，让孩子们在引导下自主动手操作，来达成教学目标。

活动开始时，当夹子呈现在孩子们面前时，孩子们想到了可以夹到衣服上玩，我便用了游戏的方式导入，让孩子们玩夹夹子的游戏。铃鼓一响，把夹子夹在衣服上，声音停止时，孩子们立刻停止夹夹子。夹好后，孩子们很想知道自己夹到了几个夹子，便很自然地数了起来，这就是孩子们发自内心的学习需要。这种贴近生活的操作材料，游戏化的导入使孩子兴趣浓厚。因此，在后面学习过程中，孩子们就会积极地进行探索、主动寻找解决问题的方法。在活动过程中，我先让孩子们自己数一数夹了多少个夹子，又让孩子们互相数一数。孩子根据自己能力的发展水平，夹到数量不一的夹子，因为每个孩子都存在个体差异，发展好的孩子可以夹到十个，也有的孩子只夹到三五个，这时我及时地给予他们肯定。

在"找朋友"的环节中，我要求孩子将颜色一样的夹子夹到一起，并进行点数。这时孩子们自主地找朋友，互相找出颜色相同的夹子，并夹到了一起，有些孩子找了好几个好朋友，我们班级张鹤宁在夹蓝色的夹子时，看到旁边孩子手上也有个蓝色夹子，她就对旁边的孩子说："你能把那蓝色的夹子给我吗，因为我这有两个蓝色的夹子，你只有一个，他们和你的蓝色夹子应该夹在一起。"我还发现，储楚衣服上的小夹子一个都没有了，我问她："为什么你身上一个夹子也没有了？"她说："我帮小夹子找朋友了，所以送给另一个小朋友了，它们都在那个小朋友衣服上玩呢……"通过这一环节，给每个孩子创造了自主交往的机会，让孩子们能够相互合作游戏。

在今天的活动中，每个孩子都能够正确地报数，按颜色分类计数，很好的达成了教学目标。但在夹夹子时，大部分孩子只局限把夹子夹在胸前，只有个别孩子把夹子夹到了裤腿上、衣服兜上等。因此，在以后的活动中，可以适当加一些难度，可以让孩子尝试将夹子夹到不同的地方再进行点数，这样不仅给点数增加了难度，还发散了孩子们的思维。

在活动区，我又投放了各种颜色的夹子和对应颜色的卡片，卡片上有不同的点数，可让孩子根据点数将夹子夹到卡片上，也可根据卡片的颜色和点数两个要素将夹子夹到卡片上。我还投放了不同颜色、不同花瓣数量的花的卡片，让孩子根据花瓣的数量以及花的颜色进行夹夹子,让孩子在平日的操作中巩固提升。

**活动设计**:大连市沙河口区教师幼儿园　曹玥婷
**活动指导**:大连市沙河口区教师幼儿园　潘义红

(本活动在大连市沙河口区新岗教师培训中展示)

## 案例十四　它们在哪里

### 一、设计意图

小班幼儿的空间方位感觉刚刚建立,初步认识上下,但对里外、前后分辨不清。为丰富幼儿的经验,特设计此活动。

### 二、活动目标

认识里外空间方位,练习说方位词。
辨别两个物体之间的上下、前后、里外的关系。
体验空间方位游戏的快乐。

### 三、活动重点、难点

重点:认识里外空间方位,练习说方位词。
难点:辨别两个物体之间的上下、前后、里外的关系。

### 四、活动准备

"它们在哪里"课件,幼儿每人一份操作单、封塑小动物6个,布绒动物玩具若干。

### 五、活动过程

**1. 导入**

教师与幼儿玩游戏"小手藏起来",引导幼儿辨认自身的不同方位。

教师:我们玩小手藏起来的游戏,一起跟老师边唱儿歌边做小手拍拍的动作。
教师:上上下下,前前后后,咕噜咕噜1!咕噜咕噜2!小手小手藏起来。
教师:上上下下,前前后后,咕噜咕噜1!咕噜咕噜2!小手小手藏到膝盖上。(头顶上、椅子下、身体前、身体后、衣服里、衣服外……)

**2. 感知**

出示课件，请幼儿观察并辨别动物所处的方位。

教师：图片上都有什么小动物？

教师：小动物在玩捉迷藏的游戏，说说小猴藏在哪里？小羊藏在哪里？

教师：小狗藏在哪里？小兔藏在哪里？

教师：小鹅藏在哪里？小鸭藏在哪里？

**3. 操作**

出示学具，请幼儿把封塑好的六种小动物分别放在不同的位置，复习认识上下、前后、里外空间方位。

和同伴交流、讲述自己摆放的小动物的方位。教师巡回指导。

**4. 游戏**

出示布绒玩具"米老鼠"，引出"找小动物"的游戏。

教师：我们班里也来了许多小动物，它们都躲到了我们班级的角落里，请小朋友一起来找找它们，看看它们都躲到哪里了，找到的小朋友请你大声说出来。

**5. 交流**

与幼儿共同分享游戏成果。

教师：说说你在哪里找到了小动物……

## 六、活动反思

小班幼儿已具备一定的空间方位认知经验，他们能够以自身为中心认识上下、前后方位，而且也能够区分和说出以客体为中心的上下方位。本活动在此基础上增加对里外空间方位的认知和学习。

本节活动的第一环节"藏小手"游戏，通过让幼儿听从教师口令来辨别自身的不同方位，比如"上下、前后、里外"等，孩子们非常感兴趣，玩得很投入，找的位置也很准确；教师尤其应注重让幼儿小手藏到自身里外的指令次数多一些、语速慢一些，便于幼儿理解掌握。

第二个环节，请幼儿观察课件"小动物藏到哪里了"的形式，引导幼儿辨别图中两个相对物体的不同方位，在练习说方位词时，教师应注意引导幼儿有序地观察画面，形成良好的观察习惯，这方面做得不够仔细。

在"找找小动物"环节，孩子们完成得比较好。教师也有意识地将布绒玩具藏到柜子的前后、里外，桌子的上下……摆设得明显一些、近一些，让幼儿在找找、说说中增进对方位词的理解与运用，进一步巩固获得的有关方位的经验。对于个别说不清楚的幼儿教师也给予了及时的指导和帮助。

> **活动设计**：大连市西岗区教师幼儿园　姜红
> **活动指导**：大连市西岗区教师幼儿园　潘丽新

## 案例十五　开商店

### 一、设计意图

《3~6岁儿童学习发展指南》（以下简称《指南》）中提出，3~4岁幼儿在数学方面认知的目标要求："感知和发现周围物体的形状是多样的，对不同的形状感兴趣。能注意物体较明显的形状特征，并能用自己的语言描述。"在教育建议中强调："用多种方法帮助幼儿在物体与几何之间建立联系，引导幼儿感受生活中各种物品的形状特征，并尝试识别和描述。"因此，依据《指南》，明确游戏目标，寻找幼儿生活中的兴趣点，创设生活情境，以游戏贯穿活动的始终，寓教于乐。

### 二、活动目标

正确辨识圆形、三角形、正方形物品的外形特征。

能够按物品的形状进行分类。

感受生活中各种物品形状的多样化。

### 三、活动重点、难点

重点：能够按物品的形状进行分类。

难点：能正确辨识圆形、三角形、正方形物品的外形特征。

### 四、活动准备

圆形、三角形、方形商店背景图各一张；摸箱一个；圆形、三角形、方形的卡片各一张；地垫一个；各种形状物品若干。

### 五、活动过程

**1. 导入**

出示圆形、三角形、方形商店背景图，创设情境。

教师：老师知道小朋友最喜欢和爸爸、妈妈一起去逛商店了，今天我们也来开商店好不好？

教师：我们来开圆形、三角形、方形商店，里面的货物都在哪里呢？

2．感知

指认地垫上各种物品的形状。

教师：说说你都看见了什么形状的物品？

3．游戏

（1）教师：先开哪个商店呢？我请小朋友从摸箱里任意摸出一个图形卡片，然后我们按图形标识开相应的商店（幼儿摸出方形，见图4-15-1）。

（2）教师提出要求：请每名幼儿为方形商店只进一件货物，看谁能够准确进货（幼儿在地垫上选货、坐好，师幼验证后将货品粘贴在方形商店背景图上，见图4-15-2）。

（3）再请一名小朋友从摸箱里任意摸出圆形卡片，教师要求幼儿任意为圆形商店进货，看看谁进的货物又多又准确（幼儿在地垫上选货、坐好，师幼点数验证货品后将货品粘贴在圆形商店背景图上，见图4-15-3）。

（4）教师：还剩一个商店没有开，是什么商店呢（三角形）？请小朋友可以任意选择三角形货物进店，但要以铃鼓的声音为时间限制，鼓声一停，小朋友要立刻坐好（鼓声响起，幼儿在地垫上选货，鼓声一停，幼儿立刻坐好，师幼点数验证货品后将货品粘贴在三角形商店背景图上，见图4-15-4）。

4．分享

教师：今天开了什么形状的商店？说说自己还想开什么形状的商店？

## 六、活动反思

能依据《指南》，明确游戏目标，创设一定的生活情境，寻找幼儿生活中的兴趣点，如逛超市经验。

针对幼儿的学习活动特点，以游戏贯穿活动的始终，体验游戏的教育性，寓教于乐。

注重活动的层次性，增加游戏的变式，给予幼儿多方面的刺激，满足不同能力幼儿的发展需要。

活动中鼓励幼儿独立思考，自己发现问题，解决问题，教师起到观察、引领、服务、协调、评价的作用。

根据幼儿年龄特点，结合游戏目标，为幼儿提供适宜的游戏材料。便于幼儿的操作、观察，给幼儿提供更多的参与机会，教具多变性，可反复利用。同时，游戏材料要使目标物化，在内容的选择上要是幼儿生活中常见的、具有典型性的图形物品。

注重游戏后的分享，巩固认知，激发下一步游戏的欲望，为延伸活动做准备。

图 4-15-1　　　　　　　　　　图 4-15-2

图 4-15-3　　　　　　　　　　图 4-15-4

**活动设计**：大连市西岗区教师幼儿园　郭冬梅
**活动指导**：大连市西岗区教师幼儿园　潘丽新

（此活动在大连市市级骨干教师游戏专题培训会上公开展示）

## 案例十六 送我回家

### 一、设计意图

《幼儿园教育指导纲要（试行）》（以下简称《纲要》）中指出，幼儿园教育活动内容的选择应"既贴近幼儿的生活，选择幼儿感兴趣的事物和问题，又有助于拓展幼儿的经验和视野"。小班幼儿喜欢角色游戏，愿意以故事性的游戏活动帮助别人，对形状感兴趣。根据《纲要》精神，结合我班幼儿实际的发展水平，我选择了"送我回家"这一数学活动，让孩子们在游戏的氛围中辨识图形。

### 二、活动目标

认识圆形、三角形和方形。

能尝试将形状宝宝送回家。

愿意与同伴合作游戏，并能感受参与数学活动的乐趣。

### 三、活动重点、难点

重点：能认识圆形、三角形和方形。

难点：尝试辨识身边的形状（生活中的圆形、三角形和方形）。

### 四、活动准备

范例大图形：圆形、三角形、方形，由三角形、圆形、方形组成的小房子范例图形画，有三角形、圆形、方形的小房子三个，三角形、圆形、方形图形宝宝若干。

### 五、活动过程

**1. 导入**

出示房子范画，引导幼儿观察、交流。

教师：看，这是雪儿老师的家，我家的房子很漂亮，它是由几种形状组成的，请小朋友仔细地看一看，我家是由哪几种图形组成的（幼儿进行观察，并交流所看到的是什么形状）？

教师：这些图形分别做成了房子的哪些部分？

2．感知

（1）出示大形状范例，引导孩子辨识三角形、圆形和方形。

教师：请小朋友仔细地看看三角形、圆形、方形长得是什么样子？有什么特点？

（2）将图形宝宝按圆形、三角形、方形的顺序依次发给幼儿，请幼儿观察，感受形状的特点。

教师：老师将圆形宝宝发给小朋友，请大家看看圆形长的什么样子？再用手指沿着圆形宝宝的边摸一摸，感受一下圆形是什么样子的（见图4-16-1）？

教师：三角形宝宝是什么样子的？

教师：方形宝宝是什么样子的？

教师引导幼儿观察，感受圆形、三角形及方形的特点，并在幼儿触摸每种图形后及时给予总结。

3．游戏

（1）讲解游戏"送我回家"的材料及玩法，检验幼儿对这三种形状的掌握程度。

教师：小朋友认识了好多形状宝宝，这些形状宝宝特别喜欢到外面玩儿，可是玩得太开心了，忘记了回家的路，请小朋友帮助这些形状宝宝找到它们的家好吗？

教师：请三名小朋友为一组，排成一横排，老师说开始，用双脚跳的方式跳到路中间找一个图形宝宝，继续往前跳，找到画有和它一样形状的房子前，将它送回家，再双脚跳回来拍下一个小朋友的手。注意每次只能带一个图形宝宝回家（见图4-16-2、图4-16-3）。

（2）进行游戏时，教师在旁给予适当的提醒和帮助。

（3）游戏后，请幼儿回到座位，总结游戏的过程。

4．延伸活动

（1）请幼儿观察教室里哪些东西是三角形、方形和圆形（见图4-16-4）。

教师：请你来找一找在咱们的教室里有哪些东西是三角形、方形和圆形的？

教师：那我们的生活中又有哪些东西是三角形、圆形和方形的呢？请你回去和爸爸、妈妈一起找一找，明天来了告诉老师好不好？

(2) 将图形宝宝投放在美工区内,供幼儿做拼图或描画等活动使用。

## 六、活动反思

"送我回家"是一节数学活动,在游戏中巩固幼儿对图形的认识,小班幼儿对圆形、三角形及方形有一定的认识和生活经验,孩子在感受圆形、三角形和方形的特点时并不是十分困难。《纲要》中指出,幼儿对周围环境中的形状感兴趣,并尝试用数学的方法解决生活和游戏中的某些简单的问题。教育活动内容各领域要有机联系,具有趣味性,寓教育于生活、游戏之中。因此,我在课程的设计中融入了游戏活动,在游戏中需要借助于"双脚跳"来完成,涉及健康领域的内容,因为小班幼儿喜欢肢体活动,平时最爱蹦蹦跳跳,对此一直乐此不疲。因此,通过这个游戏不仅仅是检验幼儿的理解能力,同时也符合小班幼儿的年龄特点,使得幼儿更加乐于参与游戏。另外,游戏活动分组接力进行,引导孩子在玩中体会合作与参与的乐趣,也让幼儿初步感受集体的概念。

在教学目标的完成上,由于小班幼儿具体形象思维占据学习的主要地位,为了让幼儿能更直观地感受三角形、圆形和方形的外形特征,请幼儿用手指沿着图形的边线感受其轮廓,使幼儿能更加形象地感知三角形、圆形和方形的特点。

活动中的不足是,游戏接力的部分对幼儿来说有些困难,因此,在这一部分耽误了许多时间需要老师一直不停地讲解如何接力,使得幼儿不能全情投入到游戏中,感觉游戏因在这部分停顿而不能连贯地进行。

图 4-16-1

图 4-16-2

图4-16-3

图4-16-4

**活动设计：** 大连市沙河口区第九幼儿园　王映雪
**活动指导：** 大连市沙河口区第九幼儿园　于香

## 案例十七　老鼠在哪里

### 一、设计意图

《幼儿园教育指导纲要（试行）》科学领域中指出：培养幼儿形成初步的时空概念。《3~6岁儿童学习与发展指南》（以下简称《指南》）科学领域数学认知目标中指出：3~4岁幼儿，能感知物体基本的空间位置与方位，理解上下、前后、里外等方位词。在小班初期，幼儿换了新环境，他们对幼儿园生活中的一切都充满着好奇和探究的欲望，喜欢玩捉迷藏之类的游戏，因此，我结合《纲要》和《指南》的精神，根据小班幼儿的年龄以及喜欢做游戏的特点，设计了本节数学活动。旨在通过游戏化的数学活动与幼儿共同探索活动室中局部的空间环境，认识上下空间关系。

### 二、活动目标

能较准确地分辨物体间的上下空间位置。

能用语言表述物体间的上下空间关系。

体验空间游戏的乐趣。

## 三、活动重点、难点

**重点**：能较准确地分辨上下空间位置。

**难点**：能用语言表述上下空间关系。

## 四、活动准备

猫布偶、小老鼠的指偶人手一个；事先在活动室的桌子上（下）、椅子上（下）、窗台上、钢琴上、柜子上等地方摆放食品或玩具。

## 五、活动过程

### 1. 导入

教师戴老鼠指偶，一边扮作老鼠一边讲述。

教师：一只小老鼠悄悄走进教室里，它四处寻找好吃的、好玩的东西，它东瞧瞧、西看看，咦？发现了什么？

### 2. 感知

观察感知上下方位。

教师：（教师走到香蕉的旁边）香蕉在什么地方？（桌子上面）

教师：小老鼠继续找，东瞧瞧、西看看，咦？它又发现了什么（教师走到小汽车的旁边）？

教师：小汽车在什么地方（桌子下面）？

### 3. 操作

（1）幼儿带上老鼠指偶，一边寻找一边说出物品的位置（见图4-17-1）。

教师：小老鼠看我们活动室里有这么多好东西，它想请朋友一起来分享。

教师：请你们看看小老鼠的朋友在哪里？（桌子上）请把小老鼠的指偶戴在手指上，你们就变成小老鼠的好朋友了。

教师：请小朋友一边找一边说出苹果在哪里？积木在哪里？桌子上面有什么？桌子下面有什么？

（2）教师故意说错物品的位置，鼓励幼儿改错。

### 4. 拓展经验

（1）教师出示猫的布偶，引导幼儿将老鼠藏在自身或其他地方。

教师："喵、喵、喵"，谁来了？一只大花猫闻到活动室里有老鼠的气味，它要把小老鼠都找出来。小朋友，你们先想一想可以把小老鼠藏在哪里？然后快快躲起来，别让大花猫抓到你。

（2）幼儿藏小老鼠，并互相讲述自己藏在什么地方。

（3）教师小结小老鼠躲藏的位置，丰富幼儿的经验。

教师：小朋友真聪明，把小老鼠都藏起来了，有的藏在袖子里、有的藏在鞋子下、有的藏在身后的椅子背上……大花猫怎么找都没有找到小老鼠，它要回去好好学本领，下次再来和你们一起做游戏。

## 六、活动反思

在本节活动中，教师以游戏的形式贯穿始终，提高了幼儿对数学活动的兴趣。教师努力为幼儿创设了宽松的心理氛围，引导他们在愉快的情绪下积极动手、动脑、动口，充分体现了幼儿是活动的主人，教师则是引导者、支持者、合作者。

活动分三个环节，第一个环节观察导入，是让幼儿分辨出上下的位置；第二个环节操作描述，是引导幼儿按指令做动作，不但分辨上下的位置，而且还能互相用语言表述；第三个环节拓展经验，是充分运用活动室的空间资源，幼儿躲藏小老鼠的位置从上下关系拓展到里外、前后，起到扩散幼儿思维，提升数学经验的良好效果。活动的每个环节层层递进，从教师示范引领到幼儿自主学习，很好地解决了重难点。

在材料的选择上，我有意识地提供了幼儿喜欢的小老鼠，指偶轻巧、形象，便于小班孩子操作。在活动中，教师注意观察每个幼儿的行为，关注个体差异，充分创设交流的机会，适时给予支持鼓励，让每个幼儿都体验到成功的快乐。

活动中存在的不足：小班幼儿喜欢模仿，一个幼儿将小老鼠藏在哪里，其他幼儿也跟着藏在那里，这时，教师没有做到及时引导，以至于小老鼠躲藏的位置比较集中。适宜的做法是先请幼儿想一想要藏在哪里，然后再去藏，并及时表扬鼓励那些躲藏位置有创意的幼儿，这样就能较好地解决这个问题。

图 4-17-1

活动设计：大连理工大学幼儿园　张晶

活动指导：大连理工大学幼儿园　刘红梅

## 案例十八　我身上的数

### 一、设计意图

《幼儿园教育指导纲要》中科学领域的目标之一，是"能从生活和游戏中感受事物的数量关系并体验到数学的重要和有趣"。小班幼儿已经具备点数的计数经验，但受计数能力发展所限，有时不能正确说出实物的总数。根据我班幼儿的发展水平和实际需要，通过"我身上的数"这节活动，引导幼儿感知 3 以内的数量，掌握点数的方法，提高计数和匹配的能力。

### 二、活动目标

学习 3 以内数量的点物匹配。

能正确点数 1~3。

乐于参与计数探索游戏。

### 三、活动重点、难点

重点：感知 3 以内的数量，正确点数并说出总数。

难点：寻找后正确进行数量与圆点卡片的匹配。

### 四、活动准备

课前让幼儿穿系纽扣的上衣，女孩扎辫子，穿有图案的衣服等；《圆点标记》

游戏卡;《生日礼物》操作单。

## 五、活动过程

### 1. 观察

(1) 请幼儿观察老师的五官和身上的配饰(数量为3以内),引导幼儿手口一致地点数。

教师:数一数鼻子(眼睛、嘴巴、耳朵)有几个?

(2) 请幼儿观察老师的配饰,引导幼儿点数,并找出相应数量的圆点卡片进行匹配。

教师:有什么好办法能帮助我们记住它是几个(出示相应的《圆点标记》游戏卡)?

### 2. 游戏1(举卡片)

请幼儿根据老师的问题进行点数,并举出相应数量的圆点卡片。

教师:数一数身旁小朋友胳膊(手、腿)有几只?

教师:用几个圆点表示?把它找出来、举起来。

### 3. 游戏2(圆点卡片找朋友)

教师:小朋友,在你自己身上或者别人身上找一找,还有什么也是圆点宝宝的好朋友,它们是一样多吗?

教师:数一数是几个?用几个圆点来表示?

### 4. 连一连

指导幼儿在《生日礼物》操作单上把相同数量的礼物和圆点连起来。

活动延伸。在益智区放置练习点数的实物和点卡,引导幼儿进行3以内实物和点卡的匹配活动,巩固一个一个点数的方法。

## 六、活动反思

活动中我主要采用游戏法和操作法,把数学知识寓于一个个有一定规则的、有趣的游戏之中,通过对圆点卡等材料的玩耍和操作,快快乐乐地掌握知识、发展能力。

幼儿寻找身体器官与身上配饰的数量与每个圆点数的对应,初步建立数量的匹配关系。当幼儿领会了游戏的要求时,让幼儿充分观察自己和别人身上的器官或配饰具有的数(如数纽扣、数辫子、数衣服上的星星等),进一步探索、寻找在自己或别人身上数量与所拿圆点数相对应的部位或物品,目的是进一步发展幼儿的观察能力,引发幼儿的探索兴趣,感受数学游戏的快乐。

让幼儿在游戏与操作中不断地反复练习，帮助幼儿理解点数到最后一个数时就代表物体的总数，选择用合适的点子卡片来进行匹配，发展幼儿计数和用符号表示物体数量的能力，较好地突破了本次活动的重难点。

本次活动存在的不足之处是：为了幼儿操作起来更方便，避免教学过程中有限时间的浪费，活动前教师可以将幼儿操作的《圆点标记》放在操作盒中，人手一份。

**活动设计：** 大连市长海县幼儿园　梁晓
**活动指导：** 大连市长海县幼儿园　梁晶

（此活动获大连市县级教学大赛二等奖）

## 案例十九 "1"和"许多"

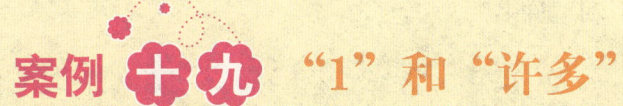

### 一、设计意图

《3~6岁儿童学习与发展指南》中提出："引导幼儿感知和理解事物是'量'的特征"，"结合具体事物让幼儿通过多次比较逐渐理解'量'是相对的。"对于小班幼儿来说，要理解"1"和"许多"的关系还是比较抽象的，可是游戏、故事是幼儿最喜爱的活动，所以结合两者，我设计了这节以游戏贯穿始终的数学活动，使幼儿在游戏中来掌握"1"和"许多"的关系，使幼儿在浓厚的兴趣中达到教学目标。

### 二、活动目标

感知"1"和"许多"的关系。
能初步区别"1"和"许多"两个不同的量。
体验在游戏中学习的快乐。

### 三、活动重点、难点

能初步区别"1"和"许多"两个不同的量。

### 四、活动准备

创设池塘内有1只鸭妈妈和许多小鸭子、1条大鱼和许多小鱼、1只大鹅和许多小鹅、1只大乌龟和许多小乌龟、1只青蛙和许多小蝌蚪的情境。

草地上有1个篮子和许多花朵。

兔妈妈头饰1个，小兔头饰与幼儿人数同多，萝卜卡片数张。

### 五、活动过程

**1. 导入**

创设一个草地的情景，草地上有池塘和花朵，以《小蝌蚪找妈妈》的故事引起幼儿的兴趣。

教师：春天来到了，池塘里的冰融化了，许多小动物都出来玩了。池塘里都有谁呀？（鸭子、鱼、大鹅、乌龟、青蛙、小蝌蚪）

**2. 感知**

感知"1"和"许多"。

教师：有多少只大鸭子（1只）？有多少只小鸭子（许多只）？有几只青蛙（1只）？有几只小蝌蚪（许多只）？

教师：看草地上有多少朵花（许多）？

教师：请小朋友到草地上每人采一朵花，只能采一朵（见图4-19-1）。

小结：草地上有多少朵花（许多）？每个小朋友采了几朵（1朵）？许多花已经分成一朵一朵了，一朵一朵的花在一起就是许多花。

**3. 游戏**

教师扮兔妈妈，小朋友扮小兔子，进行游戏。

兔妈妈：孩子们，咱们种的大萝卜丰收了，今天妈妈带宝宝们去拔萝卜吧。

兔妈妈：你们看，地里有多少个萝卜（许多个）？现在宝宝们每人拔1个萝卜（见图4-19-2）。

兔妈妈：你们手上有几个萝卜（1个）？请宝宝们把萝卜放进篮子里吧。

兔妈妈：现在篮子里有多少个萝卜（许多个）？

小结：许多萝卜可以分成一个个萝卜，一个个萝卜放在一起就成了许多萝卜。宝宝们都很能干，我们现在抬着小萝卜回家吧。

### 六、活动反思

"1"和"许多"是小班的一节数学活动。《幼儿园教育指导纲要》中明确要求"教育活动内容的组织应充分考虑幼儿学习特点和认识规律"。小班幼儿活泼好动，喜欢模仿，对于事物的理解更多的是通过表象，所以为了更好地达到教学目标，我为幼儿创设了一个完整的故事环境，让孩子们身临其境地在玩中学。

本活动以幼儿感兴趣的《小蝌蚪找妈妈》情境和"小兔拔萝卜"游戏贯穿始终，利用故事环境下不同的事物中含有的"1"和"许多"，多次、充分地进行感知，使幼儿逐步巩固认识，深入地掌握了"1"和"许多"的关系。

游戏的环境保证了幼儿积极参与的热情。在重点突破上运用了先集中再分散的方式进行活动，让幼儿感知"1"和"许多"的关系。

图 4-19-1　　　　　　　　　图 4-19-2

活动设计：大连市长海县幼儿园　肖霞
活动指导：大连市长海县幼儿园　周辉

## 案例二十　数数歌

### 一、设计意图

"数数歌"属于小班数学领域中数概念方面的一个活动内容，此活动主要是让幼儿理解4以内数量的实际意义，并能手口一致的点数4以内的数。这节活动正符合了《3~6岁儿童学习与发展指南》提出的："能手口一致地点数5个以内的物体，并能说出总数。能按数取物。"

现在大部分幼儿都是独生子女，家长包办代替得太多，动手能力都比较差，这节活动通过制作听筒，不但培养幼儿的动手能力，还能够使幼儿在玩中学、在学中玩。

## 二、活动目标

理解4以内数量的实际意义，进行4以内数的点数。

能理解数与量的对应关系。

参与并喜欢操作活动。

## 三、活动重点、难点

重点：理解4以内数量的实际意义，进行4以内数的点数。

难点：能理解数与量的对应关系。

## 四、活动准备

制作好的响筒（内装3粒珠子，筒上贴有3的点子卡）1个；透明塑料筒（筒盖上贴有4以内的点子卡，4以内的数字）若干，珠子、小筐若干；录音机、磁带（欢快的音乐）。

## 五、活动过程

**1．感知**

(1) 引导幼儿观察响筒，点数筒盖上的圆点。

教师：老师做了一个好玩的玩具，你们看（出示响筒），盖子上画的是什么？有几个圆点？

(2) 摇晃响筒，用响声引发幼儿的兴趣，请幼儿猜猜响筒里装了多少粒珠子。

教师：你们听（摇晃响筒），原来这是一个能发出声音的响筒，里面装着珠子。谁能猜一猜，这个响筒里面装了几粒珠子？

(3) 将响筒里的珠子倒出来，让幼儿进行验证、点数。引导幼儿发现响筒筒盖上的点子有几个，筒里装的珠子就是几粒。

教师：现在我们就把筒里的珠子倒出来，看看到底有几粒珠子。谁上前面来数一数？筒盖上有几个点子？筒里的珠子和筒盖上的点子是什么关系？

2．操作一（按圆点制作响筒）

（1）讲解制作方法。

*教师：小朋友，你们想不想做发出声音的响筒啊？老师准备了许多的小筒（老师晃一晃空的小筒），可是里面没有珠子。（引导幼儿观察筒盖上的点子数，让幼儿知道有几个点子，就装几粒珠子，并示范拧响筒的方法）*

（2）请个别幼儿示范制作响筒。

*教师：小朋友装珠子的时候要一粒一粒地装，而且要装一粒数一粒。谁能到前面来做个响筒给大家看看。*

（3）引导其他幼儿检查装的珠子数量是否与点子数量一致。

*教师：小朋友，你们说他装得对吗？为什么呢？*

（4）幼儿独立制作响筒，教师引导幼儿选择不同数量（点子）的响筒，并注意观察，指导不能将点子数与珠子数相匹配的幼儿。

（5）互相换响筒，再操作一次。

（6）请幼儿将筒盖打开，指导幼儿将珠子放到指定的地方。

3．操作二（按数字制作响筒）

（1）观察筒盖，幼儿发现筒盖上是数字。

*教师：小朋友，老师的响筒会变魔术，你们看，变变变！圆点变成了什么？你的响筒会不会变，试一试。*

（2）教师讲解制作方法。

*教师：这次看筒盖上是数字几，就往响筒里放几粒珠子，要一粒一粒地装，而且要装一粒数一粒，看谁装得又对又快。*

（3）幼儿独立制作响筒，教师引导幼儿选择不同数量（数字）的响筒，并注意观察，指导不能将数字数量与珠子数相匹配的幼儿。

（4）互相换响筒，再制作一次响筒。

*教师：请小朋友找个好朋友换一个响筒，看看现在是数字几？按照上面的数字，再做一次响筒吧！*

4．结束

*教师：小朋友，我们现在一边听着好听的音乐，一边晃动自己的响筒，回活动室休息了！*

### 5. 活动延伸

（1）活动变式。可将本活动第二环节"制作响筒"改为"猜猜筒里有多少粒珠子"，倒出来数一数，再来制作点子卡贴在筒盖上。

（2）区域活动。教师将制作好的响筒放置在音乐区；在数学区放置4以内数量的实物图片，空心点子卡片，引导幼儿根据实物图片数量来涂色，制作点子卡。

（3）领域渗透。在语言领域可讲述与数量有关的故事，朗诵有关数数的儿歌。

（4）家园共育。家长在日常生活中注意引导幼儿寻找并正确点数4以内的物品，鼓励其数数并能按数取物。

## 六、活动反思

本节活动是小班上学期有关数概念方面的一节活动内容。活动前，我向借班上课的老师做了调查，发现他们的孩子按照圆点装珠子并不难，幼儿都认识了4以内的数字，由此设计了这一环节。

本节活动主要有三大环节：

第一个环节是感知环节。在感知环节中，我运用了出示直观教具的方法，引导幼儿进行观察。活动一开始，我就出示了一个老师自制的响筒，以此来吸引幼儿的注意力，激发幼儿的兴趣，直接切入主题。然后请幼儿观察响筒，引导他们发现响筒盖子上的圆点数量和里面珠子数量的关系。为后面按照圆点制作响筒，奠定基础。

第二个环节是操作环节。在这个环节中，我注重激发幼儿的操作兴趣。将原本枯燥的数学知识，运用幼儿感兴趣的制作响筒这一方式，使幼儿在玩中学、在学中玩，轻松掌握数学知识。另外，我使用了教师讲解和引导幼儿示范法。这里使用的讲解示范，是老师讲解，个别幼儿示范，变教师的教为幼儿的学，充分体现以教师为主导、以幼儿为主体。

在这里还要说明的是，在这个环节中，操作活动贯穿始终，因此操作材料的选择和应用尤为重要。首先我注重了材料的可检测性，为了便于幼儿的检测，我使用了透明的小塑料筒。孩子们一边放珠子一边数，通过透明的小筒检查自己放得对不对，也方便了幼儿之间和老师对幼儿的检测。在每次操作之前，幼儿都要扭下筒盖，才能往里面放珠子。扭的动作，对小班幼儿来说，也是学习的过程。

发展幼儿手腕动作的灵活性，培养其自理能力。筒盖上的圆点和数字，体现了操作材料的层次性。其他教师在进行这个活动时，可以根据本班幼儿的实际水平，进行选择。在幼儿的操作过程中，我使用的指导方法有观察法、暗示法、个别指导法。比如，通过巡视观察，我发现有的幼儿筒盖上的圆点数量和筒里珠子的数量不一样多，我就会用暗示进行提问：你的筒盖上是几个圆点？那你的筒里有几粒珠子呢？让孩子自己发现，从而改正。同时，这也是对个别幼儿的指导。

　　第三个环节也是操作环节，按照数字放珠子。本节活动的检测环节是在每一次的操作过程中完成的。主要方法有两个，第一个方法：教师引导幼儿组内对操作结果互相检测。每次操作后我都会强调小朋友看看旁边的小朋友放得对不对。当然，小班幼儿心理特点是以自我为中心，学习关注他人要有个过程。所以，我又使用了第二个方法，教师对幼儿的操作结果进行检测反馈。就是老师巡回观察每个幼儿的操作结果是否正确，然后运用上面提到的各种方法进行指导。

　　在活动中，通过检测发现按照圆点放珠子有1~2名幼儿没装对，在个别指导时发现孩子是没听清老师说的要求。按数字放珠子有4~5个幼儿操作不对，说明按照数字放珠子有一定的难度，除个别幼儿外，大部分幼儿都能够理解。活动目标适合幼儿的实际水平，活动环节设计也在幼儿的理解能力范围内。

　　本活动不足之处：活动开始，进入得有些急躁，还没有将幼儿注意力吸引过来就开始了活动，并且没有讲清楚操作要求，幼儿装珠子时，随意从筐里拿，导致后来有的小筐里没有珠子，有的小筐里有好多珠子。活动中有几名幼儿拧不开盖子，试教的班级比今天的幼儿年龄大，没有出现这个问题，所以忽视了这个问题。还有一个幼儿不认识数字，这都是教师对授课幼儿的了解不够，准备不充分。

**活动设计**：大连市甘井子区教育局第三幼儿园　孙冬梅
**活动指导**：大连市甘井子区教育局第三幼儿园　刘巍

# 案例二十一 长与短

## 一、设计意图

《3~6岁儿童学习与发展指南》中指出,"幼儿在对自然事物的探究和运用数学解决实际生活问题的过程中,不仅获得丰富的感性经验,充分发展形象思维,而且初步尝试归类、排序、判断、推理,逐步发展逻辑思维能力,为其他领域的深入学习奠定基础"。小班幼儿善于观察,喜欢思考,愿意和他人分享自己想法,生活中有许多长长短短的物体,幼儿却并不了解这些长短不同的物体与我们的生活有什么关系?更不了解用什么方法来比较物体的长短,因此我设计了"长与短"这节活动,活动通过情景表演"小兔找苹果",让幼儿理解长短不同的物体在我们生活中的作用,幼儿通过动手操作活动,掌握比较长短的方法,并及时运用来比较生活中长短不同的物体,幼儿在操作中获得的知识经验最容易理解和掌握,数学活动的教育价值就在于感知生活中数学的有用和乐趣。

## 二、活动目标

感知、比较物体的长短。

尝试运用比较的方法,比较不同物体的长短,并能简单表述。

体验在玩中学的乐趣。

## 三、活动重点、难点

重点:学习比较长短的方法。

难点:能运用语言大胆讲述比较结果。

## 四、活动准备

教具:小兔手偶、玩具桌子、苹果、长短不同的尺子两把。

学具:幼儿每人两把长短不同的尺子,不同长短的吸管、筷子、线绳、纸条若干。

## 五、活动过程

**1. 导入**

以"小兔找苹果"的情节,引导幼儿发现两把尺子的长短不同(见图4-21-1)。

教师：小兔子买了一只苹果，一不小心，苹果滚到了桌子下面，小兔子很着急，想用一把尺子来够苹果，它够呀够呀，可是怎么也够不到苹果！这可急坏了小兔子（教师一边用小兔子手偶表演，一边进行讲述）！

讲述后教师提问：小朋友，小兔子的尺子为什么够不到苹果？

换一把什么样的尺子就能够到苹果？（鼓励幼儿大胆用语言表达自己的想法）

小结：换一把长尺子就能够到苹果。教师用小兔子手偶演示长尺子够到苹果的情节，请幼儿观察，长尺子是否能把苹果从桌子下面够出来。

**2．感知**

(1) 通过比较两把长短不同的尺子，让幼儿学习比较长短的方法（见图4-21-2）。

教师：老师为小朋友准备了很多的尺子，请你们仔细看看，它们有什么不同？

请每个小朋友取出两把尺子，想一想用什么方法来比较它们的长短呢？

(2) 请幼儿动手操作，比较两把尺子的长短（教师巡回指导，鼓励幼儿和同伴说说你是怎样比较的，哪一把尺子长、哪一把尺子短）。

教师：这两把尺子有什么不同？

你是怎样比较的？哪把尺子长？哪把尺子短？（请个别幼儿一边回答，一边演示比较的方法）

小朋友，你们觉得哪种比较长短的方法最准确呢？（请幼儿从同伴的回答中寻找答案）

小结：在比较长短的时候，我们要把两把尺子的一端对齐，这样比较的结果才是最准确的（教师边讲解边演示比较长短的方法）。

请幼儿再次用一端对齐的方法，比较尺子的长短不同。

教师：请小朋友用一端对齐的方法，再次比较两把尺子的长短。

**3．操作**

寻找活动室中长短不同的物品，并进行长短比较（见图4-21-3）。

教师：我们的活动室里，也有很多长短不同的东西，请小朋友找一找哪些东西是长的？哪些东西是短的（请幼儿回答自己发现的物品）？

教师：小朋友可真了不起，发现了那么多长短不同的东西，你们知道它们谁长谁短吗？选择你喜欢的东西来比一比它们的长短，在比较的时候，要想一想，用什么方法来比较长短最准确，比较完之后，和你旁边的小朋友说说，你比较的是什么？你是怎样比较的，它们谁长？谁短（幼儿自由选择材料进行比较，与同伴交流比较结果）？

（3）教师：刚才你比较了什么？你是怎样比较的（请幼儿演示并讲述自己的比较方法）？它们谁长？谁短（请幼儿将自己探索的结果和大家分享）？

（4）教师再次强调比较长短的方法：在比较物体长短的时候，一定要将两个物体的一端对齐，这样比较的结果才最准确。

4. 小结

教师：今天小朋友学会了比较长短的方法，在我们的生活中还有很多长短不同的物品，请小朋友和老师一起收集生活中各种长短不同的物品，我们再来比较它们的长短，好吗？（活动结束）

## 六、活动反思

本节活动在幼儿积极探索的操作活动中进行，教师通过情景表演，讲解演示的方法引导幼儿发现物体之间的长短差异，以操作的形式让幼儿发现并学习了比较长短的方法，活动目标完成情况比较好。整节活动环节设计合理，体现了层层递进的原则，教师语言清晰，问题设计明确，善于调动幼儿参与活动的积极性，幼儿在探索中学习，教师有效地成为活动的指导者。在活动中，教师为幼儿创设了探索与交流的机会，让幼儿大胆地讲述自己的比较结果，让幼儿将操作与讲述相结合，以增加幼儿对长短概念的感性理解。

教师为活动准备的教具符合幼儿年龄特点，开始部分的手偶表演有效地让幼儿积极地参与活动，为幼儿准备的比较长短的各种材料体现了生活化的特点，都是幼儿生活中常见的生活用品，非常贴近幼儿生活。

教师为幼儿准备的比较长短材料，应在长短的差异上有一些变化，如有的物体之间长短差异明显些，有的物体之间差异可以细微一些，以满足不同能力幼儿的发展需求。

图 4-21-1

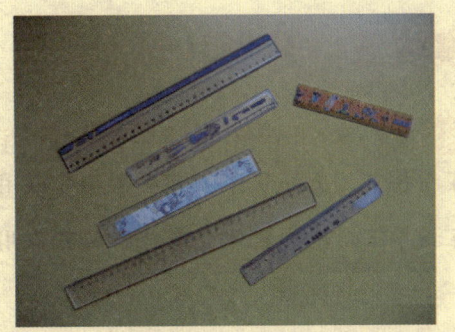
图 4-21-2

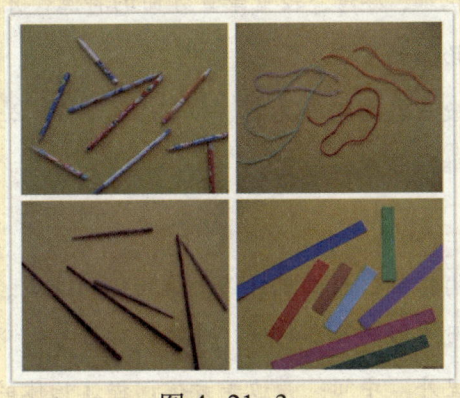
图 4-21-3

**活动设计**：大连市甘井子区教育局第二幼儿园　张华
**活动指导**：大连市甘井子区教育局第二幼儿园　王晓馥

（此活动获大连市幼儿园教师教育教学评优活动二等奖）

## 模块五　数学认知活动　中班

### 目标 1　初步感知生活中数学的有用和有趣

在指导下，感知和体会有些事物可以用形状来描述。

在指导下，感知和体会有些事物可以用数来描述，对环境中各种数字的含义有进一步探究的兴趣。

### 目标 2　感知和理解数、量及数量关系

能感知和区分物体的粗细、厚薄、轻重等量方面的特点，并能用相应的词语描述。

能通过数数比较两组物体的多少。

能通过实际操作理解数与数之间的关系，如5比4多1、2和3合在一起是5。

会用数词描述事物的排列顺序和位置。

### 目标 3　感知形状与空间关系

能感知物体的形体结构特征，画出或拼搭出该物体的造型。

能感知和发现常见几何图形的基本特征，并能进行分类。

能使用上下、前后、里外、中间、旁边等方位词描述物体的位置和运动方向。

能用常见的几何形体有创意地拼搭和画出物体的造型。

能按语言指示或根据简单示意图正确取放物品。

能辨别自己的左右。

## 案例一 快乐Party

### 一、设计意图

《3~6岁儿童学习与发展指南》（以下简称《指南》）中提出："引导幼儿观察发现按照一定规律排列的事物，体会其中的排列特点与规律，并尝试自己创作出新的排列规律。"可以说按规律排序的事或物与幼儿生活紧紧相连，如盘子花边、珠帘、裙子花边等都运用了按一定规律的排序方法。在幼儿园区域活动中，幼儿也会经常通过给娃娃穿衣服和串手链、项链等来进行排序游戏。因此根据《指南》精神，我以开生日Party为主题，提供富有生活化的装饰材料，依据由易到难的顺序：自由单一排序→按物体的大小不同、颜色不同排序→检验，使幼儿有步骤、有目的地进行活动，鼓励幼儿发现和感受其中的规律，让幼儿感受数学就在身边。

### 二、活动目标

能发现并学习按物体不同特征进行排序。

能有规律地设计图案。

初步感知数学中的规律美。

### 三、活动重点、难点

重点：能发现并学习按物体不同特征进行排序。

难点：能有规律的设计图案。

### 四、活动准备

各种需要装饰的图片（大蛋糕、长条白卡纸、长条紫色卡纸、邀请卡）。各种装饰材料（苹果、梨、橘子、卡片若干，大小不同、颜色不同的花若干，大小不同、颜色不同的心形卡片若干）。录音机、磁带、小夹子、彩带。

## 五、活动过程

### 1. 导入

(1) 谈话。

教师：小朋友你们知不知道什么是 Party？对，Party 就是一种聚会，今天我们也要开一个大 Party，就叫快乐 Party！开 Party 都需要什么？

(2) 出示大蛋糕图片。

教师：看！我给小朋友准备了一样好吃的东西，是什么？可是蛋糕上面少什么？（见图 5-1-1）

### 2. 操作

(1) 引导幼儿自由排序。

教师：看，老师今天给小朋友准备了好多水果（出示水果卡片），这些水果一样吗？都有什么水果？（见图 5-1-2）

教师：现在我们就要用这些水果来做一个水果大蛋糕（出示长条白卡纸），我把这些白白的鲜奶蛋糕分给每个小朋友一块，小朋友根据水果的不同有规律地插，看谁插出的水果蛋糕和别的小朋友不一样，记住一定要有规律地插（教师示范怎样插蛋糕），插完之后把你的这块蛋糕挂到大蛋糕上。（幼儿操作教师指导，见图 5-1-3）

检测：师幼共同检测。

教师：太棒了，我们的水果蛋糕已经装饰好了！我们一起来看看装饰完的蛋糕。（见图 5-1-4）

(2) 按物体的大小不同、颜色不同排序。

教师：我们的 Party 还需要什么？

教师：（出示不同颜色、不同大小的花）小朋友看这是什么？这些花一样吗？有什么不同？今天我们就用这些花来给自己做头饰。

教师：这一次有难题了，要按大小不同、颜色不同的规律来装饰自己的头饰，看谁和别人装饰得不一样，插完了把头饰挂到前面（教师边讲解边示范）之后，回去向你旁边的小朋友介绍你是怎么装饰的，好吗？

检测：先请个别幼儿检测，再师幼共同检测（幼儿操作，教师指导）。

教师：太好了，小朋友装饰的头饰非常漂亮，谁来说一说你是怎么装饰的，我们一起看看剩下的头饰都是怎么装饰的？

### 3. 小结

（1）教师示范戴头饰的方法。

教师：太好了，我们的Party就要开始了，小朋友看，像我这样把头饰拿下来，然后戴到头上。

（2）教师和幼儿随音乐出教室。

教师：我们的Party开始啦！小朋友来把自己的头饰拿下来戴到头上，然后拿着邀请卡送给客人吧！送完了我们的Party开始了！（幼儿随音乐走出教室）

## 六、活动延伸

在数学区投放各种颜色不同、大小不同的物品供幼儿练习按物体的颜色不同、大小不同进行排序。

指导幼儿完成评价卡，巩固练习按物体的大小不同、颜色不同进行排序。

## 七、活动反思

数学活动要生活化，才能更切合幼儿的年龄特点和学习需要。按规律排序对于中班幼儿来说比较难，但通过操作会锻炼幼儿的思维能力。因此，我结合中班幼儿的特点设计了一节与生活相关的排序活动"快乐Party"，通过装饰水果蛋糕、做头饰等操作性较强的环节，引导孩子利用三种不同水果进行有规律的排序——利用大小不同、颜色不同来给自己装饰头饰，步步深入，环环紧扣，让孩子在生活情境中获得有规律排序的经验。在活动中，幼儿对于动手操作环节都能够积极地参与到其中，活动环节孩子们也很感兴趣，目标基本达成。

通过活动实践，我认为本节活动有以下几方面较为适宜：在活动的第一环节，我引导幼儿大胆想象将不同的水果进行排序，并且引导幼儿运用多种方法来进行排序，而不是用单一方法来排序，给幼儿创设充分的探究空间，锻炼幼儿的动手操作能力。第二环节中，我为幼儿准备了大小不同、颜色不同的学具来装饰自己的头饰，学具设计时考虑幼儿年龄特点，颜色鲜艳、数量充足，吸引幼儿学习兴趣，较上一环节加深了排序难度，锻炼了幼儿的思维能力。第三环节是结束环节，以幼儿戴头饰随音乐动起来开Party结束本节活动。通过由易到难三个环节，使孩子们在创新中得到了发展。

　　本次活动中存在的不足之处：操作前教师的引导语不到位，如果再细致些就更好了。为幼儿准备的颜色不同、大小不同的小花有点太软了，不适宜幼儿的操作，如果用卡纸制作小花会更好些。所以，今后要加强自身的引导语，在操作材料准备过程中要想得更加细致些，材料不但要美观，还应结实耐用，方便幼儿使用。

图 5-1-1

图 5-1-2

图 5-1-3

图 5-1-4

**活动设计**：大连市甘井子区希望之星幼儿园　乔惠敏

**活动指导**：大连市甘井子区希望之星幼儿园　李雪勤

## 案例二 剥花生

### 一、设计意图

《3~6岁儿童学习与发展指南》中提出:"利用生活和游戏中的实际情景,引导幼儿理解数的概念。"花生是幼儿生活中熟悉的食物,因此我设计"剥花生"这一活动。目的是通过动手操作,让幼儿在轻松愉快的活动氛围中,尝试学习用数字、符号来记录花生的数量,感知发现花生果里花生仁数量的不同。

本次数学活动内容的选择,既贴近幼儿的生活,又是幼儿感兴趣的事物和问题,这样有助于拓展幼儿的经验和视野,能引起幼儿主动探索的动机与兴趣。在活动中,通过猜想、操作记录、统计分享、游戏等环节,把抽象、枯燥的数学内容变成了有趣的活动,使幼儿在轻松、愉快的环境中主动地探索学习,感受到数学活动的快乐与劳动的乐趣,使每个幼儿都能在原有的基础上得到提升。

### 二、活动目标

感知花生的特征,知道花生中花生仁的数量是不同的。

学习用数字、符号记录5以内的数量。

感受数学活动的快乐与劳动的乐趣。

### 三、活动重点、难点

重点:感知花生的特征,知道花生中花生仁的数量是不同的。

难点:学习用数字、符号记录5以内的数量。

### 四、活动准备

带壳的生花生若干(花生一端捏开一个小口);碗、盘、抹布;彩笔、幼儿记录单;数字卡1~4盒。

### 五、活动过程

**1. 导入**

出示几颗花生,引起幼儿学习兴趣(见图5-2-1)。

教师:秋天到了,农民伯伯种的花生丰收了。每一颗花生里面都住着许多花生宝宝，今天我们就来帮助农民伯伯剥花生好不好？

**2．感知**

出示两颗不同的花生，引导幼儿观察并猜想里面花生宝宝的数量，并将幼儿猜想的不同结果记录在记录单上。

教师：猜猜这颗花生里住着多少粒花生宝宝？

**3．操作**

（1）请幼儿每人拿5颗花生，放进自己的小碗里。

（2）引导幼儿一边剥花生一边在记录单上记录每颗花生里花生宝宝的数量（见图5-2-2）。

要求：剥一次，记录一次，剥开5个花生，记录5次。

将剥开的花生宝宝放在记录单上面格里，数数有几粒，就在下面格里记录数字几。剥下的花生壳放进盘子里。

幼儿操作，教师观察、指导个别幼儿。

**4．交流**

（1）教师和幼儿共同交流花生的数量（见图5-2-3）。

让幼儿数一数每颗花生里面都有多少花生宝宝？哪个最多？在最多的数字上用圆圈圈出来。哪个最少，在最少的数字上圈出来。

（2）教师和幼儿共同统计花生的数量。

教师将幼儿的发现结果记录下来，与幼儿共同比较，找出一颗花生中最多（最少）的花生宝宝的数量，用圆圈将最多（最少）的数字圈出来。

**5．游戏**（变花生，见图5-2-4）

幼儿扮作花生宝宝，根据教师出示的数字卡片，几个幼儿抱在一起，变成一颗花生。

## 六、活动延伸

**1．区域活动**

在数学区投放花生与记录单，引导幼儿操作、记录。

**2. 家园共育**

家长为孩子创造点数各种生活用品的机会，引导孩子建立数量关系。

## 七、活动反思

本次活动我通过剥花生这一事件，请幼儿计数、操作、记录、统计、分享、游戏等方法，把抽象、枯燥的数学内容变成了有趣的活动，使幼儿在轻松、愉快的环境中主动地探索、学习点数实物、按物计数。

本活动不足之处：我在介绍记录单的记录方法时语言比较啰嗦，不够精练、易懂，还需进一步提炼，要用幼儿一听就能懂的语言；并且幼儿操作、记录的时间有点短，这一环节的操作记录是为了下面的统计奠定基础，所以应该给予幼儿充足的时间，每个幼儿都操作完毕，再进行下一个环节的活动，从而让每一个环节都能扎扎实实地开展下去。

图 5-2-1

图 5-2-2

图 5-2-3

图 5-2-4

活动设计：大连市金州区第三幼儿园　华远
活动指导：大连市金州区第三幼儿园　朱晓华

## 案例三 接下来会是什么

### 一、设计意图

《3~6岁儿童学习与发展指南》中指出:"提供具有重复性的有序排列的图案,鼓励幼儿发现和感受其中的规律。"中班幼儿对规律排序处于探索的状态,他们在游戏的时候,常常会很有兴趣地按颜色有规律地用间隔排列的方法串项链、搭积木、玩扣子板等。

小班幼儿通过学习已掌握ABAB排列规律,在此基础上我设计按照ABB/BBA的规律进行排序活动,符合幼儿兴趣和发展的需要。为了引导幼儿将这些简单的经验加以整理、提升,使幼儿对物体按规律排列的认识提升到一个新的层次。此活动为幼儿创设"接下来会是什么"的情境,引导孩子自己动手给物体排队,发现并探索、创造各种不同的排序规律,促进幼儿观察、比较、思考及创造能力的发展,提高幼儿的思维水平。最后把规律排序应用于生活,解决生活中的实际问题,如有规律地将花朵装扮花环后,发现花环变得更漂亮了,引导幼儿感受规律的美及在生活中的运用。

### 二、活动目标

学习按照颜色的ABB、BBA规律进行排序。

尝试用语言正确表述排序的规律。

感受颜色排序的规律美。

### 三、活动重点、难点

学习按照颜色的ABB、BBA规律进行排序。

### 四、活动准备

内装彩色球的纸筒1个,彩色吸铁石,压膜的花环带,《来装饰》游戏卡、有规律排列的实物。

### 五、活动过程

1. 导入

(1) 出示一个内装彩色球的纸筒,引导幼儿发现规律(见图5-3-1)。

教师：老师今天带来一个长长的纸筒，里面装了很多红色和绿色的球。老师放球的时候，是按照规律往里面放的。我先按顺序拿出4个球，请小朋友仔细看，猜猜后面的球会是什么颜色？

（红—绿—红—绿，教师按顺序将球摆在桌面上。）

教师：下一个球是什么颜色？

红色球的后面是什么颜色的球呢？

绿色球的后面是什么颜色的球呢？

（2）小结：它们是按照（红—绿—红—绿）规律进行排列的。

**2．感知**

（1）按照AB规律进行排序。

①引导幼儿用彩色吸铁石在黑板上摆出规律。

教师：我们按小球的规律给它排个队。

（教师在板上摆好红、绿、红、绿，见图5-3-2）

教师：接下来该怎么排队呢？（请2~3名幼儿上前继续按规律排列）

你是怎么排列的？为什么这样排列？

②师幼共同总结AB规律。

教师：我们一起来看一下，这个队伍是按什么规律排的？

这样说太麻烦了，我们给它们起个短一点的名字吧。

教师：一个红，一个绿，红绿组合。它们两个为一组，轮流往下排。

教师：小朋友，请你蒙上眼睛，有几个调皮的小扣子离开了这个队伍，请你找到并把它们送回原来的地方。

（2）按照ABB规律进行排序。

①引导幼儿用彩色吸铁石在黑板上摆出规律。

教师：我们一起来接着给它们排排队。

你是怎么排列的？为什么这样排列？

②师幼共同总结ABB规律。

教师：我们一起来看一下，这个队伍是按什么规律排的？

我们再给它们起个短一点的名字吧。

教师：一个红、两个绿，红绿绿组合。它们三个为一组，轮流往下排。

教师：小朋友请你蒙上眼睛，有几个调皮的小扣子离开了这个队伍，请你找到并把它们送回原来的地方。

(3) 按照BBA规律进行排序。

①引导幼儿发现新的排序规律——BBA。

教师：小朋友，仔细看，老师要排一个新的队伍，这个要比上一个还要难。

②引导幼儿用彩色吸铁石在黑板上摆出规律。

教师：我们一起来接着给它们排排队。

你是怎么排列的？为什么这样排列？

③教师与幼儿共同总结BBA规律。

教师：我们一起来看一下，这个队伍是按什么规律排的？

我们再给它们起个短一点的名字吧。

教师：两个绿、一个红，绿绿红组合。它们三个为一组，轮流往下排。

教师：小朋友请你蒙上眼睛，有几个调皮的小扣子离开了这个队伍，请你找到并把它们送回原来的地方。

(4) 引导幼儿回忆生活中有序排列的物品。

教师：你还在什么地方见过这样有规律排列的图案？

3. 操作

(1) 出示为幼儿准备好的花环和《来装饰》游戏卡。

教师：这些按规律排列的东西是不是很漂亮，今天我们也用你喜欢的规律来给自己做个小花环。

(2) 幼儿操作，教师巡视。

4. 交流

请幼儿相互展示、介绍自己的作品。

5. 活动延伸

在区域中准备各种颜色的珠子，请幼儿按照各种规律串项链，送给妈妈。

回家后找一找，家里还有哪些物品上的花纹也有这样的排列规律，找出来和大家一起分享。

### 六. 活动反思

本节活动幼儿通过动手操作，学习按照 ABB、BBA 的规律进行排序，感受按规律进行装饰的美。

在导入的过程中，预设时幼儿会在第 5 个小球出现后找到规律，但是幼儿在第四个球出现时就已经找到规律，说明幼儿通过小班排序学习，对 ABAB 规律排序掌握比较好。在感知环节，大部分幼儿能认真观察物体的颜色排列规律，学习按 ABB、BBA 规律进行排序。活动目标基本达成，并能激发幼儿用多种方式探索和寻找物体的排列规律。

活动亮点：通过让幼儿猜猜接下来从纸筒中会出来哪种颜色的球，引导幼儿观察并动脑去发现小球排队的规律，这也是对幼儿进行初步判断推理能力的训练。在引导幼儿发现规律的基础上，我采用启发法、提示法，引导幼儿进一步掌握小球的排列规律。使幼儿感受排序的乐趣，也训练了幼儿的观察力、思维的敏捷性。为了便于幼儿理解与记忆，我将三种排序规律进行概括，用红绿、红绿绿、绿绿红组合进行归纳和小结，适合中班幼儿年龄特点，将抽象的数学概念具体形象化。

本次活动中存在的不足之处：先让幼儿按照 3 个一组进行排列，熟练掌握两组后再进行抛骰子游戏。活动中对幼儿的追问不够，所以在以后的数学活动，要注意追问，让幼儿知道其中的缘由。

图 5-3-1

图 5-3-2

活动设计：大连市长兴岛临港工业园区幼儿园　李琳
活动指导：大连市长兴岛临港工业园区幼儿园　司进

## 案例四 比一比

### 一、设计意图

对于中班的孩子来说已经有了竞争的意识，往往相互进行比赛：我先到、我比你多、我比你快。在区域活动中，孩子们也经常玩类似"走迷宫"的竞争游戏，对于如何走最为顺利、走起来最快、路程最短等问题都比较感兴趣。

《3-6岁儿童学习与发展指南》中指出："鼓励和支持幼儿发现、尝试解决日常生活中需要用到数学的问题，体会数学的用处。"因此，结合幼儿对测量产生兴趣这个契机，结合本班幼儿年龄特点，我设计了本节活动"比一比"，让幼儿增强并学习掌握自然测量的基本知识和技能。

### 二、活动目标

学习观察、比较并正确判断路线的长短。

能够探索测量长短的方法。

大胆讲述比较的结果，获得探索的乐趣。

### 三、活动重点、难点

重点：学习观察、比较并正确判断路线长短。

难点：能够探索测量长短的方法。

### 四、活动准备

挂图一幅：画有一条小路。

四条相同颜色、相同数量拼插玩具拼搭而成的路线模型。四种不同颜色、不同数量拼插玩具，各自拼搭而成的路线模型。记录单每人一份，彩笔每人一支。

长短不同的线绳、小棍、纸条等若干，长短相同的黑线绳若干。

### 五、活动过程

**1. 导入**

教师：（出示挂图一）这里有一条小路，我们有什么办法知道这条小路的长短呢（引导幼儿想出用尺子及其他测量的办法）？

## 2. 操作一（第一次测量）

（1）引导幼儿发现相同长度的小路与不同长度的测量工具（见图5-4-1）。

教师：小朋友想出了这么多的好办法。现在请小朋友看看，老师用玩具拼搭了这条路线的模型，它们是不是一样的？（出示四条相同颜色、相同数量拼插玩具拼搭而成的路线模型）你怎么知道？（目测，将几条小路放在一起比一比）

教师：老师还为小朋友准备了很多工具，看看它们是什么？（出示长短不同的线绳、小棍、纸条等）它们的长短一样吗？你怎么知道它们谁长谁短？（相互对齐一边，进行比较，了解这些测量工具长短的不同）

（2）提出测量要求。

教师：我们用它们可以干什么？怎样来量？（演示正确的测量方法，见图5-4-2）

教师：请小朋友三个人一组，选一种工具来量一量小路，看看小路有多长？把它记录在记录单上。（幼儿三人自由组合，进行测量，教师观察幼儿操作方法，适当帮助有困难的幼儿，见图5-4-3）

（3）交流和讨论。

教师：请每一组小朋友派一个人来说一说，你们是用什么工具量的？小路有多长？（教师将幼儿的记录结果记录在大记录单上，师幼观察交流结果）

教师：为什么我们测量的结果不同？（引导幼儿发现工具的长短不同，测量相同长度的小路结果不同。）

## 3. 操作二（第二次测量）

（1）引导幼儿发现不同长度的小路与相同长度的测量工具。

教师：请小朋友看看，这几条小路是不是一样的？（出示不同颜色、不同数量拼插玩具各自拼搭而成的路线模型）你怎么知道？（目测，将几条小路放在一起对齐一端，比一比）

教师：看看这一回我们要用什么工具来量小路？（出示长短相同的黑线绳）它们的长短一样吗？你怎么知道？（请两名幼儿相互对齐一端，进行比较，了解这些测量工具的长度相同）

(2）提出测量要求。

教师：请小朋友三个人一组，用黑线绳量一量小路，看看小路有多长？把它记录在记录单上（幼儿再次三人组合进行测量，教师观察幼儿操作方法，适当帮助有困难的幼儿，见图5-4-4）。

（3）交流和讨论。

教师：请每一组小朋友派一个人来说一说，你们量的是哪条小路？小路有多长？（教师将幼儿的记录结果记录在大记录单上，师幼观察交流结果）

教师：为什么我们这次测量的结果又不同？（引导幼儿发现相同长度的工具测量不同长度的小路，其结果也不同）

教师：你认为哪条路线最长？为什么？

4．交流

教师：谁能说一说还可以用什么方法来进行测量呢？（引导幼儿说出多种生活中的替代物来测量）

教师：用我们的身体某一部分可不可以（请幼儿尝试用手、脚来测量）？

5．小结

教师：今天小朋友通过动脑筋、想办法，解决了我们生活中的小问题。生活中有很多的物品可以代替尺子来测量，请小朋友回去继续找一找、试一试好吗？

## 六、活动反思

《幼儿园教育指导纲要》明确指出：要"通过引导幼儿积极参加小组讨论、探索等方式，培养幼儿合作学习的意识和能力，学习用多种方式表现、交流、分享探索的过程和结果"。数学活动"比一比"就是运用小组、探索、交流、比较等方式，让幼儿在与不同材料的互动过程中自主地发现问题、解决问题，从而提升知识经验。

在活动的导入环节，我以游戏的情境，拟人的口吻，打开孩子们的兴趣点，激发幼儿活动的热情，打破数学课中幼儿被动操作的模式，提高幼儿的学习欲望。在操作的环节，我运用目测、实际操作、小组合作来探索、集中交流、讨论多种教学策略，给予幼儿多角度的观察思考和多层次操作的实践机会，让幼儿在每一次的操作中都得到思考的空间、经验的提升。通过这样层层深入的方式，让幼儿清楚懂得了长短的比较是相对的。活动中充分地体现了让幼儿在玩中学、学中玩的理念。

本次活动中存在的不足之处：在物品准备上应再丰富一些，可以让幼儿在自由的操作尝试中切身感受到不同的物品测量结果的不同，更具体地进行对比。

图 5-4-1

图 5-4-2

图 5-4-3

图 5-4-4

**活动设计**：大连市海事大学幼儿园　田丽丽

**活动指导**：大连市海事大学幼儿园　曲继泓、毕聪君

# 案例五 掷骰子

## 一、设计意图

根据《幼儿园教育指导纲要》中提出的"能从生活和游戏中感受事物的数量关系并体验到数学的重要和有趣……"《3~6岁儿童学习与发展指南》也建议我们"利用生活和游戏中的实际情境,引导幼儿理解观念"。"通过实际操作来引导幼儿理解数与数之间的关系"儿童加减运算的学习是需要有路径的,而在正式学习加减运算之前,我们要了解孩子们对于加减运算有没有理解,是属于何种水平的理解,以及他解决问题的策略是什么,然后我们才能知道如何在他现有的水平上帮助他推进。

这节活动结合了中班幼儿喜欢动手参与游戏,能从生活和游戏中感受事物的数量关系并体验到数学的重要和有趣。因此我设计了这节活动,通过创设有趣的情景,把抽象的数量间关系的活动变得更加有趣,使幼儿主动、快乐地参与。

## 二、活动目标

理解数量及数之间的关系。

尝试用印章做记录和计数。

喜欢游戏并能与同伴合作游戏。

## 三、活动重点、难点

理解数量关系,能够计数。

## 四、活动准备

印章(人手一个)、自制骰子若干(保证人手两个);"掷骰子"幼儿记录单(一)、(二)、(三)、(四)(标有起点和终点);记录笔、托盘、印泥。

## 五、活动过程

**1. 导入**

教师:今天维尼熊带来了两样东西,一个是印章,一个是骰子,你们认识吗?骰子上面有什么(有点点)?这是我们自制的骰子。

## 2．感知

（1）出示骰子，引导幼儿观察骰子上的点数（见图 5-5-1）。

教师：知道小熊维尼今天为什么要带这个骰子吗？因为它要玩掷骰子走格子的游戏？你们会玩跳格子的游戏吗？谁来告诉我这个游戏是怎么玩的？

教师：今天我们来玩掷骰子走格子的游戏。出示掷骰子记录单（一），谁知道该怎么玩？（掷骰子游戏就是按照骰子上面的点数跳格子，从起点开始来走格子，谁先走到终点谁就胜利了）

（2）幼儿探索骰子在跳格子游戏中的运用。

教师：骰子怎么玩呢？请你们来试一试吧（教师引导幼儿自己投骰子，投到的面有几个点数，就在格子中走几格）。

（3）探索两个骰子的玩法，出示记录单（二）。

教师：一个骰子小朋友会玩了，那么要是给你两个骰子呢？你该怎么玩呢？（见图 5-5-2）

教师：请小朋友互相讨论一下吧。（当投两个骰子时，先印出一个面的骰子数，再印出另一个骰子上面的点数）

## 3．游戏

（1）二人合作比赛，出示记录单（三）。

教师：小熊维尼经常会和朋友们一起玩掷骰子的游戏，现在我也请小朋友两个人一组，玩掷骰子的游戏，看谁最先从起点走到终点，谁就胜利了（引导幼儿两人一组进行游戏）。

引导孩子观察记录单有什么不同。（中间有虚线，一个小朋友在上面印印章，另一个小朋友在下面印印章。赢的小朋友在小太阳的地方写出学号）

规则：一个小朋友赢了之后，另一个小朋友就不用再印印章了，比赛结束。

（2）记录，计数。

教师：我有个提议，两个人玩掷骰子游戏的时候可以知道谁最先走到终点了，可有什么方法能够帮助我们知道一共投掷了多少次？

出示记录单（四）。

教师：请你们每一次掷骰子后，先用印章印出点数，然后在最后一个印章边写出点数。最后数数你一共记录了几次。

要求：不论谁先到达终点，两人都要走完格子。各自数自己写了几个数字，看清都是数字几。

（3）幼儿游戏、记录。教师单独指导，强调记录的要求。

### 4．交流

教师出示大记录单。

教师：你们都投了几次到达的终点？请小朋友说说自己写了几个数字，都是数字几，教师进行记录。

让我们来观察一下两个小朋友的记录单。

指导幼儿观察，投了7次的小朋友每次投出的点数都比较小（1或者2），而投了5次的小朋友投的点数比较大（3）。让我们来一起数数他们都有几个3。

总结：我们发现最先到达终点的小朋友，他每次投出的点数都很大，所以你要想获胜就得保证每次都能投出比较大的点数。

### 5．小结

跳格子的游戏还有很多种玩法，请你们来自己探索、尝试，还可以几个人玩。还能怎样玩以后请你来告诉我。

### 6．活动延伸

可以将掷骰子的游戏放到户外活动中去，将桌面上的格子图改成大的方格，可以让小朋友练习按数跳格子，不仅能巩固幼儿的计数能力，同时可以锻炼孩子的蹦跳技能。

在区角活动中，多个孩子可以同时玩掷骰子的游戏，可以走格子，也可以比数的大和小；可以同时掷两个骰子或更多的骰子，从而锻炼幼儿的计数能力，理解数的合并意义。体验交流、合作、变化游戏的乐趣。

## 六、活动反思

我设计的这节活动是中班下学期的数学活动，中班下学期孩子还没有完全加减运算的能力，而数量的合并、加减的学习是需要积累经验的，我的这节活动是学习加减运算的前期引导。

这节活动需要的前期经验很多，首先孩子们要玩过"掷骰子"的游戏，知道活动的规则，按骰子上面的数字一个一个格子跳，掷两次骰子时呈现的数字有两个，需要顺接才能走下去。印章记录单主要是让孩子学会初步的计数方式，这为以后的数学运算打基础的。活动中我设计了多种活动记录单，不仅能够解决记录的问题，同时也提高了幼儿游戏的兴趣。

活动通过一次一次不同要求的操作，让孩子们在递进游戏中领会认真做事、遵守规则的意识。活动中的提议也能调动起孩子的游戏兴趣，使孩子们能够积极动脑筋去思考解决问题的办法，这也是在培养孩子解决问题的能力和意识。

本次活动中存在的不足之处：在活动中教师应多鼓励孩子们进行交流，多说说还有什么不一样的记录方式。

图 5-5-1

图 5-5-2

**活动设计：** 大连海事大学幼儿园　李晴
**活动指导：** 大连海事大学幼儿园　毕聪君、曲继泓

## 案例 六 我会排序

### 一、设计意图

《3~6岁儿童学习与发展指南》中提出："引导幼儿观察发现按照一定规律排列的事物，体会其中的排列特点与规律，并尝试自己创作出新的排列规律。"最近，在区域活动中小朋友特别喜欢帮花片积木排队、串珠、串项链等。通过

与孩子的谈话交流，我了解孩子对排列规律的正确感知，但缺乏对排列规律的认知。因此，我就根据我们班近期发现的问题设计了本节活动。通过活动使幼儿对有规律排序有一个正确的认知，让孩子能根据事物不同特征进行排序。

## 二、活动目标

学习按照 ABB、BBA 规律进行排序。

能按照不同规律进行排序，并学习记录。

初步尝试创新排序规律，喜欢排序活动。

## 三、活动重点、难点

重点：学习按照 ABB、BBA 规律进行排序。

难点：能按照不同规律进行排序，并学习记录。

## 四、活动准备

一条小毛巾，上面的小熊是可以随意取下粘贴的；小黑熊和小白熊若干，操作白板，"我会排序"记录单，教师有大的记录单；彩笔。

## 五、活动过程

### 1. 导入

出示挂图。

教师：小熊今天收到了妈妈送给她的一条漂亮毛巾当礼物，咱们看看这是一条什么样的毛巾？

### 2. 感知

(1) 教师出示《小毛巾》挂图，引导幼儿观察、发现毛巾上面图案的排列规律。

教师：毛巾上的小熊们都是怎么排队的？（小白熊、小黑熊、小黑熊、小白熊、小黑熊、小黑熊——ABB）

(2) 幼儿设想，教师演示。

教师：小熊除了这样排队还可以怎么排？谁能说一说（小黑熊、小黑熊、小白熊、小黑熊、小黑熊、小白熊——BBA，见图5-6-1）。

(3) 小结。小熊因为会有序地排队，所以才使小毛巾变得那么漂亮、有趣，这种方式就叫——排序。

### 3. 操作

（1）引导幼儿按照刚才的排列方式进行排序的操作（ABB、BBA，见图5-6-2）。

教师：请小朋友也给小黑熊和小白熊排排队吧，都是怎么排的？

（2）引导幼儿创新排序规律并记录（见图5-6-3）。

教师：小熊们除了这两种排队的方法，还有没有其他的排队方式呢？（有）老师请小朋友把你想出来的排序规律记录下来。

（教师出示记录单"我会排序"介绍记录方法，见图5-6-4）

教师：小朋友每排出一种规律就将排序规律记录在记录单上，黑熊用实圆表示，白熊用空圆表示，看谁能排出许多的排序方式。

（3）幼儿操作记录，教师巡回指导，观察幼儿对排序规律的理解和记录的方法。

### 4. 交流

教师：请小朋友把你发现的新规律说给大家听听。

（幼儿介绍自己的新规律，教师记录整理）

### 5. 小结

教师：小朋友真聪明，发现了这么多有趣的排序规律。我们的活动区中还有许多可以用来排序的玩具，比如雪花片、木珠和图形卡片等，你们可以继续尝试更多的排序规律，并记录下来，看谁发现的规律最多。

### 6. 活动延伸

幼儿在户外活动时，可以引导幼儿将男孩、女孩按不同的排序方式来排队，也可以此来玩"快速排队"游戏。帮助幼儿巩固对排序规律的理解及迅速的反应能力。

## 六、活动反思

本节活动"我会排序"，目的在于通过引导幼儿观察、操作、记录的方式，由直观的理解排序到具体实践操作的理解排序，再到创新排序规律，帮助幼儿建构思维的判断和推理能力，从而应用到幼儿实际的生活游戏中。

整个活动以幼儿动手操作为主，将目标在一次又一次的操作中得到解决。本活动分三个环节完成，层次清晰，第一个环节通过让幼儿自己观察去发现图形排队是有规律的，知道这种规律叫排序。这是对幼儿进行初步判断推理能力的训练。第二个环节让幼儿在发现规律的基础上采用启发法、提示法、实践法，引导幼儿进一步掌握并概括图案的排列特征。让幼儿感受按规律排序的乐趣，使幼儿能够证实自己的观察和思维能力。第三个环节是在幼儿掌握基本排序规律的基础上进行不断的创新，并学习记录规律，对幼儿的排序能力给以总结和提升，为以后的实际应用打下基础。

本次活动中存在的不足之处：这个活动的材料选择可以在难易程度上再做细致的调整，以满足不同幼儿的需求。

图 5-6-1

图 5-6-2

图 5-6-3

图 5-6-4

**活动设计：** 大连海事大学幼儿园　王媛媛
**活动指导：** 大连海事大学幼儿园　毕聪君、曲继泓

## 案例七 多少蛋

### 一、设计意图

对于中班幼儿来说,认识数字、感知数量是相对比较抽象的。《3~6岁儿童学习与发展指南》指出:"利用生活和游戏中的实际情景,引导幼儿理解数概念。我对如何通过具体实物来引导幼儿正确有效地认识和感知9以内的数与量,进行了认真的思考。因此,我设计帮鸭妈妈数蛋为情景导入本节活动,通过鸭妈妈的蛋摆出9的形状来引导幼儿形象地认识9,设计帮小动物找9以内的数量、找蛋等活动来增加数学活动的趣味性。通过想象、联想、表达、点数、记录等方法来帮助幼儿理解和感知9,让幼儿在交流表达中、操作中自然地掌握了9的数与量。"

### 二、活动目标

感知9以内的数量,认识数字9。

能用圆点记录9以内的数量。

体验数学活动的有趣。

### 三、活动重点、难点

重点:感知9以内的数量,认识数字9。

难点:能用圆点记录9以内的数量。

### 四、活动准备

数字卡片9;鸭妈妈图片一张,鸭蛋图形9个;贴上数字9的托盘幼儿人手一份;活动区可点数的材料若干种;"多少蛋"幼儿操作单人手一份,教师用大操作单一张。

### 五、活动过程

**1. 导入**

(1)律动《数鸭子》。

(2)情境创设,引导幼儿参与。

出示鸭妈妈图片。

教师：小朋友好！我是鸭妈妈，欢迎你们来到我家。瞧，今天我下了许多蛋，想把它们孵成小鸭，能帮我来数一数有多少蛋吗？

（3）引导幼儿点数鸭妈妈共生了9个蛋。

2．感知

（1）出示数字9，引导幼儿用手势或动作造型。

教师：9个鸭蛋用数字几来表示呢？（出示数字9的卡片）

看一看数字9像什么？（引导幼儿先与同伴交流，再个别表述）

你能用动作表示出数字9吗？（鼓励幼儿做出与别人不一样的动作，并到前面展示）

（2）理解9的实际意义。

教师：在日常生活中，我们还可以用数字9表示什么呢？（鼓励幼儿大胆联想、表达）

（3）引导幼儿在活动室里寻找数量是9的物品。

教师：鸭妈妈今天想请小朋友帮个忙，请你在鸭妈妈家找出数量是9的东西。

要求：请幼儿按照托盘数字找数量是9的物品。

（4）引导幼儿相互点数验证。

教师：你找到9个什么了？请你和旁边的伙伴说一说，互相数一数确认一下是不是9个？

教师观察并检验幼儿找的数量。

请个别幼儿表述自己找到的9个物品。

3．操作

（1）引导幼儿观察"多少蛋"操作单，感知蛋的数量。

教师：这张操作单上都有哪些动物？一共有几种呢？我们来数一数。

它们生了许多的蛋，请小朋友用圆点帮他们把生蛋的数量记录在旁边的方格里。

（2）教师示范记录的方法。

企鹅生了两个蛋，在旁边的企鹅方格里就画上两个圆点。

（3）请幼儿相互检验。

教师：请小朋友相互数一数对方记录的圆点数对不对？

**4. 活动延伸**

请幼儿在活动室或家中继续寻找数量是 9 的物品，并用绘画和小圆点的方式记录下来。

## 六、活动反思

针对中班幼儿的年龄特点，我设计制作了鸭妈妈和鸭蛋宝宝等直观教具，通过情景导入将孩子们的注意力集中到老师这，用蛋摆成的数字 9 更加直观形象地引导幼儿对数字 9 的认识，并通过提问数字 9 像什么？代表什么？来加深幼儿对 9 的认识，以集体、小组、个别的形式来展示，给幼儿充分想象和表达的机会。而实际操作最能检验幼儿对 9 的数量感知效果，在活动中大部分幼儿都能够正确找出，个别幼儿出现多一个少一个的情况，在同伴的相互检查中能够及时发现并改正，检查过程使幼儿再次对 9 的数量进行感知，收到了较好的效果。记录中，我引导幼儿以 2 个一组进行从上到下形式的排序记录，这也是本课的难点，我设计制作了大记录单，通过示范讲解的方法帮助幼儿学会记录的方法，加上日常数学活动的积累，幼儿形成了良好的记录习惯。

本次活动中存在的不足之处：教师在幼儿操作后，没有给予幼儿一个正确的示范引导，如引导个别幼儿展示他们的操作结果，让幼儿知道自己这样做是对是错。

**活动设计**：大连市金州区第三幼儿园　吴婷婷
**活动指导**：大连市金州区第三幼儿园　朱晓华

# 案例八 小动物排排队

## 一、设计意图

《3~6岁儿童学习与发展指南》（以下简称《指南》）中感知和理解数、量及数量关系部分指出："会用数词描述事物的排列顺序和位置。"中班幼儿对10以内的序数有一定的了解，但对序数的方向性还缺少认识和了解。根据幼儿已有经验和《指南》精神，我设计了"小动物排排队"这一活动，以小动物去游乐场为活动情景，通过小动物排队、小汽车排队等游戏，使幼儿发现、感知、理解序数的方向性。

## 二、活动目标

学习10以内的序数。

能正确使用序数词表述物体的排列次序。

体验序数的有趣。

## 三、活动重点、难点

重点：学习10以内的序数。

难点：能正确使用序数词表述物体的排列次序。

## 四、活动准备

多媒体课件、序数牌。

## 五、活动过程

### 1. 导入

创设情境，引发幼儿活动兴趣。

教师：小动物要坐大巴车去游乐场玩，它们都很高兴。大象司机说：坐车要排队（第一张PPT）。小动物们一听，马上排起了长长的队伍（第二张PPT）。

### 2. 感知

（1）引导幼儿从前后方向观察、表述其序列。

教师：看看一共有几个小动物？谁排在第一？谁排在第二？（见图5-8-1）

排在第三的是谁？排在第五的是谁？

××排在第几？××排在第几？

教师：从后往前看，××排在第几？××排在第几？

(2) 引导幼儿从左右方向观察，表述其序列。

教师：小动物们排着队上了车，嘀嘀嘀，它们来到了游乐场，看到了一排小汽车（出示第三张PPT）。

我们一起从左向右数一数，一共有多少辆小汽车？（一共有10辆，见图5-8-2)

教师：我们一起从左向右来看看，×色的小汽车排在第几？×色的小汽车排在第几？

从左向右数×的小汽车是排在第四，可是我数的方向和小朋友有些不一样，我觉得小汽车是排在第六，请你们来猜猜我是怎么数的？

（原来老师是从右向左数，×色小汽车排在第六）

教师：你喜欢哪个颜色的小汽车？它排在第几？

你是从哪个方向数的？

如果从右往左数，它排在第几？

（幼儿说到哪个颜色的小汽车，PPT中将出现相应小汽车的动作效果，方便幼儿观察）

**3. 游戏——我们来排队**

(1) 教师讲解游戏玩法（见图5-8-3）。

教师：小动物们在游乐场玩得真开心，我们也一起来玩个游戏吧，游戏的名字叫"我们来排队"，每个小朋友的小椅子下面都有一个序号牌，小朋友拿到牌子后观察你的序号牌是什么颜色的，上面的序号是几。然后，按照颜色和序号来排排队，黄色的排一队，蓝色的排一队，你的牌子上是数字几你就排在第几。我们听着音乐赶快来排队吧，看哪组排得又快又准。

(2) 幼儿分组游戏。

教师：黄队的动作真快，先排好了，把你们手里的序号牌举起来我们一起来看一看！

我们再来看看蓝队。

×××你排在第几? ×××你排在第几?

(3) 变换游戏玩法,再次游戏。

教师:这次我们请黄队的小朋友来排队,蓝队的小朋友你们来猜,猜一猜老师描述的小朋友他排在第几?

4. 操作

阅读操作单,观察感知小动物排队照相的序列,找出正确的照片。

教师:小朋友玩得开心吗?可是,作业单上的小动物们有一个问题需要小朋友帮忙,让我们一起帮帮它们吧!

## 六、活动反思

中班幼儿对10以内的序数有一定的了解,能够表述出物体的排列次序。但对于序数的方向性还不是很明确,容易混淆。

根据本班幼儿已有的经验和实际情况,预设了本节活动的目标和重难点。活动过程中首先创设了小动物去游乐场的情境,利用PPT,调动幼儿的积极性和感官上的刺激。通过小动物排队,学习从前向后、从后向前,再到小汽车从左向右、从右向左,由浅入深、由易到难的循序渐进的过程,加深了幼儿对序数的掌握,逐渐突破重难点。游戏环节,幼儿将相关序数的知识应用到日常排队,序号牌是几就排在第几。增加游戏的难度后,让幼儿排好队教师描述一个幼儿的特征,另一组观察、发现相应的幼儿的排序位置。

本次活动中存在的不足之处:活动中,对幼儿的语言表达强调不够,导致好多幼儿不能正确地描述序数。

图 5-8-1

图 5-8-2

图 5-8-3

活动设计：大连市沙河口区第三教师幼儿园　王敏
活动指导：大连市沙河口区第三教师幼儿园　吴娟

## 案例九 找房间

### 一、设计意图

幼儿在日常生活中经常会遇到关于序数方面的问题，如小朋友排队的顺序、楼房的楼层、看电影的座位排列、火车的车厢等。《3~6岁儿童学习与发展指南》（以下简称《指南》）中指出：在指导中班幼儿感知和理解数、量及数量关系中要求，幼儿会用数词描述事物的顺序和位置。根据本班幼儿的发展水平及经验，结合《指南》和幼儿生活实际，设计了本次活动，目的是指导幼儿正确理解生活中关于序数方面的知识，并能在生活中积极运用。

### 二、活动目标

能正确认识10以内序数。
能根据口令及标识牌选择正确的房间。
乐意参加游戏活动，体验游戏的快乐。

### 三、活动重点、难点

重点：能正确认识10以内的序数。
难点：能根据口令及标识牌选择正确的房间。

## 四、活动准备

地面用地垫拼摆楼房：一层楼 7 个房间、盖新房子需要的地垫；1~10 数字卡片（背面是门牌号）、任务标识、小狗和小熊布绒玩具；现场音乐伴奏。

## 五、活动过程

### 1．导入

教师介绍森林里的小动物盖新房子了，以到小熊、小狗家做客的情景方式进行，老师扮火车头，全体幼儿扮车厢，开着火车到小熊家，当火车停止后，指导幼儿说说自己是第几节车厢，并站到相应的数字卡前。

### 2．感知

参观小动物盖的房子，分别从不同方向点数房间数，引导幼儿感知序数。

教师：小朋友从小狗这边数一共有几个房间？

教师：小朋友从小熊这边数一共有几个房间？

### 3．游戏

（1）引导幼儿站到自己喜欢的房间里，按教师的口令动作。

教师：请站在从小熊这边数第 X 间房子里的小朋友跳一跳（或做其他动作）。

教师：请站在从小狗这边数第 X 间房子里的小朋友跳一跳（或做其他动作）。

（2）指导幼儿听老师的口令站到相应的房间里。

教师：请小女孩站到从小熊这边数第 X 间房子里。

请小男孩站到从小狗这边数第 X 间房子里。

（3）指导幼儿帮助小动物盖房子，将房间变成二层楼。

教师：小朋友，我们来帮助小动物盖成二层楼房子吧。

（4）教师出示任务标识，幼儿看标识听音乐来动作。

（幼儿站到从小熊这边数的 1 楼 6 号）

（幼儿站到从小熊这边数的 2 楼 4 号）

### 4．操作

指导幼儿观察数字卡片后面的门牌号，并放到相应的房间里，帮助小动物将每个房间的门牌号贴好。

### 5．小结

老师观察或请小朋友互相看看门牌号贴的是否正确。

## 六、活动反思

本次活动采用幼儿喜欢的游戏形式进行，以情境教学形式展开，注重让每个幼儿都参与活动。在活动中，教师注重正确把握活动的节奏，难度逐渐加深，给幼儿充分的思考空间，教师也能积极地参与到活动中，幼儿兴趣性高。

本次活动中存在的不足之处：评价检验幼儿的方法要多样化，同伴间互相检测，也可以组织幼儿来报："我站在第×间房子里"。在孩子出现错误时，可以采用让幼儿自己来纠正或同伴间互相协商来改错的方式进行。活动还要注意与现实生活相联系，在组织幼儿盖楼房时，要从一楼向上接着盖，这样孩子才能对一层楼和二层楼有更好的理解。游戏时教师的语言要用自然的游戏化的语气，让孩子尽情地玩。

**活动设计：** 大连市西岗区教师幼儿园　李媛
**活动指导：** 大连市西岗区教师幼儿园　潘立新

（此活动在大连市骨干教师游戏活动专题组培训会上公开展示）

## 案例十　有趣的椭圆形

### 一、设计意图

中班幼儿已经掌握圆形的基本特征，《3~6岁儿童学习与发展指南》（以下简称《指南》）在感知形状与空间关系中，对4~5岁幼儿提出要求：能感知和发现常见几何图形的基本特征，并能进行分类。根据《指南》要求和幼儿已有的经验，设计本活动。在课程设计上我采用了"城堡里的图形宝宝们开PARTY"为情境，使课堂活动更具趣味性。根据幼儿园数学活动的特点，提供丰富的操作材料，幼儿通过动手操作，运用各种感官充分感知，引导和启发他们运用一些方法，如比较、重叠等进行自主学习。

### 二、活动目标

认识椭圆形的基本特征。

能比较圆形与椭圆形的异同。

感知生活中的椭圆形物品。

## 三、活动重点、难点

重点：认识椭圆形的基本特征。

难点：能比较圆形与椭圆形的异同。

## 四、活动准备

PPT课件；圆形、椭圆形卡片人手一份；《找一找、数一数》操作单、笔。

## 五、活动过程

### 1. 导入

通过"图形宝宝"参加城堡聚会，复习学过的图形，引出椭圆形（一对对出示PPT"城堡中的图形宝宝"）。

教师：一座城堡里图形宝宝们正在开PARTY，它们都是和好兄弟一起参加Party的，第一对是谁呢？第二对又是谁呢？第三对会是谁呢（见图5-10-1）？

教师：让我们一起来看看它的兄弟究竟是谁？

教师：噢，原来是椭圆形。

### 2. 感知

通过幼儿动手操作，引导他们发现两者的异同。

（1）通过观察、触摸发现两者的相同之处（见图5-10-2）。

教师：圆形、椭圆形两兄弟长得真像啊，你们知道它们有什么相同的地方吗？

教师：老师给小朋友准备了圆形和椭圆形的卡纸，你们来找找看，它们的边在哪里呢？它们的边都是什么样子的？（幼儿触摸圆形、椭圆形的边感受特点）你们还可以通过摸一摸的方法，再找找它们还有什么相同的地方。

（幼儿通过感官找相同之处，教师可走到幼儿中间听听他们的答案）

小结：圆形和椭圆形都没有尖尖的角，只有圆圆的边。

（2）通过操作、比较发现两者不同之处。

通过将圆形、椭圆形重叠发现两者不同（见图5-10-3）。

教师：圆形和椭圆形有哪些不同呢？

教师：请小朋友将圆形、椭圆形重叠在一起比一比，看看你发现了什么？

小结：我们通过重叠比一比的方法发现了椭圆形两边比圆形多出一块。

整体总结：我们通过看一看、摸一摸、比一比的方法，发现了椭圆形就是一个没有尖尖角、只有圆圆边的扁扁的圆。

### 3. 交流

寻找生活中的椭圆形（出示PPT椭圆形图片）。

（1）幼儿说说知道的椭圆形物品。

教师：在我们的生活中也有许多椭圆形物品，你都看到过哪些椭圆形的物品，谁能说说看？

（2）展示老师搜集的典型椭圆形物品（逐幅出示PPT图片）。

教师：老师也搜集了一些椭圆形物品的图片，咱们一起看看有什么？

（3）小结：椭圆形的东西真多啊！有吃的有用的，我们身体上也有椭圆形，正是因为椭圆形很美，所以人们在许多物品的设计上也应用了椭圆形，椭圆形可以装点我们的生活，所以说椭圆形也是我们的好朋友（结合PPT图片）。

### 4. 操作

（1）教师指导幼儿阅读操作单。

教师：城堡里的图形宝宝们还自由组合成了一幅漂亮的图片，椭圆形就藏在里面，看看谁能很快地把它们找到。

教师：老师给每个小朋友准备了一张操作单，请小朋友拿到操作单后先在这个位置把名字写上，然后按照从上到下、从左到右的顺序仔细找，为了不漏掉一个椭圆形宝宝，每找到一个椭圆形你就在它身上用笔画个勾，然后数一数一共有几个，并把你统计的数字填在括号内。

（2）幼儿填写操作单。

### 5. 小结

和幼儿一起检验结果（教师先和幼儿一起检验操作单，再把正确答案以PPT图片公布）。

### 6. 活动延伸

在数学活动区可以投放以下操作材料，便于幼儿继续探索：投放各种图形卡片，幼儿创意拼摆；投放《椭圆形变变变》操作单，引导幼儿在椭圆形上添画；投放画有上下、左右中心对折线的圆形和椭圆形纸片及小棒，引导幼儿运用折一折、量一量的方法继续发现圆形和椭圆形的不同；投放大记录单《生活中的椭圆形》，引导幼儿继续寻找生活中的椭圆形，将搜集到的图片粘贴到大记录单上。

## 六、活动反思

活动开始,我以"城堡里的图形宝宝们开PARTY"为情境,吸引幼儿学习兴趣。活动过程中,为幼儿提供了丰富的操作材料,使幼儿通过动手操作,运用各种感官充分感知,并引导、启发幼儿运用一些方法(如比较、重叠等),进行自主学习。

### 1. 优点

(1)体现了数学活动的特点,操作性很强。在本次活动中有三次操作,一次是找相同,另一次是量一量,还有一次是折一折。体现了教师注重材料的投放,让幼儿自主发现、在发现中学习。

(2)注重趣味性。分别以设置"图形宝宝开PARTY"的情景,运用悬念引出椭圆形等调动幼儿参与活动的积极性。

(3)能通过和孩子互动达到活动的目的。

(4)善于运用激励性的评价。

(5)能结合幼儿的生活经验,注重椭圆形在生活中的应用。

### 2. 不足

(1)在细节的处理上需加强。如折一折环节,折出的结果要有视觉停留。

(2)在各环节的时间分配上要合理把握。

图 5-10-1

图 5-10-2

图 5-10-3

活动设计：大连市西岗区教师幼儿园　程杰
活动指导：大连市西岗区教师幼儿园　潘丽新

## 案例十一　踩石头

### 一、设计意图

《3~6岁儿童学习与发展指南》（以下简称《指南》）中对4-5岁幼儿的图形认知目标要求是"能感知和发现常见几何图形的基本特征，并能进行分类"。几何图形是日常生活中最常见的图形，经过对中班幼儿认知特点的分析发现，中班的孩子们在这个年龄阶段已有了粗浅的几何概念，喜欢操作和游戏，这一阶段的幼儿能正确地认识圆形、三角形、正方形、长方形，顺应孩子的学习兴趣和需要，依据《指南》，结合中班幼儿的发展水平和认知特点，我采用游戏的形式设计此活动。

### 二、活动目标

辨识图形的形状、颜色、大小，并能从多角度进行分类。

提高思维的灵活性、敏捷性和准确性。

培养玩图形游戏的兴趣。

### 三、活动重点、难点

重点：能进行多角度分类。

难点：能准确、快速辨识图形的形状、颜色、大小。

### 四、活动准备

绿色泡沫垫若干，抠出大小、颜色各异的圆形、正方形、三角形、长方形、椭圆形、梯形若干，任务标志若干、音乐（场地、任务标识见范例）。

## 五、活动过程

### 1. 填坑

教师准备各种形状的"石头",请幼儿挑选自己喜欢的"石头",一一对应地嵌入相应形状的"坑"里(见图5-11-1、图5-11-2)。

### 2. 自由踩石头

(1) 幼儿随音乐一边跟老师做动作一边观察"石头",当急促的音乐响起,就立即踩到一块"石头"上。每次游戏要求幼儿踩在不同的"石头"上(见图5-11-3、图5-11-4)。

(2) 幼儿根据教师的口令做动作,如请站在蓝色石头上的小朋友转个圈,请站在大的红色石头上的小朋友蹲下来,请站在黄色三角形上的小朋友跳一跳等。

### 3. 竞赛踩石头

(1) 幼儿增换石头,扩大场地。

(2) 教师出示任务标识,幼儿随音乐一边自由做动作一边观察任务标识,当急促的音乐响起,幼儿按照标识迅速踩到相应的石头上,幼儿可以两三人合作共踩一块"石头"。

### 4. 分享总结

请幼儿说说还可以和图形怎样做游戏?还可以增加什么图形?

### 5. 活动延伸

游戏材料可放置在数学活动区,幼儿自由铺设地面、镶嵌图形、看标志游戏。随着知识经验的丰富,还可增加椭圆形和梯形。

## 六、活动反思

### 1. 创设游戏情境

教师考虑到幼儿的年龄及幼儿身心发展的特点,设计、选择与其年龄特点相适应的数学游戏和要求,创设游戏情境,让游戏贴近幼儿的生活。

### 2. 提供可变的操作材料

本活动提供给幼儿大小不同、颜色不同、形状不同的泡沫板做"石头",目标有指向性,易于幼儿观察、比较,便于幼儿运动、游戏,此外,在游戏中,除石头外,还有各种任务标识,提供的这些材料都具有可变性,可以根据幼儿需要,教师及时地对材料进行添加、更换，让幼儿反复操作，给幼儿提供更多的游戏和发现的机会，不断地给予幼儿以新的刺激。

### 3. 选择多样的组织形式

本活动是融情境游戏、口头游戏、竞赛游戏、运动游戏多种形式于一体的一种游戏，游戏中设置了"填坑、踩石"的情境，结合音乐和运动元素更好地增强了游戏的趣味性。游戏的各个环节，层层深入，给予幼儿多方位的刺激，让幼儿更全身心地投入到游戏活动中来，使幼儿始终能保持积极的学习兴趣。

### 4. 给予适时、灵活的指导

在活动中，教师与幼儿进行角色互换，以参与者身份设置干扰，进行间接指导，以刺激幼儿的辨识能力，增加幼儿的游戏兴趣。

### 5. 注重环节的递进

本着训练孩子的思维，引导孩子从多方位观察、多角度辨别图形的特征而设计此游戏。本次游戏的环节比较明显，前一个环节为下一个环节作铺垫，层层递进，环环紧扣。整个活动中从一维、二维、三维特征来使活动的形式更丰富，更具有层次性，以满足不同幼儿发展的需要。

### 6. 重视游戏后的分享

数学游戏的活动结束后，必须对这个活动进行总结、评价，分享经验，吸取教训，提升知识技能。对于总结、评价，教师可以充分发动幼儿共同总结评价，然后加以提炼与系统完善。本活动切合游戏的目标展开有效讨论，通过请幼儿说说自己都和什么样的"石头"做游戏了，来巩固认知，请幼儿说说还可以和图形怎样做游戏？还可以增加什么图形？以激发幼儿下一次活动的欲望，为活动的延伸做准备。

图 5-11-1

图 5-11-2

图 5-11-3

图 5-11-4

**活动设计：** 大连市西岗区教师幼儿园　郭冬梅
**活动指导：** 大连市西岗区教师幼儿园　潘丽新

（此活动曾在大连市幼儿园市级骨干教师集中培训活动中公开展示）

## 案例十二　好朋友

### 一、设计意图

《3~6岁儿童学习与发展指南》（以下简称《指南》）中提出："通过点数的方式让幼儿体会物体的数量不会因排列形式、空间位置的不同而发生变化。"认识10以内的数字并感知10以内的数量是中班数学活动内容，通过小班学习，幼儿已掌握5以内的数。根据幼儿学习特点和实际已有经验，我设计了本节活动。让孩子们在游戏活动中感知比较6以内的数量，体验与老师、同伴共同游戏的乐趣。

### 二、活动目标

能不受物体排列形式、空间大小的影响，正确感知6以内的数量。

具有初步的观察、比较、判断等量的能力。

体验与同伴共同游戏的乐趣。

## 三、活动重点、难点

能不受物体排列形式、空间大小的影响,正确感知6以内的数量。

## 四、活动准备

奖励卡挂件(背后贴有6以内数量的星星贴纸);小组人数统计表;棒棒糖。

## 五、活动过程

### 1. 导入

教师:老师最近发现很多小朋友进步了,谁能说说你都哪些地方进步了?

### 2. 感知

(1) 发放奖励卡。

教师:你们都进步了很多,所以张老师给你们带来了奖品,要送给你们每组的小朋友。你们能帮我数一下你们小组有多少个小朋友吗?

教师根据幼儿的数数,统计出每组的人数,并发给每组幼儿奖励卡(见图5-12-1)。

(2) 比较6以内数的多少。

教师:你们看看奖励卡的后面有什么?

幼儿点数自己卡片后的星星贴纸,引导幼儿比较6以内数的多少(见图5-12-2)。

教师:请你们数数有几颗小星星?

教师:跟你们小组的小朋友比一比,看看谁的多?谁的少(见图5-12-3)?

教师:那是老师给你们的小粘贴,应该每张卡上有6颗小星星,看看是不是6颗小星星。

### 3. 游戏找朋友

(1) 教师:今天老师跟你们玩一个游戏,名字叫"找朋友"。听老师说游戏儿歌:"找找找,找朋友,找个朋友手拉手,3个朋友手拉手。"

(2) 教师讲解游戏玩法。

幼儿边拍手、边唱儿歌,当老师说"3个朋友手拉手"的时候,赶快找3个小朋友拉起手。教师检查每组人数是否正确(人数要从2递增到6,见图5-12-4)。

4．小结

教师：小朋友今天表现的真棒，我们一起出去玩吧！请你们自由结对，但是每组必须是6个人。人数不够的可以请老师参加。

## 六、活动反思

认知心理学和建构主义认为，当孩子的学习材料是他们所熟悉并感兴趣的事物时，他们就会主动地去尝试，并运用已有的知识、经验和认知方法对其进行创造。中班孩子已经开始注重别人发现自己的进步和优点了。因此，我以找进步为导入，设置发奖励卡的情境。通过游戏让孩子感受数学就在身边，促进孩子的参与热情与探究欲望，获得亲身的体验。

在活动中，通过统计每组的人数，到分发奖品，再到检查各自的礼物数量一系列活动，让孩子们感知和比较6以内的数量。最后在传统游戏活动《找朋友》的环节中，孩子们的学习热情达到了高潮。在整个活动中，我以游戏贯穿活动始终，以层层递进的方式很好地完成了活动目标。

整个活动体现了以孩子为主体，教师为主导的和谐师幼关系，绝大多数幼儿能够主动参与学习，达到了预定的教学目标。但在活动中也出现了一些不足的地方：我低估了孩子们的认知水平，活动内容有点简单了。本届活动内容比较适合中班初期进行，也可以根据本班幼儿实际情况，加深难度。

图5-12-1

图5-12-2

图 5-12-3

图 5-12-4

**活动设计：** 大连理工大学幼儿园　张英

**活动指导：** 大连理工大学幼儿园　王清华

案例十三　去郊游

## 一、设计意图

《3~6岁儿童学习与发展指南》中指出："鼓励和支持幼儿发现、尝试解决日常生活中需要用到数学的问题，体会数学的用处。"幼儿在运用数学解决实际生活问题的过程中，不仅获得丰富的感性经验，而且初步尝试判断、推理能力，发展逻辑思维能力。根据这一精神，我设计了本节活动，让幼儿初步感知在同一空间内，物体大小与数量的关系，并对空间现象产生兴趣，建立初步的空间概念。

幼儿思维特点以具体形象为主，而数学具有的抽象性、精确性，对孩子们来说是比较枯燥的。因此，我创设了去郊游的情境，运用幼儿较熟悉、贴近幼儿生活的内容，即为相同容器装水果和玩具这一形式，贯穿于整个活动中，孩子们对郊游这个活动兴趣浓厚，能够在游戏中学习并体验数学游戏的快乐。

## 二、活动目标

通过操作，感知在同一空间内物体大小与数量的关系。

发展空间感知能力。

体验数学活动的乐趣。

### 三、活动重点、难点

感知在同一空间内，物体大小与数量的关系。

### 四、活动准备

相同大小的容器每人两个；樱桃、小西红柿、荔枝若干；记录单、笔、盘子、玩具、筐、布球、海洋球、积木、绿色地垫。

### 五、活动过程

**1．导入**

教师：今天天气真好，老师带小朋友去郊游吧，你们看老师准备了许多去郊游的食物，都有什么？（见图5-13-1）

**2．感知**

教师：我们带着这些水果出去郊游，能不能这样端着盘子出去啊，那怎么办呢？

小朋友想的办法可真多，今天老师准备了两个盒子，我们把水果装在这里。我们看一下这两个盒子比起来怎么样？（一样大）

那小朋友想一想，如果把两种水果分别装在这两个盒子里，数量会一样多吗？哪个会多？哪个会少呢？

教师：下面请小朋友选择两种自己喜欢的水果，分别装在两个盒子里，看看哪个多，哪个少。装的时候要一边装一边数，还要将装的结果用自己的方式记录下来。

**3．交流**

（1）引导幼儿推理。

教师：说说你装的哪两种水果，它们一样多吗？为什么一样的盒子装的东西不一样呢？

（2）小结。

教师：在同样的盒子里，越大的水果装得就越少，越小的水果装得就越多。

**4．游戏**

（1）观察。

教师：老师准备了许多玩具，看看这三个玩具比起来怎么样？老师还给你们准备了玩具筐，这些玩具筐比起来怎么样？

（2）讲解玩法。

教师：现在小朋友要听清楚老师的要求，从起点出发，选择一种玩具装在筐里，比比看谁最先把筐装满，小朋友要先想想哪种玩具装在筐里会最多（见图5-13-2）。

（3）交流。

教师：你装的是什么？为什么你会选择装这个呢？越大的装的就越少越快，越小的装的就越多越慢。

**5．小结**

教师：小朋友真聪明，出来郊游，你们的心情怎么样？用一个好听的词告诉老师，老师的心情也非常高兴，因为我们一起学到了一个知识，在同样大的空间里，越大的物体装的就越少，越小的物体装的就越多，那让我们带着好心情去品尝老师给你们带来的水果吧。

## 六、活动反思

本次活动从幼儿身边比较熟悉的话题入手，形象地将同一空间物体大小与数量关系这一问题展现在幼儿的面前。将抽象的数学知识寓于孩子们感兴趣的游戏中，整个活动以去郊游为主线，把各环节自然串联在一起，层层递进，使幼儿在自由自主的游戏中学习数学，逐步掌握学习内容，目标基本完成。

在活动中注重师生、生生之间的互动，将大家的知识、经验加以交流和反馈，促进教学目标更好地完成。幼儿是以具体形象思维为主，因此，我为幼儿提供了大量的操作材料，让幼儿通过自主探索、亲子操作来感知同一空间物体大小与数量的关系，使枯燥的数学活动变得更生动有趣。

本次活动中存在的不足之处：在教具的准备上估计不足，樱桃和小西红柿大小相似，有的幼儿选择这两种食物放在相同大小的两个容器中，结果差别不大。另外，小西红柿不属于水果，更确切地说属于蔬菜。

图 5-13-1

图 5-13-2

**活动设计：** 大连市长海县幼儿园　宋雅妮
**活动指导：** 大连市长海县幼儿园　周辉

（在长海县县级青年教学活动中观摩）

## 一、设计意图

生活中的数学无处不在，幼儿的日常生活中也到处存在着数学，如有几只手、几个手指头、家里有几口人等都涉及数字。

《3~6岁儿童学习与发展指南》中指出："引导幼儿感知和体会有些事物可以用数字来描述，对环境中各种数字的含义有进一步探究的兴趣。"《幼儿园教育指导纲要》中指出："学习用简单的数学方法解决生活和游戏中某些简单的问题。"根据幼儿的年龄特点与实际情况，我创设了以"去旅游"为主线开展的数学活动，把抽象、枯燥的数学活动变为生动有趣的游戏活动，在运用中探索、感知物体的数量及数字的对应关系，体验数学的重要和有趣。

## 二、活动目标

认读数字10，并理解其实际意义。

感知10以内物体的数量及其数字的对应关系。

体验游戏的乐趣。

### 三、活动重点、难点

重点：认读数字10，并理解其实际意义。

难点：感知10以内物体的数量及其数字的对应关系。

### 四、活动准备

小超市的情境创设，小明一家旅游计划单；幼儿旅游计划单，各种物品食物的大图片、幼儿操作小图片、数字卡、小动物卡片；课前让家长带幼儿到超市购物，积累生活经验。

### 五、活动过程

#### 1. 导入

营造氛围、激发兴趣。

教师：小朋友，你们喜欢旅游吗？旅游的时候最想带什么东西去呢？

（引导幼儿自由发言，利用幼儿已有的生活经验调动幼儿参与的兴趣及积极性，为下一环节奠定基础）

#### 2. 感知

（1）观察交流。

教师：小明一家要出去旅游，他们都带了些什么（出示小明旅游计划单，引导幼儿观察并回答问题）。

小明一家计划带哪些东西去旅游？（1个背包、1张地图、3条毛巾、4件衣服、6根香肠、5瓶酸奶、9片面包、10块巧克力）

（2）引导幼儿点数每种物品的数量，并用相应的数字表示。

教师：每样物品的数量是几？用数字几来表示？

（3）引导幼儿认读10（见图5-14-2，图5-14-2）。

教师：请小朋友数一数有几块巧克力？用数字几来表示？说说10像什么？数字10还可以表示什么？

（4）找数量10。

幼儿手里拿数字10，找找班级哪些东西数量是10就将10粘到相应的地方。

3．游戏送小动物回家

（1）玩法：每种小动物家房顶是几，小朋友要送几只小动物回家。

（帮助幼儿理解 10 以内数的实际意义）

（2）幼儿游戏。

4．操作

（1）出示各种食物、物品的大卡片，引导幼儿观察。

教师：你们去旅游，想带什么东西，每样东西带几个？用数字几来表示？

（2）出示幼儿旅游计划单。

要求：将选择的食物或物品放在相应的格里，并用相应的数字进行表示。

（3）幼儿自由选择、操作、记录，教师参与幼儿的游戏并给予适当的指导。

5．小结

幼儿互相介绍、交流自己的购物单。

教师：旅游的时候带什么东西最合适？带几个？用数字几来表示？

（幼儿交流展示自己的记录单，引导幼儿发现问题并自己进行纠正）

6．活动延伸

（1）区域活动。

通过情景游戏"超市购物"引导幼儿自主学习，每个孩子拿纸币 10 元，说说买什么合适？买几个？买了几种？用数字几来表示？

要求：去超市的马路和以前不一样，请小朋友观察，对照马路上图案的数量找到相应的数字进行表示，并粘到站牌上，看谁最先到超市。小朋友要告诉收银员，买了什么？买了几个？共买了几样东西？用数字几来表示？

（2）日常生活。

引导幼儿对身边的数学产生兴趣，点数小朋友的数量，创设条件让幼儿分碗、分筷子等，在生活中学习数学。

## 六、活动反思

去旅游这一活动内容的选择立足幼儿的实际，在活动中采用了情景学习法、观察法、游戏探索法。为幼儿创设了贴近幼儿生活的游戏情景和宽松自由探索的学习环境，调动了幼儿自由探索、学习的积极性、主动性。通过找朋友、送小动物回家两个游戏，进一步地引导幼儿感知、理解10以内物体的数量及其实际意义。同时培养了幼儿对数学活动的兴趣，使幼儿在轻松、自由的氛围中学习，从而突破了本次活动的重点和难点，达到了"玩中学、玩中教"的目的。

优点：整个活动的过程以游戏的形式贯穿始终，我始终以平等的身份参与游戏，用游戏的口吻鼓励幼儿大胆地表达和表现，成为幼儿学习的支持者、合作者、引导者，使每个幼儿在不同的水平上获得提高。

本次活动中存在的不足之处：在我的旅游计划单环节，幼儿操作的小卡片如果以二个或三个为一组的形式，更便于幼儿的点数和操作。在超市购物环节，一条路线显得拥挤，再开设两条就不会在此环节浪费太多的时间。

图 5-14-1

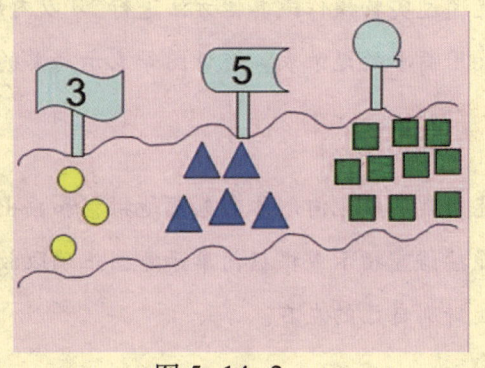

图 5-14-2

活动设计：大连市长海县幼儿园　尹宏
活动指导：大连市长海县幼儿园　周辉

（此活动在长海县县级评优活动中获一等奖）

## 模块六　数学认知活动　大班

### 目标 1　初步感知生活中数学的有用和有趣

能发现事物简单的排列规律，并尝试创造新的排列规律。

能发现生活中许多问题都可以用数学的方法来解决，体验解决问题的乐趣。

### 目标 2　感知和理解数、量及数量关系

初步理解量的相对性。

借助实际情境和操作（如合并或拿取）理解"加"和"减"的实际意义。

能通过实物操作或其他方法进行10以内的加减运算。

能用简单的记录表、统计图等表示简单的数量关系。

### 目标 3　感知形状与空间关系

能用常见的几何形体有创意地拼搭和画出物体的造型。

能按语言指示或根据简单示意图正确取放物品。

能辨别自己的左右。

## 案例一 分类排序

### 一、设计意图

《幼儿园教育指导纲要（试行）》中指出，幼儿园教育活动内容的选择应"既贴近幼儿的生活，选择幼儿感兴趣的事物和问题，又有助于拓展幼儿的经验和视野"。《3~6岁儿童学习与发展指南》针对5~6岁幼儿提出："能发现事物简单的排列规律，并尝试创造新的排列规律。"大班幼儿对排序活动已经有了一定的经验，对有规律的排序活动感兴趣，但是对有规律的分类排序活动还不了解，为让幼儿体会事物排列的特点与规律，我选择了"分类排序"这一活动。

### 二、活动目标

学习有规律地分类排序。

能按物体数量的递增和递减的规律进行排序练习。

养成认真观察、仔细操作的学习习惯。

### 三、活动重点、难点

重点：学习有规律地分类排序。

难点：能按物体数量的递增和递减的规律进行排序练习。

### 四、活动准备

课件——小花蝴蝶序列图、房子、黑白序列图（见图6-1-1、图6-1-2）。

玩具熊一只。

不同长短、宽窄、颜色的长条手工纸条、不同颜色的雪花片若干、黑色蜡笔每人一支。

《黑白小毛巾》操作单（见图6-1-3）。

### 五、活动过程

**1. 导入**

以为小熊布置新家做彩条引出活动主题。

教师：小朋友，你们好，我是小熊贝贝，告诉你们一个好消息："我搬新家啦！"今天想请小朋友来帮我做一些漂亮的彩环，来装饰我的家。但是我有一个要求：小朋友做的彩环要按一定的规律进行排序，这样的彩环才漂亮。

**2. 操作**

(1) 引导幼儿用提供的纸条进行排序练习。

教师：我为小朋友准备了各种颜色、长短和宽窄不一样的纸条，请小朋友试着来做一做。

(2) 引导幼儿分组操作，根据纸条的多种特征做彩环。

(3) 引导幼儿互相交流。

教师：做好的小朋友请你和旁边的小朋友说一说，你是怎样排的？

小结：排序的方法有多种，可以按形状、颜色、数量等多种特征排序。

(4) 课件展示，引导幼儿发现并说出排列规律。

教师：小熊家有个美丽的花园，花儿招来了许多蝴蝶，小熊给它们照了些相，我们一起来看看。

教师：小花和蝴蝶是按什么规律排序的（逐一出示）？

(5) 引导幼儿自取不同颜色的雪花片，学习按物体数量的递增和递减的规律排序。

教师：老师为小朋友准备了许多雪花片，请小朋友也根据小花和蝴蝶的排列规律，试着摆一摆吧！

**3. 欣赏**

引导幼儿观察图片，找出规律排序的特征。

教师：小熊给小朋友带来了一幅图，只有黑、白两种颜色，请小朋友看一看、数一数，黑、白这两种颜色的排列有什么规律？

教师：它们分别是以几个为一组进行排列的？

**4. 设计**

(1) 以帮助小熊布置新家的情景，请幼儿创造新的排序规律。

教师：小朋友为小熊布置新家很辛苦，小熊为每个小朋友准备了一块小毛巾来擦汗，请小朋友运用学会的本领，自己来设计一条黑白小毛巾，注意要有规律地进行排序（见图6-1-4）。

（2）请幼儿按照递增和递减的规律，来讨论自己的设计想法。

（3）指导幼儿设计毛巾，注意对个别幼儿的引导。

5．交流

（1）将幼儿的作品放到展览板上，互相观察、讨论、交流，说说自己的设计想法。

（2）请个别幼儿到集体面前交流经验，引导幼儿学习观察和评价同伴的作品。

教师：请你介绍一下自己设计的黑白小毛巾，和大家说说你是怎么想的？

（3）帮助幼儿梳理学到的分类排序经验，请同伴互相说一说排列规律。

6．活动延伸

（1）在操作区放置不同颜色和不同数量的图形卡片，引导幼儿通过观察发现排序规律，进行分类排序活动练习。

（2）美工区投放不同颜色和不同数量的花朵，请幼儿观察范例，发现规律并根据规律制作美丽的花环项链。

## 六、活动反思

"分类排序"是一节数学活动，大班幼儿对排序活动感兴趣，但是对分类排序活动不了解，为了对幼儿已有的经验进行梳理和运用，进一步提升幼儿的学习经验，我选择了这节活动。在活动中，我依据大班幼儿的年龄特点，通过导入——操作——欣赏——设计——交流的流程，尊重幼儿的年龄特点和发展规律，一点一点地引导幼儿学习分类排序的方法，在操作和探索活动中发展幼儿的观察和探索能力，帮助幼儿拓展思路，加深对排序规律的认识和理解，幼儿参与活动的积极性非常高，基本达成活动目标。

在活动准备方面，我利用两种颜色的纸条，分颜色摆放，暗示幼儿按照颜色选取材料参加活动，让他们目标明确地参加活动。

在重难点的突破上，运用了先操作再欣赏的方式进行活动，请幼儿边观察边探索，在操作活动中，对分类排序的规律充分进行感知和了解，让幼儿自己来发现分类排序与以前规律排序活动的不同之处，并邀请幼儿参加设计活动，在设计环节对习得的知识经验进行梳理，并指导幼儿练习运用。

本次活动中存在的不足之处：教师应该在幼儿每次操作活动之后，都组织小结，及时梳理经验，这样便于幼儿理解和掌握。

图 6-1-1

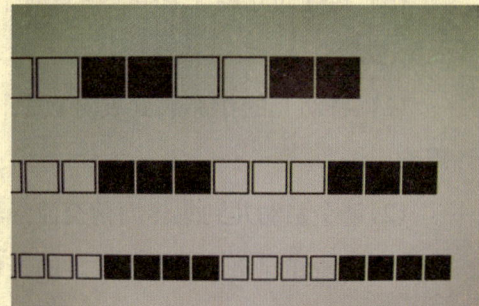

图 6-1-2

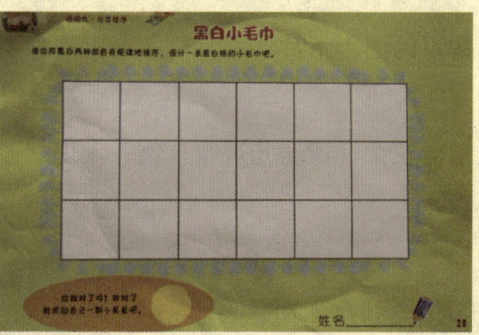

图 6-1-3

图 6-1-4

活动设计：大连市甘井子区教育局第三幼儿园　于岩

活动指导：大连市甘井子区教育局第三幼儿园　孙冬梅

## 案例二　有趣的单双数

### 一、设计意图

在一次户外游戏"报数"的活动中，幼儿从 1 开始报数一直到 20，为了整理队形，我想让单数的幼儿向前一步走。话刚到嘴边，我突然意识到幼儿没有这方面的经验。

认识单双数是幼儿园大班的数学内容之一，数学活动本身就具有较强的逻辑性，在教学中容易枯燥乏味，影响幼儿探索的主动性、积极性，《幼儿园教育指导纲要（试行）》中明确指出："数学教育的目标是能从生活和游戏中感受事物的数量关系并体会到数学的重要和有趣。"《3~6岁儿童学习与发展指南》中提到："幼儿的科学学习是在探究具体事物和解决实际问题中，尝试发现事物间的异同和联系的过程。"在这一精神指导下，为促进幼儿对单双数的认识。我构思了本次活动内容。

## 二、活动目标

认识10以内的单双数，理解单双数的实际意义。

通过尝试操作，能掌握判断10以内单双数的方法。

体验游戏的快乐，激发幼儿学习数学的兴趣。

## 三、活动重点、难点

重点：认识并理解10以内的单双数。

难点：区分10以内的单双数。

## 四、活动准备

饼干图片若干，1~10数字卡片若干，蓝色、红色托盘挂图各1张。

双数男孩，单数女孩。

## 五、活动过程

### 1. 感知

游戏感知：找朋友通过游戏：找朋友，引导幼儿感知单双数。

（1）请出双数幼儿玩游戏。

教师：今天小熊要请客，两个两个好朋友一起去才可以？

教师：数一数有几个小朋友？猜一猜他们都能找到好朋友吗？让我们随着音乐找到你的好朋友，两个两个抱一抱吧。

（2）请出单数幼儿玩游戏。

教师：数一数多少人参加了？猜一猜他们都能两个两个的找到好朋友吗？让我们随着音乐找到你的好朋友，两个两个抱一抱吧（见图6-2-1）。

## 2. 操作

通过分层次操作，认识并理解单双数意义。

（1）做饼干，感知两个两个数的方法。

教师：打开小盘子，看看桌子上有什么？

教师：数一数你的小盘子里有几块饼干，从旁边的盒子里找出和饼干一样数量的数字，放到桌子上（见图6-2-2）。

教师：今天小熊请大家吃夹心饼干，它有点忙不过来了，我们帮帮它。把你盘子里的饼干两个两个夹一起。

（2）分饼干，认识并理解单双数。

教师：所有饼干都两个两个夹一起，没有剩下的小朋友把你们饼干的数字送到笑脸的红色盘子里；两个两个夹一起，还剩下一块饼干的小朋友把你们刚才拿出的数字送到哭脸的蓝色盘子里（见图6-2-3）。

教师：两个两个夹一起，没有剩下的饼干数量有哪些？

教师：谁可以按照从小到大的顺序给这些数字排排队。

教师：两个两个夹一起，还剩下一块饼干的数量有哪些？

教师：谁可以按照从小到大的顺序给这些数字排排队。

教师：像1、3、5、7、9这样两个两个数总是剩下1个的数我们叫它单数，我们今天认识的单数有哪些？

教师：像2、4、6、8、10这样总能凑成两个两个，没有剩下的数我们叫它双数。我们今天认识的双数有哪些？（见图6-2-4）

## 3. 练习

尝试区分单双数，掌握区分单双数的方法。

（1）圈一圈。

教师：数一数，你的小饼干上有几个洞洞，两个两个圈一圈，是单数还是双数。

（2）找一找。

教师：单数和双数就在我们的身边，找一找你身上什么东西是单数，什么东西是双数？

教师：找一找活动室里什么东西是单数，什么东西是双数？（男孩、女孩数量）

教师：我们的生活中什么东西是单数，什么东西是双数？

**4. 游戏**

通过游戏照相，巩固对单双数的认识。

玩法：如果老师出示的数卡是单数，就请单数小朋友摆个造型，如果老师出示的数卡是双数，就请双数的好朋友一起照合影。

## 六、活动反思

幼儿的思维特点是以具体形象思维为主，注重引导幼儿通过直接感知、亲身体验和实际操作进行科学学习。本次活动以游戏开始，在游戏中收尾，整个活动贯穿于一系列动静交替的游戏中，让幼儿在轻松、愉快的氛围中掌握单双数。游戏找朋友、做饼干、分饼干、照相，通过幼儿亲自动手分分、做做，动口说出，将数学融入到游戏中，引导幼儿感知单双数的奥秘。让幼儿感悟到生活中处处有数学，数学就在我身边。

活动中，教师本着感知—操作—理解—巩固的线索，有序地引导幼儿由易到难，循序渐进地理解单双数的意义，掌握区分单双数的方法，使幼儿在操作中有步骤、有目的地加深了对单双数的认识。若是在活动中让幼儿自己动手操作找出区分单双数的方法，这样幼儿对单双数的认知会更清晰。

图 6-2-1

图 6-2-2

图 6-2-3

图 6-2-4

活动设计：大连市沙河口区第四幼儿园　刘宁
活动指导：大连市沙河口区第四幼儿园　张红霞

## 案例三　喜羊羊超市之文具大选购

### 一、设计意图

《3~6岁儿童学习与发展指南》（以下简称《指南》）中指出，5~6岁儿童在数学认知活动中的发展目标为："能发现生活中许多问题都可以用数学的方法来解决，体验解决问题的乐趣。借助实际情景和操作理解'加'和'减'的实际意义。"本班幼儿已熟练掌握了7的分解组合、加减法相关知识，但在运用7的加减法去解决生活中的问题上还缺少了解和实践。本班幼儿前期有较丰富的角色游戏经验，喜欢购物游戏，根据《指南》和《幼儿园教育指导纲要》，结合幼儿身心发展特点，我设计了本次活动。

### 二、活动目标

在生活场景中巩固7的加减法。
能运用7的加减法解决生活中的问题，并大胆地表达和记录。
体验购物游戏的好玩和有趣。

### 三、活动重点、难点

重点：巩固7的加减法。

难点：能运用7的加减法解决生活中的问题，并大胆地表达和记录。

## 四、活动准备

创设"喜羊羊超市"，开设新的文具专柜；与幼儿共同收集各种文具，商讨并共同制作文具的价格标签，布置文具专柜。

开放社会体验区小小银行作为辅助活动区域。

幼儿记录单、集体大记录单（一）（二）、《买文具》操作单。

大海报板一个，1元、2元、5元代用券，面值7元的一次性消费券，记录笔。

## 五、活动过程

**1．导入**

（1）创设问题情景，引导幼儿回忆。

小朋友们，你们去过文具店吗？文具店里都卖哪些文具？

（2）出示购物板，引导幼儿观察文具的种类及价格。

教师：六一儿童节快到了，喜羊羊超市，新开设了文具专区，给宫老师送来一张大的商品海报。一起来看看海报上都有哪些文具？分别卖多少钱？

教师：喜羊羊经理还给每个小朋友送了一张面值为7元的一次性优惠券，可以去文具店选购文具，不论买什么文具、多少个，合起来要是7元（见图6-3-1）。

**2．操作**

（1）引导幼儿用7元优惠券购买文具，并在记录单（一）上记录。

（2）鼓励幼儿表达自己的购买方式并集体记录，帮助幼儿梳理7的加法经验（见图6-3-2）。

教师：你用7元钱优惠券买了几样文具？先买了几元钱的什么？后买了几元钱的什么？加起来是多少钱？

教师：你是怎样算的？可以用怎样的算式表示出来？（见图6-3-3）

教师：谁和他买的不一样？你是怎样买的？

**3．探索**

（1）小小银行开门啦。请小朋友到银行的自动取款机里，取出正好7元钱，并在取款单上做好记录。

（2）引导幼儿用7元钱买一种文具，并在记录单（二）上记录。

教师：超市发出限购令，顾客您好，由于货品不足，每位顾客限购一款商品。只买一种文具，想想你想买什么？花多少钱？还能剩多少钱？（见图6-3-4）

(3) 鼓励幼儿表达自己的购买方式并集体记录,帮助幼儿梳理7的减法经验。

教师:你买了哪种文具?花了多少钱?还剩多少钱?

教师:你是怎样算的?

### 4. 记录

指导幼儿记录《超市文具大选购》操作单。

教师:文具店里有哪些文具?(观察的顺序性)分别是多少钱?看看小朋友都买了哪些文具,一共需要多少钱?在空格里列出算式再来算一算吧。

### 5. 活动延伸

(1) 超市角色区。请幼儿扮演超市收银员,在游戏过程中双向检验,进一步巩固7的加减法。开设水果、玩具等不同专柜,丰富幼儿的购物体验。

(2) 饭店角色区。请幼儿扮演饭店服务员,顾客用7元钱去饭店点餐,用菜单形式记录,进一步检验幼儿运用加减法解决生活中的问题的能力。

## 六、活动反思

"喜羊羊超市之文具大选购"数学活动,是我根据本班幼儿的实际情况,在教材原有活动《买文具》的基础之上设计的,以在角色区域内的购物游戏为主线。角色区域游戏作为本园的一个科研题目,孩子几乎每天都玩,有很强的操作经验和兴趣指引。但是与数学知识的集合,还属于初步尝试阶段,为了提升幼儿探究和运用数学知识、解决实际生活问题的能力,我选择了这节活动。根据大班幼儿的年龄特点及发展水平,在组织过程中,回忆、观察、通过两次操作探索、记录、表述、区域材料延伸的环节设置,充分体现了幼儿的主体地位,充分利用角色区,让幼儿在实际的操作、游戏的情境中自然地将所学的7的加减法知识融入其中,不断地发现问题、解决问题,同时不断积累生活经验。

活动材料的选择上,我有意识地提供了幼儿活动、学习中常用的文具,并用手绘的方式制作海报,调动了孩子的好奇心,增加了购物的趣味性。在活动前我与幼儿共同收集文具,一同讨论并制作、粘贴每件文具的价格标签,幼儿觉得新奇又有趣,在与幼儿一同摆放的过程中,引导幼儿按照物体的特征进行分类摆放。

在重难点突破上,利用生活和游戏中的实际情境,引导幼儿理解数的概念。通过物体的实际操作引导幼儿理解数与数之间的关系,并用"加"或"减"的办法来解决问题,在生活场景中巩固7的加减法。鼓励和支持幼儿发现、尝试解决购物过程中需要用到的数学问题，体会数学的用处，提示幼儿及时填写操作单，能运用7的加减法解决生活中的问题，并大胆地表达和记录。在环节设计和原料投放上注意目的性、层次性和多功能性，小小银行、自动提款机，让幼儿练习自己取钱：是幼儿对7的分解组合掌握情况的一个反馈，为下一环节通过购物有意识鼓励幼儿参与计算和付款的过程做了铺垫。注重引导幼儿通过直接感知、亲身体验和实际操作达成目标。

这是第一次在角色游戏进行的同时填写记录单，为了便于幼儿操作，我设计了新的幼儿操作单，并通过教师记录单，帮助幼儿梳理原有经验。

本次活动中存在的不足之处：在操作探索环节，教师对个别幼儿关注度不够，给幼儿表述记录结果的时间可以再延长一些。

图 6-3-1

图 6-3-2

图 6-3-3

图 6-3-4

**活动设计**：大连市沙河口区第五幼儿园　宫良婷
**活动指导**：大连市沙河口区第五幼儿园　康红文

## 案例 四 玩纸牌

### 一、设计意图

数的组成和分解是数概念教育内容中的一个重要组成部分。《3~6岁儿童学习与发展指南》中要求幼儿"从生活和游戏中感知事物的数量关系",还要关注幼儿探索、操作、交流、问题解决和合作的能力。大班幼儿已经学过了9以内各数分解与组成,对于数的组成他们也已经有了一定经验。我尝试让幼儿亲自动手操作,然后记录结果,在教师的引导下寻找分解和组成的规律,让幼儿在玩中学,以达到活动目标与幼儿兴趣最优化的结合。

### 二、活动目标

学习10的分解组成。

能记录分合结果及其规律。

喜欢纸牌游戏。

### 三、活动重点、难点

重点：学习10的分解组成。

难点：能按照分合规律记录分合结果。

### 四、活动准备

扑克牌每人10张（见图6-4-1）。《玩纸牌》、《小熊玩牌》记录单。

### 五、活动过程

**1. 复习**

以问答形式复习9以内的数的分解与组成。

教师：小朋友，我问你，6能分成3和几？

**2. 记录**

出示10张扑克牌，引导幼儿玩翻纸牌的游戏。

教师：今天我们一起来玩翻纸牌的游戏。将10张纸牌背面朝上，摆成一横排。

翻开第一张，数一数有几张正面朝上，几张背面朝上，记在记录单上。然后翻开第二张，数一数有几张正面朝上，几张背面朝上，再记在记录单上。翻开一张记一次，逐渐全部翻开。

（幼儿完成《玩纸牌》记录单，教师观察幼儿翻牌记录的方式）

### 3. 交流

（1）引导幼儿讲述翻牌的过程和结果。

教师：10张牌，每翻一次发生了什么变化？你在翻牌中有什么发现？

教师：数怎么变了？

（2）教师记录结果，引导幼儿寻找分解组成的规律。

教师：将10分成两份，会有几种分法？

教师：小朋友仔细观察，发现两组数字有什么规律？

### 4. 记录

引导幼儿完成《小熊玩牌》的记录单。

教师：小熊正在玩翻牌游戏，它翻一张，扑克牌的正反面就发生变化，把每次的变化记录在表格中（见图6-4-2，图6-4-3，图6-4-4）。

### 5. 游戏

教师：咱们玩一个游戏"火车开了"，老师说一下游戏玩法，小朋友每人一张数字纸牌，找和自己纸牌上数字合起来是10的小朋友手拉手一起上火车，随着音乐做开火车动作出活动室，自然结束。

### 6. 活动延伸

玩"十点"游戏，准备1~9的扑克牌，将牌洗好后，反扣在桌子上，几人一组，轮流抓牌，当牌全都抓完后，按照顺时针方向出牌，第一个人出一张牌后，其他人看看谁手中有能与它凑上"十"的牌就把牌拿出来，最后看谁先把牌出完就为胜。

## 六. 活动反思

活动设计适合大班幼儿，教师能够结合幼儿的实际能力水平及先前的生活经验，有计划、有步骤地、循序渐进地组织活动，让幼儿在轻松愉快的氛围中学会10的分解组合。

活动材料生活化。本节活动运用生活中的资源——扑克牌，利用翻牌的游戏，直观形象地理解了10的分解组合，并能轻松地解决活动重难点，在游戏中学会分合的方法，并在游戏中发现生活里有趣的数。

活动过程游戏化。整个活动，以游戏贯穿其中，在不同深度的翻牌游戏中，让幼儿通过摆一摆、记一记、说一说等生动有趣的活动，自主尝试探索，学习并掌握了10的9种分法，幼儿能用较为清楚的语言表达分与合的过程，在此基础上，还发现和总结出10以内数的分解和组成规律，提高了自己的抽象思维能力。活动中，幼儿表现出浓厚的兴趣，又体验到了成功的喜悦。

有效地促动幼儿主动学。在活动中，幼儿参与的积极性非常高，在游戏的引导下，幼儿在玩中了解数的分解关系，在操作中发现问题、解决问题，激发了幼儿继续探索的兴趣。

若是在活动最后，能将游戏变换玩法，增强同伴互动，这样幼儿兴趣会更浓厚些。

图 6-4-1

图 6-4-2

图 6-4-3

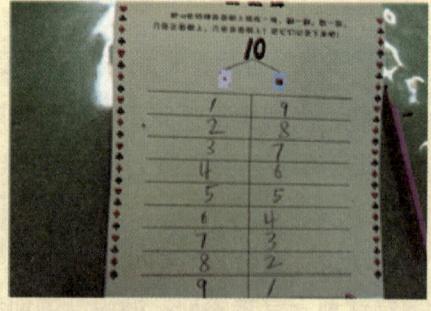

图 6-4-4

**活动设计**：大连市甘井子区希望之星幼儿园　徐景
**活动指导**：大连市甘井子区希望之星幼儿园　张梅

## 案例 五 认识整点

### 一、设计意图

《幼儿园教育指导纲要》指出："大班幼儿开始具有初步的逻辑思维，可以初步理解事物间比较复杂的关系，对生活中的一些现象和变化用科学的道理进行解释。"大班幼儿能够认识前天、后天等更长的时间单位。认识时钟，学会看整点、半点。在大班下学期数学课程计划里，"认识时钟"是幼儿学习内容之一。我们班幼儿对于时间的概念已经有了初步的认识，但还不够全面。幼儿每天的学习、生活都是紧张而又遵循时间规律的。通过认识时钟，让幼儿认识整点，知道钟（手表等）在我们生活中的重要性，知道时间对于我们每个人都是平等的，同时可以教育幼儿学会珍惜时间，养成按时学习、生活等良好的作息习惯。

### 二、活动目标

初步了解时钟的表面结构，学会看整点时间。

能辨别时针和分针的变化规律。

体验钟表在生活中的作用。

### 三、活动重点、难点

重点：学会看整点时间。

难点：能辨别时针和分针的变化规律。

### 四、活动准备

圆形时钟一个（见图6-5-1、图6-5-2）。自制小钟表若干（见图6-5-3，图6-5-4）。《幼儿操作单》"连一连"、彩笔。

### 五、活动过程

#### 1. 导入

谜语游戏"钟之歌"，引导幼儿猜谜语。

2. 操作

(1) 教师出示圆形时钟，请幼儿观察钟面，了解钟的表面结构。

教师：这是什么？钟面上有什么？

(2) 通过拨钟，认识分针和时针。

1) 教师慢慢拨钟，引导幼儿观察分针和时针的运动。

教师：这几个指针有什么不同？

让幼儿说出：分针长，跑得快；时针短，跑得慢。

教师：小朋友们仔细看，当老师慢慢拨钟表的时候，时针和分针有什么变化？

2) 教师与幼儿共同小结。

教师：你发现了什么？

(3) 通过拨钟，引导幼儿认识整点钟。

教师将分针和时针都拨到12上，然后调节钟背面的调时钮，使分针转一圈后正指向数字12，让幼儿注意时针有了什么样的变化。教师反复拨几次，让幼儿明白分针每走一圈，时针就走一个数字，经过了一个小时。

教师：当分针转了整整一圈之后，时针有什么变化？

(4) 游戏：我拨你报。

1) 教师拨整点，幼儿来报时。

2) 幼儿拨正点，幼儿来报时。

3) 任意说出一个整点，幼儿在自己的钟表上拨出相同的整点时间（见图6-5-4）。

4) 教师小结：分针正指12，时针指数字几，就是几点钟。出示写有整点钟的电子钟卡片，与幼儿一起拨整点中。边拨边与幼儿一起说："1点整、2点整、3点整……"直到两针在12上面重合（12点整）。

3. 游戏

(1) 指导幼儿完成《连一连》操作单。

教师：看看每个钟表是几点钟？请把钟表和相同的时间连起来。

(2) 启发幼儿结合生活经验或看图片来说说钟表在生活中的作用。

4. 活动延伸

将实物钟和自制小钟表投放到活动区，供幼儿游戏。

## 六、活动反思

本节活动的目标基本达成。结合本班幼儿的生活实际和年龄特点，以谜语来激发幼儿的兴趣，在活动中，我采用了小组合作的学习模式，让幼儿自主学习，通过观察、比较、操作、交流等方式进行学习，从而调动了幼儿多种感官进行学习，培养了幼儿合作的意识。让幼儿体验认识时钟带来的喜悦。利用游戏进行教学，在活动中，我运用了多种游戏形式：游戏"我拨你报"，通过说一说，做一做，让幼儿在游戏中更深刻地认识时钟；运用卡片，让幼儿在时钟上拨出相应的时间，幼儿在运用操作单时，能够很好地将钟表与相应时间连起来。

本次活动中存在的不足之处：提出的问题指向性不强，比如，你发现了什么？这个问题问的泛泛，应尽可能地从一个角度去问。因此，教师在设计提问时应充分掌握幼儿在理解中可能出现的问题，做到心中有数。

图 6-5-1

图 6-5-2

图 6-5-3

图 6-5-4

**活动设计**：大连市甘井子区教育局第二幼儿园　吴雪
**活动指导**：大连市甘井子区教育局第二幼儿园　丁萍

## 案例六 认识整点

### 一、设计意图

《3~6岁儿童学习与发展指南》在数学认知中建议：引导幼儿感知和体会生活中很多地方都用到数，关注周围与自己生活密切相关的数的信息，体会数可以代表不同的意义。而大班幼儿即将升入小学，如果不认识时钟会带来很多不便，也不利于幼儿很好的管理时间，设计本次活动，从认识整点开始，希望幼儿认知时钟的表面结构，学会报整点，也能够发现时针和分针的变化规律，增强幼儿的时间观念，促进幼儿养成珍惜时间、有效管理自我的良好习惯。

### 二、活动目标

学习认识整点。

能观察并发现时针和分针的变化规律。

建立初步的时间概念。

### 三、活动重点、难点

重点：认识整点。

难点：在了解钟表面结构的基础上，观察并发现时针和分针的变化规律。

### 四、活动准备

可拨式大钟表1只（最好不带秒针的）、《小钟表》游戏卡。

### 五、活动过程

**1. 感知**

（1）出示可拨式大钟表，引导幼儿观察钟面上数字1~12的排列及作用。

教师：如果你想知道现在是几点了，有什么好办法？刚才小朋友说了钟表可以帮助你知道时间，今天老师就带来了钟，我们一起来认识一下。

教师：说说钟面上有什么？有什么作用？

（2）拨动分针演示，引导幼儿仔细观察时针和分针的变化。

教师：仔细看分针跑一圈时，时针跑了多少（见图6-6-1）？

（3）教师和幼儿共同进行小结。

教师：这12个数字是好朋友，它们站在一起围成一圈。时针和分针兄弟每天绕着这个数字圆圈跑步，一圈又一圈，分针走一圈，时针走一个格。

**2. 游戏**

通过游戏：整点播报，帮助幼儿认识整点。

玩法：教师边问边拨动钟表："几点？几点？几点？孩子孩子几点了？"幼儿看清楚教师拨出的时间，回答："12点，12点，12点，老师老师12点了。"

（引导幼儿观察并描述整点时针和分针的位置）

**3. 操作**

（1）看教师的钟面，幼儿在自己的小钟表上摆出与老师相同的整点时间。

教师：我们一起来玩游戏，请你像我这样做。

（2）任意说出一个整点时间，请幼儿在自己的小钟表上摆出相应的整点。

教师：我们来玩拨钟表的游戏，老师来报时，我说出一个时间，看谁能马上在自己的钟表面上拨出这个时间。

（3）幼儿与家长一起玩游戏：报整点（见图6-6-2）。

**4. 交流**

教师与幼儿共同小结。

教师：长长的分针指到12，短短的时针指到几就是几点。

## 六、活动反思

本节活动通过感知—操作—游戏—交流的形式，有目的、有层次、循序渐进地进行活动，幼儿在轻松愉快的氛围中，拨动钟表盘，理解分针和时针的变换规律，进而认识整点，在互动游戏中，帮助幼儿巩固练习对整点的认识。

首先是教师梳理整点时时针和分针的特征，然后进行集体练习和个别练习，最后观察特殊12点时时针和分针位置。其次，幼儿独自操作模仿老师拨整点→独自拨整点，变换着不同的练习方式，幼儿的兴趣点很高。

本次活动推进得很顺利，在幼儿独自操作时掀起活动中的一个小高潮，因为他们每个人都有了一个小表盘可以动手操作，这就让我想到平时课前对于材料的准备必须充足，为幼儿准备充足的材料是活动推进的一个重要保证，由此调动起每个幼儿参与的积极性。

教师在数学领域活动中设计的语言应该趣味性很强,虽然考虑到了幼儿对分针和时针的记忆会稍稍困难,所以增加趣味性将其变成两兄弟,细细长长的哥哥叫分针,粗粗短短的弟弟叫时针,哥俩在比赛赛跑,预备,开始!教师可以绘制一个幼儿一日在园的生活时间图,不仅可以让幼儿练习播报时间,还可以输入一个概念,每个整点他们都在做什么,这样更贴近他们的生活,引导幼儿学以致用。

图 6-6-1

图 6-6-2

**活动设计:** 大连市长兴岛幼儿园　姜怡宁

**活动指导:** 大连市长兴岛幼儿园　司进

## 案例七　认识相邻数

### 一、设计意图

《3~6岁儿童学习与发展指南》的数学认知中建议:利用生活和游戏中的实际情景,引导幼儿理解数与数之间的关系。相邻数对于幼儿来说是一个比较难理解、抽象的数的概念。因此,本节教学活动设计以游戏为主,想通过趣味性的游戏激发幼儿学习兴趣,把枯燥的数学知识融入游戏使幼儿在玩中不知不觉掌握本节课的重点和难点,知道中心数比相邻两数多1和少1。通过本课教学帮助幼儿在"具体形象的思维"与"抽象概念的数学知识"之间架起一座桥梁，让幼儿理解掌握概念、法则等知识，引导幼儿由具体形象思维向抽象思维过渡。

## 二、活动目标

知道相邻数的概念，掌握10以内整数的相邻数。

通过实物操作，知道中心数比相邻两数多1和少1，感知数的相对性。

通过游戏的方式对数学活动产生兴趣，体验活动带来的乐趣。

## 三、活动重点、难点

重点：掌握10以内的相邻数。

难点：知道中心数比相邻两数多1和少1。

## 四、活动准备

1~10的数字卡片每人一套，动物房子图片一套。

三种颜色的瓶盖各10个，彩票箱1个。

## 五、活动过程

### 1. 导入

通过观察图片导入，初步理解相邻数的概念。

教师：有一座房子里住着许多小动物，我们来看看里面都住着谁（教师出示有小动物的房子图片：房子里有狗、猫、兔子、猴子、狐狸）？

教师：小朋友都知道了小动物的邻居是谁了，那请你们看看你们现在坐在这里的左右邻居是谁？

教师：我们小朋友都有邻居，数字宝宝它也有邻居，它们的邻居叫相邻数，我们一起去看看它们的邻居吧！

### 2. 猜想

请幼儿为数字排序，知道相邻的关系（多1和少1）。

第一步：分别取三种不同颜色的瓶盖各三个，每种颜色排成一排，讨论如何才能做到让三排瓶盖变得一排比一排多一个。

第二步：找出相应的数字卡片摆在瓶盖的左边，讨论：比2少1的数是几，应排在哪里；比2多1的数是几，应该排在哪里，引导幼儿按要求排列。

第三步：小结。2有两个相邻的好朋友，一个是比2少1的数1，排在2的前面，一个是比 2 多 1 的数 3，排在 2 的后面。所以，一个数的相邻数就是比这个数多一和少一的两个数。

3．操作

（1）组织幼儿讨论 3 的好朋友是几和几，根据前面的方法与经验，引导幼儿借助瓶盖、数字卡片等加以验证（见图 6-7-1）。

（2）教师拿出 10 以内任意三个相邻的数字卡片，请幼儿为三个数字排队，引导幼儿按顺序排队。

4．游戏

（1）找朋友。

玩法：幼儿身上分别粘有 1~10 的数字卡片并按 1~10 的顺序排好队后，老师带着幼儿说儿歌：

宝宝宝宝转一圈，宝宝宝宝瞧一瞧，

左瞧瞧，右瞧瞧，瞧见的朋友真不少，

你的朋友是几和几？请你快来告诉我。

幼儿大声告诉彼此，自己的朋友是几和几？幼儿可以交换数字卡片，反复玩几次，进一步理解相邻数之间的排列关系（见图 6-7-2，图 6-7-3，图 6-7-4）。

（2）摸一摸。

玩法：让幼儿在一个装有 1~9 的数字卡片的箱子里摸，摸出一个数字，并说出它的相邻数，正确的即可获奖（奖励一个笑脸娃娃）。

（3）找一找。

玩法：发给每位幼儿 1~10 的数字卡片，摆在桌子上，老师拿出任意一个数字，请小朋友把它的相邻数找出来，看一看哪个小朋友反应最快。

5．活动延伸

在科学区投放 1~10 的数字卡片及不同颜色的瓶盖若干个，让幼儿进一步探索 10 以内各数的相邻数。

## 六、活动反思

由于游戏贯穿于整个教学活动，幼儿是整个活动的主体，调动了幼儿的学习积极性，整个活动过程课堂气氛好，幼儿学习兴趣浓。通过观察幼儿操作实物及游戏活动过程，发现幼儿理解了相邻数的关系。

（1）本次教学活动中设计的游戏新颖，形式多样，富有情趣，幼儿都喜形于色，跃跃欲试，迫不及待地要参加，并自觉地遵守游戏规则，努力争取正确、迅速地完成游戏中的学习任务，提高了学习效率，培养了幼儿良好的学习习惯和组织纪律性。

（2）观察到位，指导跟进。在活动中，我观察到两名反应慢的幼儿没能跟上，此时我发现了本次教学的缺点：在教学的重点环节语速应放慢，要让每位幼儿听清楚，给幼儿留足思考的时间。在课堂延伸中，我走近两名反应较慢的幼儿，发现他们就是动作慢些，重点知识已掌握，能够找出数字1~9的相邻数。孩子对于自己的想法总有独特的见解，教师应给予他们表达的空间，让孩子在轻松的气氛中获取知识、经验，在活动中满足他们的好奇心和求知欲。

通过本次教学，我认为幼儿园的数学教学，应培养孩子学数学的兴趣、学数学的方法及创新的意识。在本次活动中，引导幼儿对相邻数的观察和讨论，提高幼儿学习的兴趣；通过教师的启发、引导寻找相邻数的正确学习方法；创新则是启发和肯定幼儿不同的看法和想法。

但在整个过程中，还有一些细小的环节做得不是很到位，如粘纸揭下的纸张处理等。

图6-7-1

图6-7-2

图 6-7-3

图 6-7-4

活动设计：大连市金州区第三幼儿园　乔怡贤
活动指导：大连市金州区第三幼儿园　朱晓华

# 案例八　买文具

## 一、设计意图

大班幼儿生活经验较为丰富、视野开阔，他们常会随着父母去超市购物等，在物品买卖的过程中感受着数量加加减减的运算。在《3~6岁儿童学习与发展指南》（以下简称《指南》）中针对5~6岁幼儿的数学目标提出："借助实际情境和操作理解'加'和'减'的实际意义。"《幼儿园教育指导纲要》（以下简称《纲要》）中也指出："幼儿应能从生活和游戏中感受事物的数量关系并体验到数学的重要和有趣。"

对于即将迈入小学的大班幼儿，对各种各样的文具有所关注。因此，依据《指南》和《纲要》的精神，结合大班幼儿数学中加减运算的内容，我设计了大班数学认知活动《买文具》，在真实的购物环境中让幼儿获得加减运算、钱币兑换等方面的经验，使幼儿在活动的自主性、合作性等方面加大提高，通过自己的探究找到问题的答案。

## 二、活动目标

巩固7的加减运算。

能运用7的加减法解决生活中的问题,并大胆地表达和记录。

体验购物游戏的有趣。

## 三、活动重点、难点

能运用7的加减法解决生活中的问题。

## 四、活动准备

与幼儿共同收集各种文具并布置好"文具店"、"中国银行"的生活场景(见图6-8-1)。

《买文具》课件——购物板、记录单(见图6-8-2)。

《买文具》幼儿操作单。

## 五、活动过程

### 1. 导入

创设问题情景,引导幼儿回忆生活经验。

教师:小朋友,你们用钱买过东西吗?你都买过什么东西?

### 2. 感知

(1)出示不同面值的纸币,感知7元钱的不同组合方式。

教师:你认识这些是多少元钱?(1元、2元、5元)

教师:你怎样才能拿到7元钱?

(2)引导幼儿交流不同的想法。

### 3. 操作

(1)出示课件"购物板",引导幼儿观察文具的种类及价格。

教师:我们的"娃娃文具店"开业了,看看有哪些文具?分别是多少钱?(见图6-8-3)

(2)第一次买文具(7的加法)。

①老师:你有7元钱,请你买2种文具,要正好把钱花完。请你想一想,你要买什么文具?(幼儿自由交流)

②出示幼儿操作单,讲解、示范记录方法(见图6-8-4)。

③教师：请小朋友排队到"中国银行"取7元钱，然后到"文具店"开始购物。

④幼儿购买文具，教师观察引导幼儿进行购买和记录（见图6-8-5）。

⑤出示课件"记录单"集体记录，帮助幼儿梳理7的加法经验。

教师：你买了哪两样文具？加起来是多少钱？你是怎么算的？

（3）第二次买文具（7的减法）。

①教师：这次小朋友只买1种文具，想想自己想买什么，会花多少钱，还能剩多少钱？你是怎么算的。

②出示幼儿操作单，讲解、示范记录方法（见图6-8-6）。

③幼儿第二次领取7元钱购买文具，教师观察引导幼儿进行购买和记录。

④出示课件"记录单"集体记录，帮助幼儿梳理7的减法经验。

教师：你买了哪种文具？花了多少钱？还剩了多少钱？你是怎么算的？

**4．小结**

教师：今天小朋友真棒，买了这么多的文具，文具是用来学习的，希望大家爱护文具。文具店下班了，再见！

**5．活动延伸**

（1）在"超市"中为幼儿投放贴有1~6元价签的文具、小食品、小玩具、人民币代用券、记录单等，引导幼儿继续进行"购买"游戏。

（2）在家园合作中向家长建议带幼儿到超市中让幼儿自己购买商品，体验购物的乐趣，用学到的数学知识解决生活中的问题。

## 六、活动反思

《纲要》中指出："引导幼儿对周围环境中的数、量、形、时间和空间等现象产生兴趣，建构初步的数概念，并学习用简单的数学方法解决生活和游戏中某些简单的问题。"本节活动正是结合幼儿平日购物这一生活实际，在游戏的情境中进行的，让幼儿通过自己的思维活动、依靠自己的经验去真正理解7的加减，使幼儿能够积极地投入到活动中而有所收获。

**1．在与环境和材料的互动中将抽象的数学知识具体化**

数学往往都是以数字和符号所组成的方式呈现，对于幼儿来说抽象而难懂。所以，我以"文具店"为载体，将本活动生活化、游戏化，引导幼儿在轻松自然的环境中，通过两次操作探索，以不同方式的买文具总结整理出数学算式，将数学知识与生活经验相联系，抽象变为具体、难懂变为易懂。

**2. 在交流梳理中满足不同幼儿的能力需要**

幼儿的各年龄阶段思维和能力发展不同，同年龄的幼儿也存在着个体发展的差异。所以为了满足所有幼儿的发展，在购物游戏环节进行了弹性安排，两次操作探索都采取自愿的方式。能力强的孩子可以按照自己的想法进行购物，能力弱的孩子在购物时可以借鉴他人的经验。而在每次购物后的交流中幼儿不同想法的碰撞与集合更让孩子得到进一步的提升。这样既满足了能力强的幼儿的需要，又使能力弱的幼儿得到提高，达成目标。

本次活动中存在的不足之处：幼儿在购物环节会因为商品的琳琅满目而忘记自己的任务，而幼儿多、教师少会导致指导不够，我的改进思路是邀请配班教师和我一起担任"导购员"，多请几位能力强的幼儿担任"收银员"，同时进行指导。

图 6-8-1

图 6-8-2

图 6-8-3

图 6-8-4

图 6-8-5

图 6-8-6

**活动设计**：大连市海事大学幼儿园　林川
**活动指导**：大连市海事大学幼儿园　曲继泓

（此活动曾获大连市高新区说教活动大赛特等奖）

案例九　购物

## 一、设计意图

数学是抽象性、逻辑性很强的一门学科，往往在组织教学时，会感到孩子们的兴趣不高，主动学习的欲望不强。《幼儿园教育指导纲要》中明确指出：游戏是幼儿的基本活动。为了创设一个让幼儿主动探究学习的空间，我为幼儿营造了一个游戏的情境空间，让幼儿在 "购买活动"、"数字找朋友" 等一系列操作、游戏活动中主动获得 "10 的加减法" 的有关经验。同时《3~6 岁儿童学习与发展指南》又指出，通过实物操作引导幼儿理解数与数之间的关系，并用"加"或"减"的办法来解决问题。通过此活动让幼儿知道数学与我们的生活有着密切的关系。

## 二、活动目标

学习 10 的加减法，巩固 10 以内的加减法。
能运用 10 的加减法解决生活中的问题，并大胆地表达和记录。
体验购物游戏的有趣。

## 三、活动重点、难点

**重点：**学习10的加减法。

**难点：**运用10的加减法解决生活中的问题。

## 四、活动准备

与幼儿共同收集各种物品并布置好"宝宝超市"、《购物单》（一）、《购物单》（二）、数字1~10卡片、1元、2元、5元代用券、记录笔若干。

## 五、活动过程

### 1．导入

（1）创设问题情境，引导幼儿回忆。

教师：你们去过超市吗？超市里都卖哪些物品？

（2）引导幼儿观察"超市"的物品及价格。

教师：我们的"宝宝超市"也开业了，看看"超市"里都有哪些物品？分别卖多少钱？

教师：想一想，如果你有10元钱，买哪两样物品能正好花完？为什么？

### 2．操作

（1）引导幼儿用10元钱买两样物品，并在购物单（一）上记录。

（2）鼓励幼儿表达自己的购买方式并记录，帮助幼儿梳理10的加法经验。

教师：你买了哪两样物品？加起来是多少钱？

教师：你是怎么算的？

### 3．购物

引导幼儿用10元钱买一种物品，并在购物单（二）上记录。

教师：这次小朋友只买了一种玩具，想想自己想买什么？花多少钱？还能剩多少钱？

教师：你是怎么算的？（见图6-9-1）

### 4．游戏

引导幼儿玩游戏：数字找朋友，巩固10以内的加减法。

玩法一：将幼儿每个人胸前贴一张1~9的数字，大家一起来唱"找朋友"的歌曲。幼儿去找和自己身上的数字加起来是10的数字的幼儿做朋友（见图6-9-2）。

玩法二：找老师手里的数字与自己身上的数字相减所得的数的幼儿做朋友。例如老师举 2，6 可以找 8 做朋友也可以找 4 做朋友。

教师：请小朋友先看老师手里的数字，然后一边唱一边去找自己的朋友。

教师：你为什么找这个人做朋友，你是怎么算的。

5．小结

教师鼓励幼儿利用平时去超市购物的机会来练习加减法。

教师：老师希望小朋友平时去超市买东西时，在爸爸妈妈的帮助下也尝试去付钱。

## 六、活动反思

设计这节活动以购物的情境目的是让幼儿在购物活动中学习应用 10 以内加减法，培养解决一些实际问题的能力。活动中通过导入—操作—购物—游戏的流程，帮助幼儿充分理解加与减在生活中的应用。幼儿在活动中，兴趣特别高，积极参与活动，有目的、有计划地进行活动，幼儿基本掌握 10 的加减法。

给予幼儿充足的活动时间。当幼儿联系生活实际解决这一问题时，产生的想法取决于他们的生活经验。我给了他们充裕的时间和恰当的引导和鼓励。在购物的环节鼓励幼儿去扮演收银员的角色，这样让幼儿通过买与卖的过程进一步学习 10 的加减法。活动后可在班级的益智区鼓励幼儿继续进行"购买"游戏（见图 6-9-3，图 6-9-4）。

教师示范引领，帮助幼儿理解掌握。在后面的游戏环节中，开始时有些幼儿不会玩，教师给予了一定的示范，同时还邀请个别幼儿给予示范，帮助幼儿理解游戏的玩法，在真正理解了游戏规则后再进行游戏。

教师在组织活动的过程中要在语言上再精练些，尤其是在组织幼儿游戏时，规则讲解得再清晰、明确些就更好了。

购物单（一）

| 我买的物品 | 还剩下多少钱？（列出算式） |
| --- | --- |
|  |  |
| 物品的价格 |  |
|  |  |

购物单(二)

| 我买的物品 | | 一共花多少钱（列出算式） |
|---|---|---|
| 物品的价格 | | |
| | | |

图 6-9-1

图 6-9-2

图 6-9-3

图 6-9-4

**活动设计**：大连市金州区第三幼儿园　莫亚丽

**活动指导**：大连市金州区第三幼儿园　朱晓华

## 案例 认识半点

### 一、设计意图

《3~6岁儿童学习与发展指南》数学认知中，针对5~6岁幼儿提出：能发现生活中许多问题都可以用数学的方法来解决，体验解决问题的乐趣。根据大班幼儿已有的生活经验和已有的认识整点的基础，结合幼儿在幼儿园生活的具体情境，丰富了幼儿对时间的感性认识，逐步建立了幼儿的时间观念。通过多种形式，让幼儿主动参与，探索出认识半点的方法，再通过趣味性的练习，让幼儿不断地操作、摆弄、相互交流。充分调动了学生学习的积极性，把学习的主动权交给了学生，逐步巩固幼儿对半点的认识。

### 二、活动目标

认识半点，理解半点与指针的关系。

能结合生活作息进行半点的练习。

体会时间和日常生活的关系，养成按时作息的好习惯。

### 三、活动重点、难点

理解整点、半点与指针的关系。

### 四、活动准备

可拨式大钟表2个、幼儿自制可拨动的小钟表人手一个、幼儿一日作息时间图。

### 五、活动过程

**1. 导入**

教师说谜语，引出钟表。

教师：我今天给小朋友们带来了一个新朋友，大家猜猜它是谁？

教师：嘀嗒嘀嗒，嘀嗒嘀嗒，会走没有腿，会说没有嘴，它会告诉我们，什么时候起，什么时候睡。

2. 复习

（1）教师出示大钟表，复习巩固对钟表整点的认识。

教师：说说这是几点钟，时针指向数字几，分针指向数字几？

教师：分针指向12，时针指向几就是几点。

（2）幼儿尝试拨钟。

教师：请小朋友想一想，一天中你最喜欢几点钟，拨在你的小钟表上，说说你为什么喜欢这个时刻。

3. 感知

（1）观察、比较整点与半点的不同。

教师将两个钟表分别拨到3点和3点半，引导幼儿发现指针指向位置的不同。

教师：两个钟表的指针有什么不同？

（2）讲解半点，理解半点与指针的关系。

①教师操作演示从3点到3点半时两个针的变化过程。

教师：从3点到3点半时，时针发生了什么变化？分针发生了什么变化？

②引导幼儿说出分针从12走到6，时针在3和4的中间，时针指在两个数的中间，取前一个数。

教师：分针指向6，时针在两个数的中间表示为几点半（见图6-10-1）？

小结：分针指向6，时针指向两个数的中间叫半点。

4. 游戏

（1）教师与幼儿玩"半点播报"游戏。

玩法：老师按顺序拨出1点半到12点半，请幼儿观察表针并正确报时。

（2）教师与幼儿玩"我说你拨"游戏。

玩法一：老师来说时间，请小朋友利用自己的小钟表来拨到相应的时间位置（见图6-10-2）。

教师：此时分针和时针分别指向哪里？

玩法二：结合日常生活作息时间拨出整点、半点。

教师：图上的小朋友在干什么（起床、运动、吃饭）？

教师：请你们根据老师出示的图片在自己的钟表上拨出时间，并请你说一说你拨的是几点？这时你在做什么（见图6—10—3）？

**5. 交流**

帮助幼儿理解钟表的功能，培养爱惜时间的好习惯。

教师：小朋友，你们家里有钟表吗？你还在什么地方看见过钟表？为什么那么多的地方都要用到钟表呢？

教师：钟表是计时工具，它可以告诉人们，现在是什么时间了，应该干什么事情了；它可以帮助人们形成良好的生活习惯。小朋友认识了钟，就可以按时起床，按时上幼儿园了。老师可以根据钟上的时间按时上课，按时做游戏，按时让小朋友吃午饭，钟的用处可大啦。时间过去了就再也回不来了，请小朋友们一定要珍惜时间。

## 六、活动反思

在这节活动过程中，通过复习—感知—游戏—交流的形式，由浅入深地逐层认识半点，幼儿参与活动的积极性较高，课堂气氛热烈，知识获得与情感体验同步进行，较好地完成了活动目标。反思本课的教学，我有以下几点认识：

第一，抓住幼儿的年龄特征，让孩子在玩中学数学。充分利用好学具，调动幼儿多种感官参与学习。课中让学生亲自动手拨学具，为学生提供了动手实践、自主探索、观察与思考、发现、表达的机会，激发了幼儿的参与意识和积极性，同时又培养了幼儿动手实践能力。让幼儿在实际中运用所学知识，密切联系实际。体现数学来源于生活，生活离不开数学。注重幼儿数学学习与现实生活的联系，教学中注意创设生活情境，使数学更贴近学生。

第二，创设生动具体的学习情境。在活动的开始，我创设了一个猜谜语的小情境，唤起幼儿的学习兴趣，而且在游戏的环节，让幼儿在情境中体验时间，形成时间观念，并受到珍惜时间、养成良好的作息习惯的教育。实践表明，幼儿对数学情境的问题很感兴趣，能够积极、主动地参与学习，课堂气氛活跃，整堂课学生都能保持浓厚的参与热情。

本次活动中存在的不足之处：第一，教师语言不够精练。作为教师，教学语言要讲究艺术性，尤其是数学课堂上更要严谨、标准、规范，这方面我做得不够，还需加强。第二，幼儿学习习惯需加强培养。课堂纪律不太好，有些好的习惯还没有养成,如课堂上当我提出问题时,有些小朋友不举手很快地说出答案,还需要老师进一步培养幼儿良好的常规习惯。

图 6-10-1

图 6-10-2

图 6-10-3

**活动设计:** 大连市金州区第三幼儿园　莫亚丽

**活动指导:** 大连市金州区第三幼儿园　朱晓华

## 案例十一　有趣的排序

### 一、设计意图

《3~6岁儿童学习与发展指南》中建议:引导幼儿观察发现按照一定规律排列的事物,体会其中的排列特点与规律,并尝试自己创造出新的排列规律。大班幼儿对排序（序列）处于探索的状态，他们在游戏的时候，常常会很有兴趣地或按颜色或按形状有规律地用间隔排列的方法穿木珠、玩积木、拼搭玩具等。为了引导幼儿将这些经验加以综合整理，使幼儿对物体按规律排列的认识提升到一个新的层次，形成初步的逻辑思维，我们根据大班幼儿的发展水平，提供多元的排序材料，引导孩子自己动手给材料排队，学习从多角度思考问题，并探索和发现各种不同的排序规律，促进幼儿观察、比较、思考及创造能力的发展，提高幼儿的思维水平。

### 二、活动目标

发现生活中有规律的事物，感受不同的排列规律、方法。

尝试用多种材料按照指令进行有规律地排列，并准确地说出自己的排序方法。

感受排列规律的存在和美感，体验排序活动的乐趣。

### 三、活动重点、难点

重难点：尝试通过自己的排序活动感受生活中的规律。

### 四、活动准备

教学课件：

1张：3件颜色不同、排序规律不同的衣服。

2张：帽子、毛巾、项链三种排序规律不一。

3张：大小、形状、颜色不一的项链。

排序操作材料：

薯片筒（高矮不同）、爽歪歪瓶（大小不同）、瓶盖（颜色不同）、光盘、各色幼儿制作的小花等各种废旧材料。

### 五、活动过程

**1. 导入**

（1）出示课件，引起幼儿学习排序的兴趣。

教师（出示课件）：老师今天去商店买了3条裙子，小朋友来看看这3条裙子一样吗？

教师：有什么不一样的？

（2）逐一介绍每件衣服的排列规律（颜色不同、其他相同）体验单一的排序规律。

教师：每一件衣服的排序规律是什么？

（第一件是 AB 规律，依次是 AABB、AAB 的规律，让幼儿观察说出规律。）

教师：如果你来设计衣服，会按照怎样的规律来设计呢？让幼儿自由说说。

2. 观察

（1）引导幼儿观察生活中有规律的事物。

教师：在我们生活中，还有很多东西也是按一定规律和方法排列的。

（2）出示课件，请幼儿来观察。

第一个：宽窄不同、颜色相同。

教师：毛巾是按什么规律排列的（引导幼儿观察并说出规律 AB）？

第二个：大小不同、颜色相同。

教师：手绢按什么规律排列（AABB 规律）？

第三个：宽窄、颜色不同。

教师：帽子呢（AAB 规律）？

3. 探索

（1）幼儿尝试、探索用一种材料创造出不同的排序方法。

教师：今天也要请小朋友来给物品宝宝排排队，有酸奶瓶（教师边操作、边介绍大小）、薯片筒（高矮）、瓶盖（各种颜色），小朋友只能选择一种物品，请小朋友来说说，你想选择什么物品？想按什么规律来排（见图 6-11-1）？

（2）幼儿操作，教师巡回观察，鼓励幼儿和别人排的不一样。

（3）交流观察结果。

教师：请小朋友来介绍自己用的是什么材料？是按什么规律来排？

教师：物品可以按不同的规律可以有很多不同的排法。

4. 感知

学习观察颜色、形状、大小不同物品混合一起的排序。

教师：（出示课件）请小朋友仔细观察，这条项链都是按什么规律排列的？（引导幼儿从形状、颜色、大小不一样来观察，得出结果）

教师：这条项链还没排完呢？接下来应该怎么排呢？请幼儿来往下排，说出规律。

（教师操作，显示完整的项链，给幼儿完整的印象）

小结：不仅一种物品可以排序，几种物品也可以一起按照形状、颜色、大小不同，排出一定的规律。

**5. 操作**

（1）请幼儿分组尝试利用多种材料，按照指令进行排序。

教师：今天就请小朋友来当小小设计师，来合作搭建花园。

第一组：请小朋友来设计小路，利用大小不同的圆形、三角形、正方形来进行有规律的粘贴，老师相信小朋友一定会排出很有趣的图案（见图6-11-2）。

第二组：请小朋友来设计小栅栏，利用颜色不一的长条，按一定的规律套在一起，相信一定排的比老师的还漂亮。

第三组：搭花园。

教师：老师又给小朋友准备了很多的材料，请小朋友按照排序的规律合作来搭建，并且可以按照排序的规律进行立体的搭建。

（2）幼儿分组活动，教师进行指导，并指导1~2组幼儿将小路及栅栏摆在花园里（见图6-11-3，图6-11-4）。

（3）展示幼儿的作品，说说每组的排序规律。

教师小结：排序的方法很多，我们可以一种物品排列，多种物品也能排出很多规律。

**6. 交流**

结合幼儿的作品进行小结。

教师：小朋友们今天真棒，利用各种材料排出了很多的规律，相信小朋友们在下次活动中，会利用更多的材料，排出和今天不一样、更多、更有趣的规律。

## 六、活动反思

在活动中，通过导入—观察—探索—感知—操作的过程，引导幼儿逐步地认知有规律的事物，了解多种排序的方法。尤其是在最后一个环节，幼儿的积极性非常高，都很投入地利用多种材料进行排序，很好地完成活动目标。

优势主要有两点：一是在教学过程及设计上，能遵循由浅入深、层层递进的关系进行教学，教学层次比较清楚。二是注重个体差异，有针对性地组织活动。在活动最后环节分3组时，3组的难度是不一样的，请幼儿自己通过观察，根据自己的能力来选择相应组的材料。如能力偏低的幼儿可选单纯地按颜色套一起做栅栏。能力较高的幼儿可利用废旧材料进行有规律地排序或者按立体叠高的方式来排。中间能力的幼儿可选择按几种元素，如颜色、大小、形状不同的图形，进行铺小路。

本次活动中存在的不足之处：在本节活动中，教师犯了一个很重要的理论知识把握的错误。如幼儿在分组活动时，一组幼儿用颜色、大小、形状不同的图形按规律铺小路时，教师对幼儿的指导，受自己知识、理解的错误，所以，在对幼儿进行指导时，没有突出大班幼儿的年龄特点。幼儿只是按单一的一个元素，如按颜色去分，教师没有给予相应的指导，结合本节课的知识点，最少也应该按两个元素去分。

图 6-11-1

图 6-11-2

图 6-11-3

图 6-11-4

**活动设计**：大连市金州区第三幼儿园　杨辉

**活动指导**：大连市金州区第三幼儿园　朱晓华

# 案例十二 有趣的"0"

## 一、设计意图

《幼儿园教育指导纲要（试行）》中指出，引导幼儿关注周围环境中的数、量关系，发现生活中的数学；在解决问题的过程中帮助幼儿理解基本的数学概念，发展思维能力。大班下学期，幼儿对数字"0"很感兴趣，不少幼儿问我："0"是什么意思？为了给幼儿一个正确的概念，从根本上更正对"0"的认知，我设计并组织了《有趣的"0"》这节数学活动。

## 二、活动目标

理解 0 可以表示没有的意义，感知 0 的书写顺序。

能在生活中了解并能表达出 0 的用处。

体会 0 在日常生活中的运用，用数学的眼光观察事物的意识。

## 三、活动重点、难点

重难点：理解"0 表示没有"的含义。

## 四、活动准备

教具：0 的卡通形象、直尺、数字卡片、小猴子、桃子、硬币、小纸盒。

学具：直尺、评价单、勾线笔。

## 五、活动过程

**1. 导入**

（1）出示 0 的卡通形象，引导幼儿对生活中 0 的经验的再现。

教师：今天我们班来了一个数字朋友，看看它是谁？

教师：（"0"自我介绍说）：小朋友好，我的名字叫零，我神通广大，无处不在。

教师：想想你在哪儿见到过我呢？

（让幼儿尽情地说，引导幼儿对生活中 0 的经验的再现）

教师：那么你们知道我可以表示哪些意思呢？

（让幼儿说说自己对 0 的认识）

（2）教师：今天老师就和小朋友来认识0。

**2. 感知**

（1）结合教具"小猴子吃桃子"，理解数字0的含义。

（小猴子身体后有一个袋子，从"嘴巴"吃进的桃子，可以放在小猴子的"身体"里）

教师：森林里有个小猴子过生日了，猴子妈妈给小猴子准备了一盘桃子作为生日礼物。

教师：盘子里有几个桃子？可以用数字几来表示？

教师：小猴看了很馋，吃掉了1个，这时盘子里有几个桃？用数字几表示（见图6-12-1）？

教师：小猴吃了还想吃，又吃了2个，现在盘子里有几个桃？用数字几表示？为什么？

教师：小猴索性把最后1个桃也吃了，现在盘子里的桃子个数我们可以用数字几表示（见图6-12-2）。

（2）学习书写0，感知0的书写顺序。

教师：小朋友认识了0，我们来看一下0是怎么写的。

教师示范写并讲解，强调注意的地方：从右上角起笔，向左，向下，收笔，和起笔相连。

教师：看，写出来的线多圆滑呀，拐弯要圆滑。

教师：请小朋友伸出食指和老师一起写。

教师：请大家闭上眼睛，想一想0的样子。然后伸出食指，跟着老师在手心上写一个0。

（右上角起笔，向左，向下，收笔，和起笔相连）

（3）感知0~5的顺序。

教师：猴妈妈也给小朋友准备了礼物，桌子上有两个信封，里面放了一些数字卡片，你们能按照从小到大或者从大到小的顺序排一排吗？

①先看第一个信封：小圆点→大圆点。

（上面有这样的标记，表示：按照从小到大的顺序排序）

教师：先找最小的是几？

教师：当盘子里有一个桃子时，用数字"1"表示，当盘子里桃子吃光了，用数字几表示？那么是"1"小还是"0"小？

（老师和幼儿一起排数字卡片）

教师：我们一起读一读按从小到大的顺序排列的数字卡片，0、1、2、3、4、5。

②再看第二个信封：大圆点→小圆点。

（上面有这样的标记，表示：按照从大到小的顺序排序）

教师：请小朋友给数字宝宝排排队，请2个幼儿到黑板前给数字卡片排序5→0。

教师：一起来读一读按从大到小的顺序排列的数字卡片，5、4、3、2、1、0。

**3. 拓展**

（1）了解数字0在生活中的作用。

教师：通过我们刚才的学习，我们知道0这个数可以表示什么？

教师：是不是所有的0都表示一个都没有呢？

教师：请小朋友们从筐里拿出自己的直尺，看一看。

教师：你在尺子上发现了哪些数字，我们一起读一读它们。

教师：直尺上的数是怎样排列的？

教师：尺子开始的地方是几？

教师：请你从0开始从左到右依次读一读。

教师：想想看，尺子上的刻度是从哪里开始的？

教师：对，从0开始，我们就可以说，0表示的是起点。

教师：观察尺子，从0这个起点开始，越往右走，数字越大，离起点0也就越来越远。

（2）数字0与其他数的组合，形成新的数。

教师：生活中的0很神奇，当0和其他数字组合在一起的时候，0的意义也不一样了。

（教师把0和一张数字卡片拼在一起，展示神奇的"0"）

教师：0和1，拼在一起变成了几？

0 和 2，拼在一起变成了 20……

教师：其实，关于 0 还有更多的知识等着我们小朋友来学习，以后你们生活中慢慢去发现。

### 4. 练习

幼儿操作评价单，巩固练习对 0 的认识。

教师：老师给小朋友准备了一张操作单，请依次数出每个鱼缸里金鱼的条数，把相应的数字写在□内。

（幼儿操作，教师巡回指导，见图 6-12-3）

### 5. 游戏

通过游戏：听数字拍手，巩固对数字 0 的意义的理解。

玩法：幼儿看教师举起的数字卡片拍手，如举 3 时，全体幼儿拍手 3 下，举 0 时，全体幼儿将双手握拳。

### 6. 活动延伸

请幼儿在生活中找哪里能看到"0"，它表示什么含义。

## 六、活动反思

本课的特色首先在于能够把认识 0 的学习融于有趣的、幼儿感兴趣的活动之中。0 的卡通形象与幼儿对话、小猴子吃桃子的情景、猜硬币游戏，这些无不激发起幼儿学习数学的兴趣，很好地完成活动目标。

活动一开始，教师出示 0 的卡通形象与幼儿对话，0 对于小朋友来说并不是完全陌生的，教师从幼儿的实际生活经验出发，既激发了幼儿的学习兴趣，又让幼儿在对生活经验再现的过程中初步感受 0，体会 0 的含义。

幼儿对小猴子吃桃子的情景很感兴趣，幼儿的学习兴趣高涨。小猴子吃桃子的环节有利于幼儿主动地进行观察，因而幼儿的回答较准确，知道有几个桃子就用数字几来表示，没有桃子就用数字 0 来表示。

幼儿的学习必须通过动手操作，在感知 0~5 的顺序时，教师没有为全体的幼儿提供数字卡 0~5，没有让全体幼儿进行相应的拼摆，应让幼儿在观察、比较、分析的思维中体验、感知 0~5 的顺序。

生活中还有一些地方可以用 0 表示起点：教师可以出示生活中用 0 表示起点

的图片，让幼儿欣赏。如起跑图、立定跳远图等，它们都是用0表示起点。

在巩固练习环节中，有趣的练习形式，使幼儿巩固了所学的知识，同时也较持久地激发了幼儿的学习热情，让幼儿在对所学知识的应用中体验成功。

其次，在本课的教学过程中，教师还特别注意发挥幼儿的主体作用，从认识0表示没有，到感知0~5的顺序，到生动地猜硬币游戏都是在教师的引导下，由幼儿在独立思考、合作交流中完成，使幼儿感到自己是学习的主人。

图 6-12-1

图 6-12-2

图 6-12-3

活动设计：大连市甘井子区龙泉幼儿学苑　赵忠华
活动指导：大连市甘井子区龙泉幼儿学苑　顾雨华

# 案例十三 10以内的单双数

## 一、设计意图

新《幼儿园教育指导纲要》强调"引导幼儿在生活或游戏的真实情景和解决问题的过程中逐渐感知数学,形成数学意识"。因此,我们通过创设"2元超市"的情境,让幼儿在游戏中感知、理解单双数的意义,在操作中区分10以内的单双数。在整个活动过程中,教师不断地引导幼儿与教师、同伴以及材料互动,以感受和体验事物的数量关系,并引导幼儿整理、归纳单双数的学习经验,促进幼儿抽象逻辑思维能力的提高。

## 二、活动目标

感知10以内的单双数的含义。

理解并区分10以内单双数。

积极参与游戏活动,对周围生活中数学现象产生兴趣。

## 三、活动重点、难点

活动重点、难点:区分10以内的单双数。

## 四、活动准备

"2元超市"场景及其图片,1~10元面额的代用券(左边标有具体数字,右边画有相应数量的1元硬币图),红色水彩笔每人一支,分组操作材料若干。

## 五、活动过程

### 1. 导入

教师:今天,我们一起到2元超市逛一逛,你们知道它为什么叫"2元超市"吗?

### 2. 感知

(1)理解游戏规则。

教师:老师有一张"2元超市"代用券,我们一起来数一数,它是几元钱的?5元钱在"2元超市"里能买到几样东西呢?

(教师用红色记号笔两个两个地画圆,小结5元能买两样东西)

5元钱,买了两样东西,还剩多少?

(2) 购物游戏。

教师:老师给每位小朋友也准备了一张代用券,等会儿你数一数有几元钱,圈一圈你能买几样东西。要求:在购物时不推也不挤,做一个文明的小顾客。

(3) 交流。

教师:请买好东西的小朋友和旁边的小朋友说一说你有几元钱,买几样东西,还有没有钱剩下。

(4) 理解单双数。

教师:请小朋友把还剩1元钱的代用券送到蓝房子,把用完的代用券送到红房子。

教师:看一看,蓝房子里住着哪些数字宝宝?

像1、3、5、7、9这样两个两个数,总会剩下一个的数叫单数。

教师:红房子里住着哪些数字宝宝?

像2、4、6、8、10这样总能凑成两个两个的数叫双数。

(引导幼儿发现:10个数字原来是一个单数一个双数、一个单数一个双数间隔排列的,单数挨着双数,双数挨着单数,它们手拉手,都是好朋友,见图6-13-1)

**3. 操作**

(1) 寻找单双数。

教师:单双数和你们也是好朋友,它们就在你们身边。请你找一找,你身上什么东西是单数,什么东西是双数?

(2) 区分单双数。

教师:老师还准备了许多好玩的单双数,等一下你们可以去玩(教师逐一介绍玩法后,幼儿自由选择操作项目,教师鼓励幼儿尝试多种操作)。

排一排:在1~10的扑克牌中分别选出单数、双数排排队(见图6-13-2)。

扔一扔:记录扔骰子得到的数并区分出单双数。

**4. 游戏**

教师：老师念一首儿歌："单脚单脚跳跳，双脚双脚跳跳。"当念完最后一个"跳"时，老师会报出一个数，如果是单数，你就马上蹲下；如果是双数，你马上找一找朋友抱一抱。

（游戏反复进行）

## 六、活动反思

这次活动的核心目标是让幼儿理解并区分 10 以内单双数，在购物游戏中感知、体验单双数，在交流与比较中理解单双数，在游戏与操作中区分单双数。环节的安排从"感知"到"理解"，再到"运用"，且每一环节的落脚点都是单双数的学习。

教师创设"2 元超市"的生活化情境，让幼儿用 1~10 元面值的代用券进行超市购物游戏，将抽象的单双数概念蕴含在生动活泼的购物过程中，使幼儿积极主动参与教学活动。

为准确把握教学语言，需将概念讲解明白。先对幼儿讲解单双数的意义："像 1、3、5、7、9 这样两个两个数，总会剩下一个的数叫单数；像 2、4、6、8、10 这样总能凑成两个两个的数叫双数。"这样表述使幼儿容易理解。又将操作活动交代清楚。在组织购物环节时，教师的指令为："你数一数有几元钱，圈一圈你能买几样东西。"在回收代用券前老师提示："请小朋友把还剩 1 元钱的代用券送到蓝房子，把用完的代用券送到红房子。"幼儿一听就知道要做什么，怎么去做。

通过提问设计启发幼儿思维。如在回收 1 元代用券时，教师提问为什么要把它放进蓝房子。操作是幼儿学习、建构教学知识的基本方法，因此，提供有效的操作材料是活动成功的重要因素。这次活动的材料提供有以下特点：一是直观形象，代用券呈现了 1~10 各个数字所代表的数量，一目了然，且便于以两个为单位进行圈点，幼儿手举代用券便于教师检查反馈；红房子、蓝房子便于单双数分类；红蓝数卡便于幼儿发现单双数间隔排列的规律。二是就地取材，幼儿的人数、幼儿身上隐藏的数量均自然地成为幼儿学习探究的对象，方便又有趣。

"一枝独秀不是春，百花齐放春满园"。作为一次有目的、有计划的集体教学活动，教师注重面向全体幼儿，让每个幼儿都有参与操作机会，始终关注每个幼儿的操作情况，使每个幼儿在参与的过程中体验到数学学习的快乐，获得心智的发展。

图 6-13-1

图 6-13-2

**活动设计**：大连市甘井子区龙泉幼儿学苑　赵忠华
**活动指导**：大连市甘井子区龙泉幼儿学苑　顾雨华

## 案例十四　分小鱼

### 一、设计意图

数的组成是数概念教育内容中的一个重要组成部分，在《3~6岁儿童学习与发展指南》中也提议：充分利用生活和游戏中的实际情境，引导幼儿理解数概念。本次活动《分小鱼》是让幼儿掌握并理解8的组成与分解。本学期，根据本班幼儿情况已经掌握了"7"的组成与分解，这说明幼儿对数的组成和分解已经有了一定的前期经验。在平日的数学活动中有时会采用重复提问和记忆硬背的方法让幼儿记忆，这对幼儿来说是枯燥乏味的。因此，在本次活动中，通过创设情境，让幼儿帮助小猫分小鱼来增强幼儿活动的趣味性，这也是遵守了新《幼儿园教育指导纲要》中所提到的"能从生活和游戏中感受事物数量关系并体验到数学之重要和有趣，活动运用了操作和游戏覆盖了传统的记忆和训练。"

## 二、活动目标

掌握并理解"8"的组合与分解。

尝试利用图式分解并一一对应记录。

体验情境学习的乐趣。

## 三、活动重点、难点

重点：掌握并理解8的分解与组合。

难点：尝试利用图式分解并一一对应记录。

## 四、活动准备

小猫卡片8张（事先将小猫卡片的背面粘上磁扣备用）、小鱼卡片若干（每个幼儿8张小鱼卡片）、分小鱼记录单、"8"的组合数字卡片两套（见图6-14-1）。

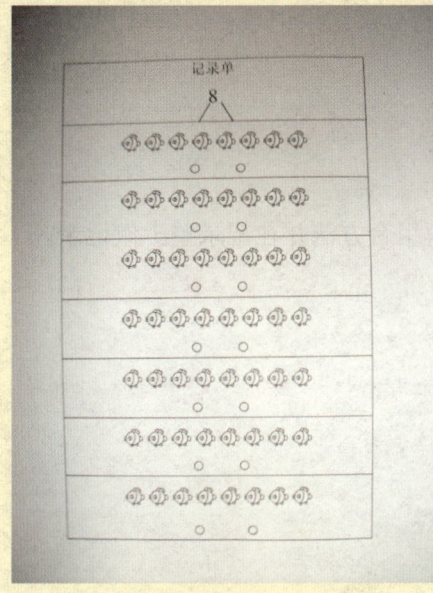

图6-14-1

## 五、活动过程

**1. 游戏**

（1）教师与幼儿共同玩"碰球"游戏，引导幼儿回忆数字4、5、6、7的组合与分解。

教师：小朋友，老师想和你们一起玩"碰球"游戏，你们准备好了吗？

（2）教师分别出示数字卡片"4、5、6、7"提问。

教师：嗨嗨，我的1球碰几球？（提问的难度由易到难，提问的速度由慢到快，见图6-14-2）

**2. 操作**

出示8张小猫卡片，通过分一分，引导幼儿进行8的组合分解活动。

教师：小朋友喜欢玩"碰球"游戏吗？有几只小猫咪和小朋友一样也很喜欢玩这个游戏，你看，它们来了。

图6-14-2

教师：小朋友数一数一共来了多少只小猫咪？（8只）

教师：小猫咪玩游戏需要分成两组，现在请小朋友想一想可以怎样分？（教师把小猫卡片粘在黑板上，然后画出两个圆圈○ ○，让幼儿利用圆圈分组）

3. 记录

引导幼儿利用小鱼图片进行8的分解，并将分解结果记录在记录单上。

（1）引导幼儿点数小鱼数量。

教师：小朋友们，今天猫妈妈给小猫带来了它们最爱吃的鱼，请小朋友数一数每只小猫有多少条鱼（8条）。

（2）引导幼儿利用小鱼卡片探索8的分解组合方法并在记录单上做记录。

教师：这8条鱼需要分开，分别装在两个盆中，请小朋友想一想可以怎样分？（老师出示记录单）想好的小朋友可以把你的想法画在记录单上。记录单上有小鱼图片，小朋友根据图片分，分出来后用圆圈给圈出来，然后在记录单的下面用数字的形式记录下来。

4. 交流

教师引导幼儿归纳出8的组合分解方式。

教师：请小朋友拿着你的记录单来说一说你是怎样分的？（老师根据幼儿的回答将数字卡片用分解的方式摆放在黑板左边）。

教师：用什么方法分可以立刻看出你的记录全部都是正确的，而且还没有漏掉和重复的。归纳出8的分解而且还可以不重复，有什么样的规律？（老师根据有规律的分解方式在黑板的右边出示数字卡片供幼儿左右比较，掌握规律）

教师：左边的数逐渐增加，右边的数逐渐减少，总数不变。还可以把相同的组合数位置颠倒，总数也不变。

5. 游戏

老师带领幼儿玩找朋友游戏。请8名幼儿到前面围圈站好，击鼓声响起，幼儿围圈走，击鼓声停止，幼儿自动分成两组，看看每次成组的人数有什么变化，老师将每次的分法记录在黑板上。

## 六、活动反思

本次活动根据我班孩子的实际掌握情况而定，结合这个情况我把活动的重难点放在能够正确记录分解结果，通过由浅入深地帮助幼儿突破重难点，在操作实践中理解并掌握8的分解组合。

教学目标定位有针对性。本次活动的目标对于孩子来说有简单的，也有较难的。比如学习8的组合，对孩子来说虽然是新授，但是比较简单，而我班孩子实际大部分已经掌握，结合这个情况我把活动的重难点做了调整。

活动过程有层次性。活动之前我做了充分的活动准备，准备了两套8的分解卡片和记录单以及小鱼、小猫卡片。活动的开始我和大家一起做了一个游戏，叫"碰球"游戏。孩子们玩得很开心，这个环节为了调动孩子的积极性，接着我出示了七张小猫卡片，这是一个新授的过程，孩子通过给小猫分组来探索8的分法。在进行分解活动时，我让孩子到前面来，在黑板上摆放卡片，进行分解卡片，然后说出8的分解。使他们在具有分解经验的基础上，根据分解的结果再说出8可以分成几和几，这种有效的引导是符合幼儿学习特点及规律的。

利用记录单完成活动重点难点。活动前，我观察了记录单，由于记录单的大小有限，考虑到如果在讲解记录单时，把它放在黑板上讲是不是不能让所有的孩子都能看到，如果我把记录单发给孩子们再讲是不是孩子的注意力会有所转移？于是我将记录单的模式移动到黑板上，在黑板上用可移动的图片来举例，这样会让幼儿更清楚地理解记录单的用法。通过幼儿的记录可以看出，有的幼儿在分解时，记录单上固定的小鱼图示分解还不是很清晰，只能够利用可以移动的小鱼卡片进行分解。还有的个别幼儿只是分解，却忘记记录了。虽然我感觉到示范的过程比较清晰，但是我发现有的孩子在记录上还是有些模糊，通过孩子的表现让我深深地感觉在以后的活动中，老师在给孩子讲解的时候，一定要考虑到孩子是否能够真正地领会，老师单方面觉得讲得很清楚是不够的，孩子的感觉才是最重要的。通过这个活动又让我在教学方面有了新的认识和提高，我在教学上要积极反思、积累经验、提升自我。

**活动设计**：大连市沙河口区教师幼儿园　刘振华
**活动指导**：大连市沙河口区教师幼儿园　潘义红

## 案例十五　家庭成员数一数

### 一、设计意图

《幼儿园教育指导纲要（试行）》中提出科学活动的目标："能从生活和游戏中感受事物的数量关系并体验到数学的重要和有趣。"《3~6岁儿童学习与发展指南》中数学认知建议：引导幼儿感知和体会生活中用数字做标识的事物。这是我设计这节活动的重要依据。"家"是幼儿再熟悉不过的地方，家人是幼儿最亲近的人。我以家庭成员的人数为本节活动的切入点，让幼儿感知生活中数学的有用和有趣。

### 二、活动目标

学习统计的方法，比较家庭成员的人数。

能用多种统计方法，进行统计、比较家庭成员人数的多少。

懂得尊敬老人，知道长幼有序。

### 三、活动重点、难点

重点：学习统计的方法。

难点：用统计的方法比较家庭成员人数的多少。

### 四、活动准备

**1. 经验准备**

请幼儿和家长一起搜集"全家福"照片。在搜集的过程中，了解什么是"全家福"，"全家福"里应该有谁，为幼儿建立前期经验准备。

**2. 材料准备**

请幼儿和家长准备"全家福"照片，投影设备。

分组材料：幼儿每人一张记录条。

小组统计单。

一组：圆形贴50个（足够多），记录笔。

二组：图章5个，印台，记录笔。

三组：皱纹纸条50条（足够多），记录笔。

四组：蜡笔，记录笔。

**3. 空间准备**

集中交流区，操作区。

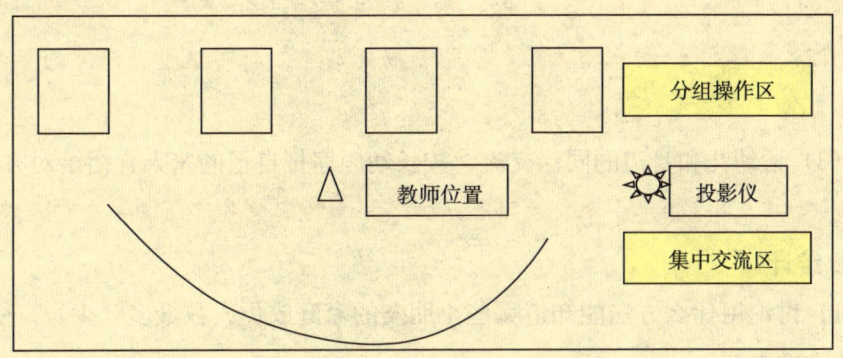

### 五、活动过程

**1. 引导**

（1）教师出示"全家福"照片，引出主题。请一名幼儿用"我的家里有……"，介绍自己的家人。

教师：小朋友看一看，我手里拿着的是什么？

教师：这可不是一张普通的照片，这是一张我的"全家福"照片。"全家福"里有我自己，还有我的家人。

教师：今天，我也请小朋友们拿来了自己家里的"全家福"照片。现在，我要请小朋友拿着你的"全家福"，到前面来向我们大家介绍一下自己的家人。你的家里都有谁？有哪些家庭成员？

（2）引导幼儿按家庭成员的长幼顺序，介绍自己的家庭成员。

情况一：如果示范幼儿按长幼顺序介绍自己的"全家福"。

教师：刚才×××小朋友介绍得真棒。他先介绍了家里年纪最大的长辈——爷爷、奶奶，然后介绍了爸爸、妈妈，最后介绍了年纪最小的自己。按照家庭成员的年龄和辈分，长幼有序地介绍了自己的家人，说得真棒。老师想请小朋友像×××一样，也按照长幼顺序，从家里年纪最大的长辈开始介绍自己的家人，然后介绍中年人，最后介绍家里的小孩子，这样的顺序来介绍自己的家人。

情况二：如果示范幼儿没有按照长幼顺序介绍。

教师：刚才×××小朋友介绍得真棒。通过他的介绍，我们可以知道他的家里有年纪最大的爷爷和奶奶，还有爸爸、妈妈，和年纪最小的他自己。爷爷、奶奶是家里的长辈，我们小朋友应当尊敬长辈。在家里吃饭的时候，要先请长辈上桌；桌上有好吃的东西，要先请爷爷、奶奶品尝。在介绍家人的时候，老师也希望小朋友先来介绍家里的长辈，按照长幼的顺序，从年纪最大的，到年纪最小的顺序，再来介绍一下自己的家人。

（3）请幼儿和身边的同伴交流，按长幼顺序把自己的家人介绍给对方。

教师：现在，老师请小朋友按照长幼顺序把你的家庭成员介绍给身边的好朋友。

**2．统计**

（1）讨论用什么方法能知道哪些小朋友的家庭成员人数最多（少）。引导幼儿用统计的方法。

教师：现在，小朋友都互相介绍了自己的家庭成员。老师刚才发现，有的小朋友"全家福"照片里的家人多，有的家人少。我们怎么样才能知道我们班的小朋友中，谁的家庭成员人数最多，谁的家庭成员最少，又有哪些小朋友的家庭成员人数是一样多（相同）的？用什么办法好呢？请小朋友一起来想想办法。

（2）分组操作。请幼儿自己选择不同的方式：用小圆贴、图章印、皱纹纸球、蜡笔涂色格，代表自己的家人，统计自己的家庭成员人数。

教师：现在，就让我们用统计的方法，来把自己家有几人统计在这张纸条中（出示个人记录条）。请小朋友在自己的小表格的第一个格子里写上名字，然后用每组不同的材料来统计人数（见图6-15-1、图6-15-2、图6-15-3）。

（3）请幼儿和本组的小朋友比较统计的结果，说一说这一组谁的家庭成员人数最多（少）。将记录条贴在小组统计单上（见图6-15-4、图6-15-5）。

**3．交流**

（1）请幼儿介绍各组的统计结果。

（2）统计全班的家庭成员人数。

观察比较，找出全班幼儿中谁家庭成员人数最多（少），哪些小朋友的家庭成员人数一样多。说说是怎样发现结果，引导幼儿发现统计的好处。

**4．活动延伸**

请幼儿用统计的方法解决生活中的其他问题。

教师：我们今天用统计的方法来比较全班小朋友的家庭成员人数的多少。生活中还有很多地方也会用到这种统计的方法。希望小朋友到时候可以运用统计的方法来帮助你快速地解决问题。

## 六、活动反思

新颁布的《3~6岁儿童学习与发展指南》中对"数学认知"提出的目标：5~6岁的幼儿对数的感知能力提高，能够理解量的相对性。部分地开始理解数和量的守恒；合作意识也逐渐形成，喜欢和同伴交流。根据大班幼儿的年龄特点，结合《幼儿园教育指导纲要（试行）》的要求，我让数学活动融入幼儿的生活之中，也将生活中的情感加入到这节数学活动中，从认知、能力、情感三方面确立具体活动目标：①学习用统计的方法，比较家庭成员的人数；②能用多种统计方法，进行统计、比较家庭成员人数的多少；③懂得尊重老人，知道长幼有序。

活动以发展幼儿数学认知能力为主要目标，以集中与分组相结合的方式进行，安排"集中谈话—分组统计—交流分享"三个环节。分组操作材料有小圆贴、印章、皱纹纸球、涂色格等。活动顺利地完成了活动目标。但在进行过程中，仍然出现一些不足之处。

在操作过程中，盖印章的小组操作较简单，幼儿很快就完成了。这组比较适合"全家福"照片上人数较多的孩子操作。贴皱纹纸球和用蜡笔涂色格的小组操作需要比较长的时间，老师对这两组进行了较多的指导。

幼儿在分组操作中，有的幼儿用手指着照片上的家人，指一位，做一个标记；有的幼儿先数数照片上有几人，然后一起做标记；有的幼儿数好照片上的人数，再数好要做的标记的数量，最后一个一个粘贴在记录条上。他们用不同的统计方式，表现出独特的"智慧"。幼儿在操作中自主地探究，这也正是幼儿科学活动真正的意义所在。

作为一名青年教师，从活动选择、设计、准备，到具体地开展活动，我在活动中收获颇多。让幼儿在生活中感受数学、应用数学，从而体验数学的有趣，喜欢上数学，这是幼儿园数学活动的主旨。本节活动是利用家庭成员人数的多少这一幼儿身边的事物和现象作为探究的对象，通过集中和分组相结合的形式，感受与同伴交流及小组合作的快乐，体验统计的过程。同时，也希望他们可以将探究的方法和不断探索的精神应用在实际生活中。

图 6-15-1　　　　　　　　　图 6-15-2

图 6-15-3　　　　　　　　　图 6-15-4

图 6-15-5

活动设计：大连市沙河口区教师幼儿园　王宇
活动指导：大连市沙河口区教师幼儿园　潘义红

（此活动曾被"大陆—香港幼儿创意学习课程实施的比较研究"课题组、北京师范大学首都基础教育研究院评选为优秀教育活动案例二等奖）

# 案例十六 有趣的电话号码

## 一、设计意图

《幼儿园教育指导纲要》中指出：要从生活和游戏中感受事物的数量关系，并体验到数学的重要和有趣，幼儿园的教育应密切联系幼儿的实际生活进行，利用身边的事物和现象作为探索的对象。"教育向幼儿的生活回归"是现代教育的一个重要趋势，数学教育也不例外。《3~6岁儿童学习与发展指南》中建议：引导幼儿感知和体会生活中很多地方都用到数，关注周围与自己生活密切相关的信息，体会数可以代表不同的意义。生活中处处有数学，要让幼儿感受到学习的内容是熟悉的，不仅能激发他们的兴趣，而且能让孩子感受到数字就在他们身边，数字是很有用的。本次活动就以孩子生活中随处可见的数字为内容，通过综合化的形式、游戏化的过程、生活化的内容、经验化的讲述让幼儿发现、了解生活中的数字，感受数字的丰富变化，尝试进行数字组合，体验数字在生活中的运用。

## 二、活动目标

复习9以内的数字、数数。

感受数字的丰富变化，尝试运用数字为小动物设计电话号码。

激发对数字的兴趣，体验数字在生活中的运用。

## 三、活动重点、难点

重点：复习9以内的数字，数数。

难点：尝试运用数字为小动物设计电话号码。

## 四、活动准备：

幼儿熟悉自己家的电话号码或小灵通手机号码。

几何图形图片两幅、小动物两种（小兔、小猫）、幼儿每人一份0~9的数字卡片及操作卡。

## 五、活动过程

### 1. 导入

创设游戏情境，吸引幼儿的学习兴趣。

教师：幼儿园要开生日会了，我想邀请小动物一起参加，请大家想想办法用什么方法通知它们（幼儿泛讲）？

教师：你们真会动脑筋，想了很多办法，那么，用什么方法最好呢？我想给小兔打电话，可她的电话像密码一样，只有图形没有号码，请小朋友帮忙解决。

### 2. 操作

（1）提供学具，幼儿探索操作。

教师：小猫家的电话号码也是一些图形，请小朋友们帮忙找到小猫家的号码好吗？

（2）教师分给幼儿人手一份操作材料，提出要求。

（3）集体念号码 84584369、84583496 验证号码的正确性，教师拨打电话。

### 3. 感知

教师提出问题，迁移幼儿经验，感知数字的丰富变化。

教师：请小朋友想一想自己家的电话号码或手机号是多少，是几位数？

教师：请你仔细观察一下这两个号码有哪些相同？哪些不同？（数字是相同的，但是数字排列的顺序不同、前面四个数字是相同的）

### 4. 设计

（1）继续以游戏的口吻，激发幼儿为小动物设计电话号码的欲望。

教师：还有一些小动物没有电话号码，请小朋友来为小动物设计电话号码吧。

教师：请小朋友们先选一个你喜欢的小动物，然后帮助它们设计电话号码。这些小动物的电话号码是8位数的，前面4位都是8458。

（2）幼儿进行操作，教师巡视指导。

## 六、活动反思

在整个活动中，幼儿对有趣的电话号码产生了极大的兴趣和探索欲望，能积极主动地参与到整个活动之中。我依据幼儿的学习规律和年龄特点，由浅入深，层层递进，选择贴近幼儿生活经验的内容及形式，寓教育于游戏活动中，很好地完成活动目标。

在活动中注重师生、生生之间的互动。活动按预设的目标、计划一步一步实施，在实施的过程中始终围绕着目标有计划、有步骤地组织开展，各环节衔接自然，针对不同幼儿的现有水平及时对目标作弹性处理和调控。活动中采用操作材料突破重难点、主动探究的教学策略，充分地调动了幼儿的积极性、参与性。在操作过程中，恰到好处地对活动的重难点进行了突破，始终围绕电话号码这一线索展开活动，让幼儿在游戏中感受到了数字的变化，在轻松愉快的气氛中非常完整地完成了教学任务。整个教学中教师尊重了孩子学习的主体性、多元化、多样化，使孩子们的能力都有不同程度的提高。

在教学中也发现个别幼儿不能大胆表达自己的想法，教师还要给予一定的鼓励和帮助。

**活动设计**：大连市实验幼儿园　李军
**活动指导**：大连市实验幼儿园　邵晓晨

## 案例十七　找家

### 一、设计意图

幼儿园的数学就其学科特点来看相对比较抽象，如果将数学知识融入游戏活动中，让幼儿在玩中学，既可满足幼儿游戏和活动的需要，又能很好地完成教学目标。分类教学是数学活动中的基本内容之一，《幼儿园3~6岁儿童学习与发展指南》中也明确指出了幼儿能感知和发现常见几何图形的共同特征，并能进行分类。于是我根据我班孩子的年龄特点，面临就要上小学了，要培养他们思维的准确性、敏捷性和多维性，为他们入小学后顺利地学习打下坚实的基础，所以我选择了此活动。

### 二、活动目标

感知和发现常见几何图形的共同特征，并能进行分类。

提高思维的准确性、敏捷性和多维性。

体验参与游戏,遵守规则,取得成功的快乐。

### 三、活动重点、难点

重点:感知和发现常见几何图形的共同特征,并能进行分类。

难点:思维的准确性、敏捷性和多维性。

### 四、活动准备

幼儿人手一套操作材料:托盘、操作板(上面画有两个相交的圆)、幼儿人手三个装有不同颜色的各种图形纸袋(纸袋上标有不同级别的小花)。

教师演示用的课件、小花若干、鼓一面、任务标识(如图6-17-1)。

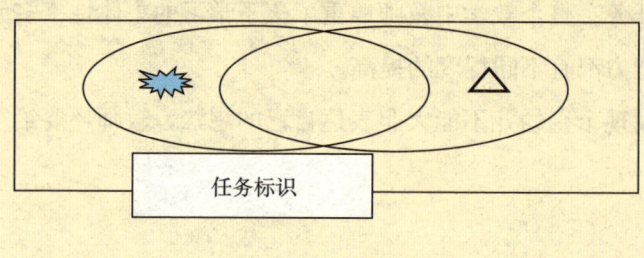

图6-17-1

### 五、活动过程

**1. 找错**

玩法:教师出示图例,幼儿根据任务标识判断哪个图形宝宝找错家了,并纠正。

教师:小朋友,今天我们来和图形宝宝玩个"闯关"的游戏好吗?

在游戏之前,我要先考考你们的眼力,(出示课件找错)小朋友要根据任务标识来看看哪个图形宝宝找错家了?为什么?(见图6-17-2、图6-17-3)

**2. 操作游戏:闯关**

通过游戏"闯关",帮助图形宝宝找到自己家。

教师:今天我们要玩的闯关游戏就是给图形宝宝找家,这个游戏需要小朋友闯三关,每个小朋友手里都有闯关的小信封三个,分别贴有三个星,闯第一关用贴有一个星的信封,闯第二关用贴有两个星的信封,以此类推。小朋友在闯关的时候要仔细认真,看准了任务标识,信封一定不要拿错了。游戏开始的时候听到老师发出开始的口令后要迅速打开信封,把图形宝宝摆到桌子上,当听到老师的鼓声时才能根据任务标识开始给图形宝宝找家,当鼓声停止时就不能再调整了。

玩法一:教师为幼儿提供同色的不同形状的图形三种、三种颜色的一种图形若干。如蓝色的:三角形、圆形、正方形各一个。三角形:黄色、蓝色、红色各一个。每人一个操作板，操作板上画有相交的两个圆代表图形宝宝的家，幼儿根据老师的任务标识进行填图，注意：只给住在中间的交集的家里的图形宝宝找家。

教师：哪位小朋友把你的答案展示给大家看（请一位幼儿操作课件，展示正确答案结果）？

教师：为什么把××图形放到中间的家里？

关注有错误的小朋友要及时修正（见图6-17-4）。

玩法二：教师为幼儿提供同色的不同形状的图形四种。如：红色的：三角形、圆形、正方形、长方形各一个。三种颜色的一种图形若干。圆形：红色、黄色、蓝色各一个。幼儿根据老师的任务标识进行填图（见图6-17-5）。

玩法三：教师为幼儿提供同色的不同形状的、大的和小的图形两种；两种颜色的、大的小的一种图形若干；还有一个不同于以上那两种图形和颜色的图形宝宝。如：粉色的：大的和小的圆形、正方形。正方形：红色、粉色、蓝色（大小不同）。黄色的三角形一个。幼儿根据老师的任务标识进行填图（见图6-17-6）。

规则：①当老师发出口令的时候才能开始给图形宝宝找家。

②鼓声停止的时候，不允许再调整自己的操作材料。

③正确的幼儿才能进行第二关。

### 3. 交流

同幼儿进行游戏交流与分享。

（1）总结幼儿游戏的情况。

（2）交流：还有哪些物品可以玩这个游戏？

## 六、活动反思

幼儿园的数学就其学科特点来看相对比较抽象，如果将数学知识融入游戏活动之中，让幼儿在玩中学，既可满足幼儿游戏和活动的需要，又能很好地完成教学目标。在《3~6岁儿童学习与发展指南》（以下简称《指南》）、《幼儿园教师专业标准》（以下简称《标准》）颁布之际，大连市教育学院李云翔老师在我园进行了市级骨干教师数学游戏专题培训现场会，我有幸成为本次游戏活动的执教者之一，我经历了选活动、备课、试讲、现场执教的过程，在这个过程中，我以《指南》、《标准》为指导，以本班幼儿的年龄特点、发展状况作为依据，设计和选择了大班数学游戏"找家"，本次活动从选材到整体的游戏过程都非常适合本班幼儿的年龄特点和发展状况，整个活动体现了以幼儿为主体的教育理念，在活动中我能关注到个别幼儿的学习状况，针对不同幼儿进行及时的指导，教师的指导是适宜的。本次活动的最大亮点是：①虽然教师设计的是一款桌面操作游戏，但是幼儿的思维是非常活跃的，我给孩子们设计的游戏难度是逐渐加大的，通过"闯关"不断激发幼儿参与游戏的积极性。②内容的丰富有趣能为幼儿动手、动口、动脑，多种感官参与学习活动创设最佳情景，激发了幼儿的学习兴趣，最大限度地发挥了幼儿的身心潜能。游戏的延展性非常好。③游戏规则的建立让幼儿养成了控制自己的行为、遵守纪律等良好的行为习惯，游戏活动的效果很好，受到观摩老师以及专家的好评。

本次活动中存在的不足之处：教具的设计制作应该体现多用途、能反复使用、比较耐用的特点，为今后的教学以及区域活动做好衔接和准备。

通过大家的点评和指导，我收获很大，特别是通过本次活动更加增强了我在游戏活动中的指导能力，使我在专业成长的道路上走得更加稳健。因此，在今后的工作中，我将认真贯彻《指南》的精神，努力提升自己的专业水平，创新自己的教育理念，调整自己的教育思路，为孩子们的未来播下一粒美好、快乐的种子，让他们在游戏的世界里快乐地成长。让幼儿在快乐的童年生活中获得有益于身心发展的经验。

图 6-17-2

图 6-17-3

图 6-17-4

图 6-17-5

图 6-17-6

活动设计：大连市西岗区教师幼儿园　袁桂霞
活动指导：大连市西岗区教师幼儿园　潘丽新

（此活动在大连市骨干教师游戏研讨会上公开展示）

## 案例十八　春天的服饰

### 一、设计意图

《幼儿园教育指导纲要》明确指出，幼儿园活动内容的选择应既贴近幼儿的生活来选择幼儿感兴趣的事物和问题，又有助于拓展幼儿的经验和视野。活动的组织应充分考虑幼儿的学习特点和认识规律，寓教育于生活、游戏之中。《3~6岁儿童学习与发展指南》建议：鼓励幼儿尝试自己设计有规律的花边图案、创编有一定规律的动作，或者按某种规律进行搭建活动。大班幼儿在平时的活动区活动中已经能熟练掌握按一种特征进行排序，而幼儿非常喜欢在美术区为自己制作花环、衣服、项链等装饰品，于是我在本活动中就将数学活动和美术活动相结合，恰逢现在是生机盎然的春天，我又加入了春天的元素，将正在开放的各种花、大小不同的小草作为装饰的材料，使幼儿能在操作中学会按2~3种特征排序，让幼儿用最喜欢的方式快乐地学习，因此我选择了《春天的服饰》这个活动。

## 二、活动目标

学习按物体的2~3种特征进行排序活动。

能锻炼幼儿思维的灵活性、逻辑性。

体验序列规律的美。

## 三、活动重点、难点

重点：能准确掌握2~3种特征的排序方法。

难点：能发现排序的规律。

## 四、活动准备

### 1. 老师身上的装饰品

花环：材料为粉色的桃花、绿色的柳叶。按2种特征排序，中间故意落下几个，种类颜色不同。项链：材料为吸管、珠子，颜色、数量、种类不同。裙子：材料为两种水果，大小、种类、颜色不同。

### 2. 幼儿操作学具

一组。装饰花环：黄色的迎春花，粉色的桃花，绿色的柳叶排序。

二组。串项链：颜色不同的吸管、珠子（见图6-18-1，图6-18-2）。

三组。装饰衣服：用环保袋做成的小裙子，两种不同种类、不同颜色的水果塑封的图片。

四组。装饰腰带：用牛奶袋的反面制作的腰带，两种不同图形、不同大小的塑封图片。

## 五、活动过程

### 1. 导入

观察老师身上的装饰品，感受排序规律。

教师：小朋友们，春天到了，柳树发芽了，花儿开放了，天气暖洋洋的，老师为自己设计了漂亮的服装（老师已经穿上），小朋友看看漂不漂亮？哪里漂亮？(引导幼儿观察装饰品的排列规律)

教师：花环上有什么？桃花、柳树是怎么排队的？咦！这里怎么少了一朵花？这里应该是什么花呢？(请幼儿说出答案并帮老师补上)项链和裙花也以这种形式请幼儿补上缺少部分。

2．交流

教师介绍幼儿操作玩具，了解各种各样的材料。

教师：老师为你们准备了各种各样的材料，请小朋友来按规律装饰自己的服饰，看看老师为你们准备了什么？

花环：有迎春花、桃花、绿叶，按规律贴在花环上。

项链组：吸管和珠子按规律串成项链。

衣服组：将不同的水果贴在衣服上（幼儿自己选择要装饰的位置）。

腰带组：将两种不同形状的图形按规律贴在腰带上。

3．操作

（1）教师提出操作要求。

教师：小朋友来按规律装饰自己的服饰，看看谁排列的变化多，和别人的不同。

教师：要将制作的剩下的材料放到老师准备的小篮子里，用完的东西归回原位。

（2）幼儿自由选择制作组，做好穿戴在身上后可再做别的服饰。

（3）教师巡回辅导，帮助能力弱的幼儿完成，提示幼儿用几种方法来排。

（4）请有特殊排法的幼儿个别展示、表述（见图6-18-3）。

4．展示

请幼儿穿戴好自己的服饰，互相说说自己是怎么排的。

老师和幼儿一起跳起欢快的舞蹈《春眠不觉晓》。

5．活动延伸

活动区放置各种物品，如一次性塑料杯、纸盘、用废旧地板革制作的相框、花环、腰带等，提供各种装饰品供幼儿操作。

## 六、活动反思

本节活动将数学活动与美术活动相结合，通过组织幼儿装饰节日的服饰（花环、项链、腰带、裙子）等，发展幼儿按物体的2~3种特征进行排序的能力，寓美育于数学活动之中，让幼儿在轻松愉快的氛围中达成活动目标。

在材料的选择上巧妙利用废旧的硬纸板、各种粗细的吸管、锡纸牛奶袋、大的透明购物袋等进行装饰,物尽其用,节约资源。在活动的过程中,老师首先巧妙引导幼儿观察老师服饰,发现不同的排列规律带来的美感,通过帮助老师填补装饰的空缺,发现规律,学习按规律进行排序的方法,体现老师是幼儿学习活动的引导者。在操作环节,老师通过提供不同层次的操作材料,鼓励幼儿按自己的兴趣和能力自由选择装饰的内容,并在师幼互动中观察幼儿的表现,及时给予幼儿语言和操作上的指导,体现老师是幼儿学习活动的合作者、支持者,较好地促进了幼儿身心愉悦、积极主动地发展。

在装饰活动中经常会遇到幼儿不按规律排列,而根据自己的喜好去参与装饰活动,这时老师应注意保护幼儿参与活动的积极性,逐渐引导幼儿先按物体的一种规律进行排序,逐渐过渡到按多种规律进行排序。活动中最好将各种大小、颜色、形状不同的物品分类放好,有利于幼儿快速地寻找并排序。老师可引导幼儿将装饰好的服饰穿好后再继续下一个装饰,不仅可以使幼儿不在活动中丢失自己做好的作品,还能使幼儿有成功的感觉。幼儿学习按物体的规律进行排序,不是一节活动能够完全熟悉与掌握的,所以应该通过区域活动、日常生活等活动,逐渐建构幼儿按规律排序的概念。

图 6-18-1

图 6-18-2

图 6-18-3

活动设计：大连市理工大学幼儿园　赫欣
活动指导：大连市理工大学幼儿园　杨清华

（此活动曾获辽宁省教育学会优秀课一等奖，大连市教师教育教学能力大赛二等奖）

## 案例十九　排队坐火车

### 一、设计意图

根据《幼儿园教育指导纲要》中 5~6 岁发展目标："能按物体两个以上的特征进行分类，会按规律进行排序并说明。"《3~6 岁儿童学习与发展指南》中指出：能发现事物简单的排列规律，并尝试创造新的排列规律。针对这一指导目标，我选择的活动是大班数学领域活动，根据园内大班幼儿的年龄特点和认识水平，我设计了本次活动。

### 二、活动目标

了解序列间递增、递减的排列规律。

能探索按图形量的差异进行递增、递减的排列规律。

体验创造排列规律的乐趣。

### 三、活动重点、难点

重点：了解序列间递增、递减的排列规律。

难点：能探索按图形量的差异进行递增、递减的排列规律。

### 四、活动准备

圆形、三角形图片若干，小火车形操作表，一列按"AABB"模式的火车。

### 五、活动过程

**1. 感知**

（1）出示一列按"AABB"规律排列的火车，帮助幼儿回顾已有的知识经验。

教师：小朋友，现在我们来玩儿一个《排队坐火车》的游戏，你们看这列火车上有哪些图形呢？

教师：它们的排队有什么特点（引导幼儿说出排列规律，见图6-19-1，图6-19-2）？

教师：原来，它们的排列是有规律的，可是像小朋友这样一直说下去，多累人呀！我们找个简单的方法来说出它们的排列规律，应该怎么说呢？

教师：哦，我们可以说图形宝宝是按一个圆形一个三角形的规律排列的（师生一起说）。

（2）分别出示"AABAAB、ABCABC"等简单规律进行已有经验的回顾。

**2. 操作**

提供材料，让幼儿动手操作，增加经验的积累。

教师：小朋友说得很好，其实像这样有规律的排队方法还有许许多多，快开动你们的小脑筋也来为图形宝宝排出有规律的队伍吧！看谁的排队方法多而且有规律（幼儿操作，见图6-19-3）。

**3. 发现**

（1）出示递增序列规律图，引导幼儿观察图形排列的规律。

教师：小朋友真聪明，我看到你们给图形宝宝排出了许多各式各样的队伍，刚才我还发现一个有趣的排队方法（出示递增），请你们仔细观察，它们的排队有什么特点？

教师：那有谁能告诉我这是什么样的排列规律（引导幼儿说出规律）？

教师：你真棒！那看到一个比一个多时，还能想到什么样的排队方法呢？

教师：非常好！那就请你们在小火车上为图形宝宝排出这样的规律吧！

（2）操作中教师注重观察指导。

（3）操作结束，鼓励幼儿描述自己的排列。

**4. 游戏**

通过游戏：装饰小盘子，鼓励幼儿在此基础上创造排列规律。

教师：看到小朋友这么聪明，我有件事情想请你们帮忙，是这样的，我的好朋友小猴最近搬了新家,邀请我去他家做客,我想给他准备漂亮的盘子作为礼物送给他,可我只想好了盘底图案,其他地方还是空白的,我想请你们用图形排列出有规律的图案来装饰我的小盘子,你们愿意帮助我吗(幼儿利用几何图形创造规律的图案来装饰盘子)?

教师:小朋友们举起你们的小盘子让我看看,真漂亮!走,我们这就把漂亮的盘子送给小猴,我想他一定会很高兴的。(师生共同走出活动室)

## 六、活动反思

本次活动通过感知—操作—发现—游戏的过程,有计划、有目的,循序渐进地引导幼儿了解递增、递减的排序规律,幼儿在活动中积极投入,专注性较高,较好地完成活动目标。此活动的亮点如下:

(1)本次活动目标设计清楚准确。结合本班幼儿的年龄特点及学习规律、实际经验水平,确定了适合幼儿发展的活动目标。

(2)活动的各环节组织思路清晰、层次有度,重难点知识把握准确,充分体现了三段式教学的教学特点,符合幼儿自身发展能力的需要。

(3)给幼儿创造探索操作的空间。我在活动中,为了让幼儿亲身感受、探索出排列规律,把活动的内容放在幼儿的最近发展区(在会简单、有规律排序的基础上),提供足够的联系(递增排列的规律)和应用的机会(自己探索递减的排列规律);并且引导幼儿用语言描述活动的过程(三角形一个比一个少);引导幼儿用语言表述概括出规律(一个比一个少的规律)。

(4)活动最后,在幼儿学会递增、递减的排列规律基础上,进一步让幼儿在游戏中自己去探索、发现其他的排列规律。

图 6-19-1

图 6-19-2

图 6-19-3

**活动设计**：大连市长海县幼儿园　于炜
**活动指导**：大连市长海县幼儿园　梁晶

## 案例二十　买文具

### 一、设计意图

《3~6岁儿童学习与发展指南》中建议：通过实物操作引导幼儿理解数与数之间的关系，并用"加"或"减"的办法来解决问题。《幼儿园教育指导纲要》中也指出，大班的幼儿应掌握10以内数的加减法，买文具是幼儿在实际生活中要面临的现实问题，让孩子运用数学知识解决生活中的问题是我本次活动的主要目标，我将7的加减法知识以买文具的游戏贯穿，让幼儿在游戏中感知、掌握数学知识。

### 二、活动目标

学习7的加减法。
能够运用7的加减解决生活中的问题，并大胆地表达和记录。
体验购物游戏的有趣。

### 三、活动重点、难点

重点：学习7的加减。

难点：能够运用7的加减解决生活中的问题，并大胆地表达和记录。

## 四、活动准备

情景设置"文具店"，记录单一、二，购物板及代用卷，记录笔等若干。

## 五、活动过程

### 1. 导入

创设问题情境，引导幼儿回忆。

教师：小朋友你们去过文具店吗？文具店里都卖哪些文具？

教师：今天尹老师的宝宝文具店开业了，看看都卖哪些文具？分别卖多少钱？

教师：如果你有7元钱，买哪两样文具正好花完？为什么？你是怎么算的？

### 2. 游戏

（1）第一次游戏：买文具。

游戏规则：请每位小朋友用7元钱买两样文具，要正好花完，你买了什么？加起来是多少钱？怎样列式子？要记录在记录单上（指导幼儿记录）。帮助幼儿梳理7的加法经验。

（2）第二次游戏：买文具。

游戏规则：请小朋友用7元钱，买一样文具，想想自己要买什么？花了多少钱？还剩多少钱？你是怎么算的？记在记录单上（指导幼儿记录），帮助幼儿梳理7的减法经验。

### 3. 延伸

游戏：综合游戏买文具。

游戏规则：用7元钱去买你喜欢的文具，可以都花完，还可以有剩余，一定要算好自己花了多少钱？是用什么方法算的？（见图6-20-1、图6-20-2，图6-20-3、图6-20-4）

## 六、活动反思

数学游戏就是在活动中，有目的、有意识地把数学与游戏融合在一起，借助于游戏情境，有趣的操作，化静为动，化抽象为具体，化难为易，让幼儿在无意中感知数学知识。

在实际的操作中我是这样考虑与安排的：

### 1. 明确教育目标

了解我们幼儿的发展特点，7以内的加减幼儿掌握较好。买文具的游戏贴近幼儿的生活，能调动幼儿参与活动的积极性。

我将本次活动的知识、能力、情感的三维目标物化为活动中三次游戏的游戏规则，让幼儿在购物游戏中感知、理解、学习。

### 2. 提供可变的操作材料

第一次的购物游戏，是利用"宝宝文具店"的购物板引导幼儿进行游戏。

第二次、第三次的购物游戏，是利用情境"丫丫文具"引导幼儿进行游戏。

记录单设计上我也做了更改，压膜孩子可以反复用，给幼儿提供更多的游戏和发现的机会，不断地给予幼儿新的刺激。

### 3. 选择多样的组织形式

情景游戏、操作游戏、感官游戏；给予适时灵活的指导。

活动中我始终按照"最少的干预、最大的激励"的原则把握指导策略，教师起到服务、引导与协调的作用。

### 4. 注重环节的递进

游戏环节层层深入、由易到难，给予幼儿多方位的刺激。

图 6-20-1

图 6-20-2

图 6-20-3

图 6-20-4

> 活动设计：大连市长海县幼儿园　尹宏
> 活动指导：大连市长海县幼儿园　周辉

（此活动在县级教学评优活动中获二等奖）

## 案例二十一　图形宝宝变变变

### 一、设计意图

几何图形是我们生活中不可缺少的一部分，生活中有很多东西都是由图形组成的。小朋友喜欢图形，对图形有着浓厚的兴趣。游戏是孩子的天性，他们在游戏活动中的积极性最高。《幼儿园指导纲要》（以下简称《纲要》）指出："幼儿园教育要以游戏为基本的活动。"《3~6岁儿童学习与发展指南》中指出：能用常见的几何形体有创意地拼搭和画出物体的造型。因此，我根据大班幼儿好奇、探索的年龄特点，以游戏贯穿于整个活动之中，选择了生活中孩子们常见而又感兴趣的图形作为活动题材，设计了这个数学活动《图形宝宝变变变》。依据《纲要》理念，幼儿园的科学（数学）活动，要让幼儿积极探索尝试、体会数学知识在生活中的运用。本次数学活动，选择了幼儿常见的几何图形，让幼儿自主操作探索，互相交流学习，体现了玩中学、学中玩的教育理念。本次活动以促进幼儿全面发展为总目标，引导幼儿能发现周围环境中有趣的事情，满足幼儿的好奇心和求知的欲望，愿意与同伴共同探究，能大胆地表达自己的发现，并相互交流。本次活动培养幼儿良好的科学探究精神，在充分表现自我的基础上获得最大化的发展。本次活动的设计，以游戏贯穿各个环节，让孩子轻松、愉快地进行活动。

## 二、活动目标

掌握各种几何图形的特征。

能运用各种几何图形进行自由组合、搭配。

喜欢图形的拼搭，喜欢参与数学游戏的兴趣。

## 三、活动重点、难点

重点：掌握各种几何图形的特征。

难点：能运用各种几何图形进行拼搭活动。

## 四、活动准备

教师给每一位小朋友准备一套"图形宝宝"（圆形、三角形、正方形、长方形）。PPT课件"图形宝宝变变变"。

"图形宝宝变变变"图，每人一盒水彩笔。

## 五、活动过程

### 1. 游戏

通过游戏找朋友，引导幼儿复习巩固各种几何图形的特征。

（1）教师出示小客人"图形宝宝"，引导幼儿观察图形宝宝特征，并说出它们的名字。

教师：今天有一些"图形宝宝"小客人到班级来和小朋友见面，它们都是可爱又害羞的小客人，就让小朋友来说说它们的名字吧。

教师：嗨！我是圆形宝宝，我是三角形宝宝……看到这么多小朋友，我们心里真开心，请你们帮助我们找到相同的朋友吧。圆形圆形点点头，三角形三角形笑眯眯，正方形正方形握握手，长方形长方形手拉手。

（2）教师发给幼儿每人一个不同的图形宝宝，大家一起说图形口令一边去找与自己手里图形相同的小朋友做朋友。

**2．感知**

教师播放PPT课件"图形宝宝变变变"，通过观看课件引导幼儿发现生活中的小汽车、美丽的房子等物品都是由可爱的图形宝宝变化、组成的。

教师：这些物品都是由哪些图形宝宝变化、组成的？

教师：请小朋友说一说自己在生活中发现了哪些物品是什么图形宝宝变化、组成的？

（激发幼儿的探索操作欲望）

**3．操作**

通过操作：图形拼拼拼，让幼儿自由大胆想象，将手中的图形宝宝进行随意拼搭组合。

教师：请小朋友选择你喜欢的图形宝宝进行拼搭组合。

**4．交流**

大家共同欣赏幼儿的"图形拼拼拼"的作品。

教师：说一说你用了哪些图形宝宝拼搭，组合成了什么。

**5．活动延伸：图形魔术师**

教师出示各种图形变变变的图片，请幼儿选择自己喜欢的画面进行添画，幼儿充当魔术师大胆想象，创造表现。教师和幼儿一起将创造好的图形宝宝变变变图画展示在展览板中大家一起分享成功的喜悦心情。

## 六、活动反思

在本次的教学活动中，幼儿的动手、动脑积极性得到了很大的提高。通过"找朋友"的游戏方式让幼儿进一步了解几何图形的特征并进行分类，培养了幼儿的集体意识。通过感知—操作—交流的形式，让幼儿在进一步掌握几何图形特征的基础上，感受图形变化的乐趣，让幼儿在拼摆中完成活动目标。

为幼儿创设轻松的活动环境，让每一个孩子都能在快乐、自由的氛围中进行想象、创造，充分满足了孩子们的探究欲望。在整个活动中，教师只是作为一个观察者、引导者，引领他们去自由发现、探索图形世界中的变化奥秘，让孩子们能够在生活中走进图形、应用图形，让孩子们在有趣的游戏中进行数学活动。

但作为教师，我们要做的不再是口耳相传的说教模式，让我们蹲下身来，倾听孩子、观察孩子、走近孩子。

活动设计：大连市实验幼儿园　张爽
活动指导：大连市实验幼儿园　邵晓晨

## 案例二十二　闯关探宝

### 一、设计意图

根据《幼儿园教育指导纲要》中指出，教育内容要选择贴近幼儿生活，选择幼儿感兴趣的事物和问题，能从生活和游戏中感受并体验到数学的重要和有趣。《3~6岁儿童学习与发展指南》建议：用多种方法帮助幼儿在物体与几何形体之间建立联系。结合我班幼儿年龄特点和已有的经验，我利用生活中的废旧物品作为活动教具，设计了此次趣味性数学游戏活动。在巩固复习几种基本图形的基础上，由易到难并适度加深知识的层次性，尝试让幼儿感知图形的转换关系及生活中各种规则和不规则的图形，拓展了幼儿的思维，发展了幼儿对图形认知的空间。

### 二、活动目的

复习巩固对常见图形的认识，感知两种图形的转换关系。
培养幼儿思维的敏捷性和动手能力。
增强幼儿的集体意识。

### 三、活动重点、难点

重点：巩固复习各种常见图形。
难点：感知两种图形之间的转换关系。

### 四、活动准备

废旧塑板制作的房子三座（四面分别是红、黄、蓝、绿四种颜色组成并镂刻不同形状、不同大小的图形）、镂刻好的几何图形多个、四个宝物、平衡木、地垫和拱形桥、坐垫四组（见图6-22-1、图6-22-2）。

## 五、活动过程

### 1. 导入

教师：今天小刘老师在教室里藏了4件宝物，你们想不想找到它们呢？要想找到这4件宝物可不是件容易的事，我们要闯三关，有哪三关呢（教师指向房子）？小朋友请看这三栋房子就是我们今天找到宝物之前必须闯过的三关：第一关、第二关、第三关。每一栋房子的四面墙壁都是由红、黄、蓝、绿四种颜色围成，可是这么漂亮的房子上面都有很多洞洞。

教师：房子上面的洞洞都是什么形状的呢？

教师：请小朋友围着房子四周看一看，回来告诉我！（幼儿自由观察）

### 2. 讨论

（1）交代任务并了解闯关的方法。

教师：你们看到的洞洞是什么形状的？

（2）示范填补图形的方法。

教师：房子上这么多洞洞可不行，刮风下雨都会很冷！怎么办？

教师：把房子上的洞洞修补完整就是我们今天闯关必须完成的任务！

教师：怎样把这些洞洞填补完整呢？（见图6-22-3）

（3）出示筐子里的图形让幼儿认识。

教师：筐子里面有好多图形你们认识吗？

（4）教师随意找到一个正方形并找到和它一样形状的洞洞将它填补上去。

教师：这是什么形状（三角形）？谁能给它找到一样的洞洞呢？（见图6-22-4）

（三角形是难点，以此教会幼儿填补时的方法）

### 3. 游戏

（1）交代游戏规则，组织幼儿游戏：闯关夺宝。

教师：当我们这一面墙所有的洞洞全部填补完毕后我们就算闯过了第一关，接着过小桥，闯第二关，当第二关的房子洞洞填补完整后我们要爬过山洞闯第三关，当第三关所有洞洞都填补完整后，你们就能得到藏在第三栋房子里的宝贝，你们听明白了吗？

教师：一关要比一关难！要想拿到宝物我们要三人合作！老师将小朋友分成红、黄、蓝、绿四个队，每队三人，红队填补红色的墙面、黄队填补黄色的墙面、蓝队填补蓝色的墙面、绿队填补绿色的墙面，看看哪个队做得又好又快，最先拿到宝物，你们准备好了吗？（见6-22-5）

教师：闯关开始！

（2）幼儿合作闯关探宝，教师观察引导。

### 4. 交流

游戏之后的小结，集体交流方法。

教师：小朋友又聪明又勇敢，共同努力取到了宝物，在打开之前和我们说说你们在闯关的过程中都遇到了哪些困难啊？你帮助过谁？是怎样解决的呢？

教师：按队伍完成速度将宝物打开，和幼儿共同分享获得宝物的快乐！（见图6-22-6）

## 六、活动反思

本节活动中，教师能结合本班幼儿特点创编游戏，并合理制定游戏的玩法，能满足不同能力的幼儿发展，能注重游戏的多样性和统一性，幼儿非常感兴趣。

### 1. 优点：

（1）游戏制定科学，玩法合理，教具安全，能注重个体差异。

（2）根据本班幼儿年龄特点和幼儿的已有经验，适度加深游戏难度，如对常见图形掌握的比较好，可让幼儿感知各种不规则图形。

（3）游戏中动静交替，根据幼儿体能情况变换各种运动小器械，作为活动与活动之间的链接过程，同时发展幼儿的大肌肉运动。

（4）游戏中充分体现了幼儿的自主性，老师做到了收放得当。

（5）游戏中能关注个别幼儿，及时帮助。

（6）注重了游戏评价。

（7）培养了幼儿自我解决问题和合作能力。

### 2. 不足

在游戏结束的评价语言中，应该充分调动幼儿自我反思的能力，发现自我和他人的闪光点。

图 6-22-1

图 6-22-2

图 6-22-3

图 6-22-4

图 6-22-5

图 6-22-6

**活动设计**：大连市西岗区教师幼儿园　刘艳

**活动指导**：大连市西岗区教师幼儿园　潘丽新

（此活动在大连市游戏研讨会上公开展示）

# 案例二十三 快乐的生日

## 一、设计意图

《3~6岁儿童学习与发展指南》（以下简称《指南》）的颁布是有效地防止"小学化"倾向的指导性文件，在《指南》中建议：引导幼儿感知和体会生活中很多地方都用到数，关注周围与自己生活密切相关的数的信息，体会数可以代表不同的意义。幼儿园教育"小学化"倾向，是指用小学教育的方式取代幼儿园的教育方式的做法。是典型的"拔苗助长型教育"和"重复型教育"，它极大地损害了幼儿的身心发展，其严重性已越来越引起社会的关注与反思。由于受年龄特点的影响，学前幼儿难以接受"小学化"的学习方式，枯燥的写写算算，抑制了孩子们的好奇心和求知欲。而游戏是幼儿的基本活动，孩子只有在游戏中才是最快乐的，只有在快乐的情绪中才能更好地接受知识。数学是一门抽象性、思维性很强的学科，因此，我通过探索游戏化、生活化的学习方式，将游戏、生活和知识很好地融合起来，既避免了"小学化"的学习方式，又让幼儿拓展了知识，日历是孩子们常见的物品，孩子们对日历只是处于认识的阶段，对其用途及其上面数字、文字所代表的含义也是一知半解，于是我就设计了本节活动《快乐的生日》，意在激发孩子探索的兴趣及欲望。

## 二、活动目标

初步了解日历的用途。

能够发现日历上的数字所代表的含义。

喜欢参加游戏。

## 三、活动重点、难点

重点：初步了解日历的用途。

难点：能够发现日历上的数字所代表的含义。

## 四、活动准备

当年的日历人手一份，记录单（见图6-23-1）。

### 五、活动过程

#### 1．观察

（1）出示日历，观察日历上的数。

教师：这是什么？日历有什么用呀？这是哪一年的日历呀？你是怎么知道的？

（2）引导幼儿观察、发现日历上各种数字的含义。

教师：日历上的数字有什么不同？它们代表什么意思呢？

#### 2．记录

幼儿探索并记录日历上的数字。

教师：请小朋友从日历上找出你认识的数字，把它们记录下来（见图6-23-2）。

#### 3．讨论

通过讨论，了解数字在日历上的作用。

教师：你发现了什么？大的数字代表了什么呢？那日历上有多少个这样大的数字呀？一年有多少个月呀？

教师：每个月都有多少天呢，天数是一样的吗？

#### 4．操作

（1）在日历上找自己的生日。

（2）在日历上找出教师指定的节日。

#### 5．交流

通过小结，了解数在生活中的应用。

教师：日历的用途非常大，它告诉了我们许多知识，这个日历是世界通用的，你们发现了吗，在数字的下面还有一些小的文字，上面有我们中国自己的节日，下次我们再一起来学习。

### 六、活动反思

本节活动的目的是让幼儿认识年历，知道一年有几个月，每个月的天数有什么不同。这对于我们班孩子来说是一个还没有接触过的新知识，一年有12个月，这一点大多数小朋友都知道，可是认识几月几日他们还从来没有学习过。为了使幼儿学起来更容易，活动前我请孩子们每人准备一本2010年的台历，在准备的过程中，孩子们就饶有兴趣地翻看了起来，活动时，我在前面放上了一本大日历，请小朋友一起观察日历上有什么，很快孩子们就把自己的发现说了出来，日历上数字的大小不同、颜色不同，然后我请小朋友想想那么它们都是什么意思呢，经过简单的讨论，孩子们知道了大数字表示的是月，小数字表示的是日，那么一年有几个月？每月的天数都是一样的吗？我通过记录单的形式让孩子们去探索发现，自己来学习。在接下来的"找节日"环节中，当我说出节日后，小朋友首先要反应是几月几日，接着在年历中找出来。在找的过程中，我发现刚开始有指错的现象，我就请一个找得又对又快的孩子讲一下为什么他找的那么快，他是怎么找的，这样为找错的孩子提了个醒，接下来，孩子们找得都很对，而且还很迅速！这下，小朋友们玩得更热火朝天了。整个活动下来，给我感触最深的是，要想小朋友学得开心，首先老师必须带动学习气氛，让每个小朋友都不由自主地投入到活动中去，只有大家都参与了，这节活动老师才能教得开心，小朋友也学得开心。

图 6-23-1

图 6-23-2

**活动设计：** 大连市甘井子区教育局第三幼儿园　穆丽杰

**活动指导：** 大连市甘井子区教育局第三幼儿园　刘巍

## 案例二十四 有趣的电话号码

### 一、设计意图

《幼儿园教育指导纲要》提出：教育的内容要从幼儿身边熟悉的事物和现象出发，引导幼儿对生活中常见的事物和现象的特点、变化规律产生兴趣和探究欲望。《3~6岁儿童学习与发展指南》中也指出：能发现生活中许多问题都可以用数学的方法来解决，体验解决问题的乐趣。数学活动的内容具有生活性，是指数学教育活动内容与幼儿的生活实际紧密相连。现今社会是信息的时代，每家都有电话，电话号码是幼儿所熟悉的，也是他们所能理解的，通过本节活动使他们感受到数学可以解决人们生活中遇到的问题。

### 二、活动目标

能发现和理解电话号码中蕴涵的三个规律。

能正确运用10以内的数字设计电话号码。

感受数字在日常生活中的应用。

### 三、活动重点、难点

重点：能正确运用10以内的数字设计电话号码。

难点：能发现和理解电话号码中蕴涵的三个规律。

### 四、活动准备

**1．物质准备**

电话图片（中间没有数字），0~9、#、*的卡片，统计表，每人一张纸条，笔，记录纸（见图6-24-1，图6-24-2）。

**2．精神准备**

教师提前对班级幼儿家里的固定电话进行统计，幼儿记住家里的固定电话。

### 五、活动过程

**1．导入**

教师：森林里的小动物们搬进了新家，想通知它的好朋友来玩，可是还没有电话号码呢,今天我们大一班的小朋友来帮忙设计电话号码吧!

**2. 感知**

(1) 回忆电话上的数字。

①出示没有数字键盘的电话图片。

教师:今天老师带来了一部奇怪的电话,看看它少了什么?它们都应该在什么位置呢?

②请幼儿将数字和*、#符号放在电话相应的位置上(见图6-24-3)。

(2) 请幼儿将家中的电话号码,写在纸条上贴到相应的表格中。

教师:小朋友家里都有电话号码,谁来说说你家的电话号码是多少?

(3) 出示统计表,幼儿按照不同的区号,将电话号码放在相应的表格中。

教师:你家的电话号码,应该放在表格的什么地方,请小朋友看仔细。

教师:请小朋友按照不同的区号,将自己家的电话号码放在相应的表格中(见图6-24-4)。

(4) 了解电话号码的规律。

教师:这些电话号码哪里一样?哪里不一样?

(5) 教师与幼儿共同小结。

教师:同一地区电话号码的前几位数字是相同的;同一城市电话号码数字的数量是相同的;每家的电话号码都不相同。

**3. 操作**

(1) 与幼儿共同讨论设计电话号码的要求,了解电话号码的设计。

教师:设计的电话号码有几位数字?

教师:它们都是住在同一地方,前几位数字要怎样?每家的电话号码能不能一样?

教师:你想给它们设计怎样的电话号码?

(2) 幼儿操作,记录下自己设计的电话号码。

教师:请小朋友帮助小动物们记录下你为它们设计的电话号码(见图6-24-5)。

(3) 幼儿之间互相检测,是否符合三方面的要求。

**4. 活动扩展**

（1）活动变式。在第 2 环节，教师可以引导幼儿比较固定电话与手机号码的不同，也可以比较手机号码的不同，让幼儿充分表达。

（2）环境创设。创设"我们的电话号码"主题板，以统计表的形式展示固定电话和手机号码，引导幼儿按照表格分类摆放电话号码，便于幼儿观察、日常交流。

（3）区域活动。

①益智区：设计 8 位固定电话号码，尝试设计 11 位手机号码。

②娃娃家：引导幼儿观察、了解各种不同的电话号码，如 120、110、119、114 等特殊的电话号码。

（4）日常生活。引导幼儿观察日常生活中的各种数字编码，如车号、邮编、楼号等。

（5）家园共育。请家长指导幼儿在《幼儿用书》第 14 页，记录的电话号码后面用文字或图画的形式记录号码的主人。

## 六、活动反思

活动前在分析教材时我发现，这节活动内容看似简单，但仔细分析还是具有一定的挑战性。活动重点是运用 10 以内的数字设计电话号码，活动难点是能够发现电话号码蕴含的三个规律，并要求幼儿在活动中运用刚发现的三个规律来设计电话号码，这是有一定难度的。因为幼儿的年龄特点是具体形象思维为主，而数字本身比较抽象，要求幼儿在短时间内，兼顾三方面的要求，来完成这项任务，确实具有一定的挑战性。

为了突破活动难点，我运用了分类表格这一教学策略。让幼儿将自己家的电话号码，按照表格上面的提示，将前四位数字一样的号码放在一起，这样便于幼儿操作、观察和比较。并使幼儿能够很好地理解：相同地区电话号码的前几位数字相同这一规律。设计电话号码三个要求中，其他两点相对比较简单，容易理解。对幼儿来说，只有这一点比较难，超出了他们的生活经验，所以，突破这一难点，幼儿就能顺利设计电话号码了。

在活动过程设计方面,我能够体现出幼儿是学习的主体,教师是幼儿学习的合作者、引导者的教育理念。整个活动以幼儿的探究为主线,教师只做到适当引导。通过启发式的提问,引导幼儿发现电话号码中蕴含的三个规律,并运用自己发现的规律设计出电话号码。使幼儿体验到成功的乐趣,感受到数字在生活中的应用。

现今社会是信息的时代,每家每户都有电话,电话号码是幼儿所熟悉的,因此,选择本节活动,从内容上幼儿就比较感兴趣。然后教师根据大班幼儿的思维特点,设计了符合幼儿需求,跳一跳能够到的活动目标,活动内容层层递进,时刻吸引着幼儿的注意力。幼儿一点儿也没有感觉到数学的枯燥,反而对数字中蕴含的奥妙越来越有兴趣,而且更加喜欢数学活动,体验到数学的重要和有趣。

从幼儿设计的电话号码可以看出教学效果较好。十三名幼儿中,九名幼儿能够按照要求完成任务。三名幼儿是在老师或同伴的启发下,对第一次的结果进行了更改,最终明白了其中的奥秘。有一名幼儿在活动结束前也没有明白,同地区的电话号码前四位数要相同的规律。说明活动目标还是适合本班幼儿的发展需求的。

本节活动存在的问题:教师的准备工作不够细致。制作的电话图片,不够美观、逼真。数字后面的磁铁较小,导致从黑板上掉下多次。应该在活动前作几次试验,避免课堂中发生不必要的失误。

操作时对幼儿的观察不够仔细,有个幼儿没明白同地区的电话号码前四位数要相同,教师没有注意到,指导没跟上。

图 6-24-1

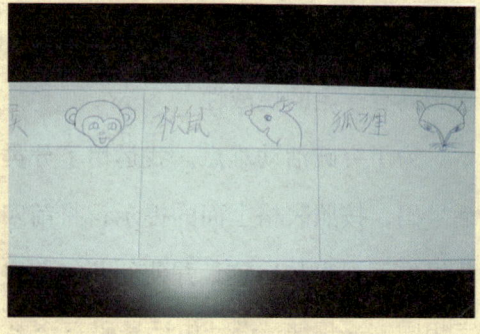

图 6-24-2

图 6-24-3

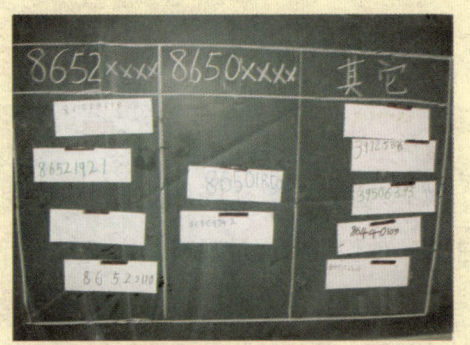

图 6-24-4

图 6-24-5

**活动设计**：大连市甘井子区教育局第三幼儿园　孙冬梅

**活动指导**：大连市甘井子区教育局第三幼儿园　刘巍

（此活动曾获辽宁省教师教育教学能力大赛优秀奖，大连市教师教育教学能力大赛特等奖）

## 案例二十五 量一量

### 一、设计意图

《3~6岁儿童学习与发展指南》中明确指出，5~6岁的幼儿已具有初步的探究能力。他们可以通过观察、比较与分析，发现并描述不同种类物体的特征。能用一定的方法验证自己的猜测。常常会提出"这是什么"、"为什么"、"怎么做"等问题，他们越来越喜欢摆弄和操作，并进行简单的比较、测量、判断等活动，而测量又是幼儿感兴趣的话题。针对这个特点，我选择了既贴近幼儿生活又具备探索意义的信息内容，设计了这次教育活动《量一量》。旨在让幼儿学习用自然测量的方法比较物体的长短，并通过记录、观察、交流，感知测量工具的长短与测量结果的关系，加深幼儿对各种物体量的认识。在设计这节活动时，考虑到本班幼儿的实际能力（以往较多的数学、科学活动都采用记录单的形式进行，他们对记录单的操作很熟练），也为更好地突破活动的难点，我将教材中的两节活动进行了整合，并对教材中的记录单做了调整，在记录单的设计上加深了难度。

### 二、活动目标

初步掌握用自然物正确测量长度的方法，并记录测量结果。

培养幼儿运用工具实践操作的能力。

感知测量工具的长短与测量结果的关系，体验测量的乐趣。

### 三、活动重点、难点

重点：初步掌握用自然物正确测量长度的方法。

难点：感知测量工具的长短与测量结果的关系。

### 四、活动准备

探索材料：

硬纸片、雪糕棍、吸管、筷子、小尺、绳子等。

记录材料：

记录单（见附件）、笔。

## 五、活动过程

### 1. 导入

（1）出示硬纸片，引导幼儿猜想桌子的长短。

教师：裁缝师傅想要给我做桌布，需要知道桌子的尺寸，请小朋友先来猜一猜这张桌子有几个硬纸片长（幼儿通过目测说出各自的猜想结果，见图 6-25-1）？

图 6-25-1

（2）引导幼儿讨论用硬纸片测量裤长的正确方法。

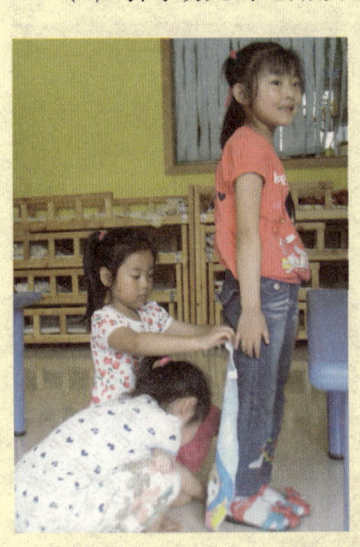

图 6-25-2

教师：小朋友猜测的结果不太一样，怎样才能准确地知道裤子到底有多长？（引导幼儿说出用硬纸片比一比、量一量，见图 6-25-2）

教师：用硬纸片做尺子，怎样量才能保证结果准确？

（3）幼儿进行探索性操作，并总结正确的测量方法。

幼儿用硬纸片测量桌长，并相互观察测量方法是否正确。

教师与幼儿共同总结测量方法：从头开始量，量一下在末尾做一个记号，然后再从这个记号接着量，中间不能留缝隙。量一次数一次，量了多少次就代表桌子有多长。

### 2. 探索

（1）请幼儿观察各种测量工具，引导幼儿比较各种测量工具的长短。为突破难点做好前期铺垫。

教师：说说这里都有哪些测量工具？

教师：这些工具有什么不同？

（幼儿通过观察比较出颜色、材料和长短不同）

（2）教师抓住长短不同的特点，请幼儿为工具排序。

教师：请按照从短到长的顺序为这些工具排序，并用自己喜欢的方式按顺序记录在记录单的第一行（幼儿可以用文字、符号、图画、拼音等方法记录）。

（3）幼儿选择一种或多种物品，运用不同的工具进行测量。教师重点指导测量有困难的幼儿。

教师：仔细观察活动室内的各种物品，每人选择用不同的工具测量同一个物品，将物品记录在记录单的第一列。

教师：请按照测量工具的长短顺序进行测量，将测量结果记录在记录单上。小朋友再想一想还有什么物品可以作为工具进行测量？把想法记录在记录单的思考问号下面（见图6-25-3）。

图6-25-3

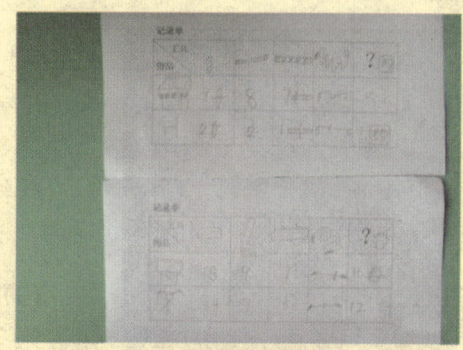

图6-25-4

3. 交流

（1）引导幼儿展示记录单，请幼儿交流自己的测量过程和结果。

（2）教师与幼儿共同观察记录单，引导幼儿发现测量工具的长短与测量结果之间的关系（见图6-25-4）。

教师：请观察你的记录单，看看测量工具与测量结果有什么关系？

教师与幼儿共同总结：同样的物体，测量工具越长，测量得数就越小；测量工具越短，测量得数就越大。

4. 游戏

请小朋友用自己学到的方法量一量他们和老师之间的距离。

教师：请小朋友选择合适的工具，采用适当的方法量一量你和老师之间的距离有多远。

（幼儿采用脚量、步量、绳量、手拉手等方法进行测量，并相互交流，活动自然结束）

教师：小朋友们很聪明，采用脚量、步量、尺量、绳量等方法测量人与人之间的距离，小朋友可以运用我们今天学习的方法量一量家里的物品有多长。

### 5. 活动延伸

（1）丰富区域材料，为幼儿提供丰富充足的物品，让幼儿操作探索，发现学习。

（2）请幼儿将所学方法运用到生活当中，量一量家中物品的长度和家庭成员的身高。

## 六、活动反思

依据《幼儿园教育指导纲要》的指导要点"幼儿的科学教育是科学启蒙教育，重在激发幼儿的认识兴趣和探究欲望"，我做出了这几个环节的安排，并根据本班幼儿的实际能力将教材内容进行了调整。该活动来源于幼儿生活，体现了尊重幼儿的发展、让幼儿成为学习的主动者与活动的主体这一教育思想。我根据幼儿的学习规律，把教学变为一种动态的活动形式、由浅入深、循序渐进，通过猜想到操作再到讨论的形式，掀起一个个高潮。在教学中为幼儿创设宽松的学习环境，给学生提供充分认识数学活动的机会，帮助他们在自主探索、合作交流、动手操作的过程中理解和掌握数学知识与技能，让幼儿在生活中学习，感觉到数学就在身边。

活动设计：大连市沙河口区第三教师幼儿园　孙洁
活动指导：大连市沙河口区第三教师幼儿园　吴娟

（此活动曾获大连市幼儿园教师教育教学评优活动二等奖，2011年辽宁省优秀活动设计一等奖）

## 案例二十六 架小桥

### 一、设计意图

《3-6岁儿童学习与发展指南》中科学领域主张：引导幼儿通过观察、比较、操作、实验等方法，学习发现问题、分析问题和解决问题，帮助幼儿不断积累经验，并运用于新的学习活动，形成受益终身的学习态度和能力。结合大班幼儿对事物有比较判断的能力，为此在本节活动中，通过运用不同的材料，让幼儿学会测量的方法，并将测量的方法运用到生活中。

### 二、活动目标

测量物体的宽窄。

能用不同材料进行测量，并能进行比较物体宽窄。

体验用数学方法解决生活问题的快乐。

### 三、活动重点、难点

重点：学习测量物体的方法。

难点：能用不同材料进行测量，并能进行比较宽窄。

### 四、活动准备

宽窄不同的纸板若干，参照宽度纸条若干，吸管若干。

### 五、活动过程

**1. 游戏**

幼儿分成两组过小桥比赛（小桥一宽一窄，让幼儿感受宽窄的不同）。

教师：今天我们一起来做个"过小桥"的比赛好吗？请小朋友自由选择，分别在红桥和黄桥桥头站好。

（幼儿自然分成两组站好，见图6-26-1、图6-26-2）

教师：请仔细听好游戏规则，一是脚不能掉到桥下，如果掉下，请重新上桥走；二是接力时，回来的幼儿需与下一名幼儿拍手后，下一名幼儿才能上桥。

幼儿：这样的比赛不公平，我们要做一样宽的桥才能比赛。

**2. 架桥**

幼儿分组合作架桥。

教师：老师找来了一些"方砖"来搭桥，请小朋友找到和这个纸条相同宽窄的"方砖"才能搭起一座桥。

教师：咱们还是分成黄队、红队，看看哪组最先搭好桥。

玩法一：幼儿分成 A、B 两大组，通过测量的方法寻找与参照物相同宽度的"砖"，合作架一座长长的桥。

玩法二：改变测量工具，继续架桥。

**3. 游戏**

幼儿分成两组进行过小桥比赛。

教师：这回咱们有了相同宽窄的桥了，咱们可以来一次公平的过桥比赛。

**4. 交流**

幼儿分享、交流游戏中的经验，拓展幼儿生活经验。

## 六、活动反思

数学活动《过小桥》来源于大班幼儿探究性活动课程。在阅读了教材、分析了我班幼儿的实际情况后，我把目标定位在"学习利用工具测量的方法比较物体的宽窄、体验分组游戏的乐趣"上。在活动流程设计上，我分别从体验、讨论、探究、操作等环节进行，在各环节中我能创设一个自由、宽松的环境，并提供丰富的操作材料，我只是以尊重、鼓励、支持的态度与他们探讨交流。在活动中，我能注意观察孩子们的表现和反应，当发现他们的需求后，能以适当的方式去应答，形成了合作探究式的师幼互动。在幼幼互动方面，我注重为孩子创设互动的环境，如将孩子分成两大组，不论创设的环境，还是提供的用具，都需要大家共同使用。在一些问题的设置上也需要同伴合作才能完成，孩子们自觉形成了组内讨论、组内合作的学习模式。本次活动幼儿的积极性充分被调动，他们始终处于积极探究的学习状态，因此取得了良好的学习效果。

图 6-26-1

图 6-26-2

**活动设计**:大连市西岗区教师幼儿园　程杰
**活动指导**:大连市西岗区教师幼儿园　郭冬梅

## 主要参考文献

1. 全国幼师工作协作会组编．幼儿科学教育活动指导．北京：北京师范大学出版社，2002．
2. 倪敏．幼儿园课程与教育活动设计．北京：中国劳动社会保障出版社，2006．
3. 夏力．学前儿童科学教育活动指导．上海：复旦大学出版社，2008．
4. 李桂英．学前儿童心理发展与咨询辅导．北京：经济管理出版社，2012．
5. 王淑华．幼儿园新教师实战培训．大连：辽宁师范大学出版社，2013．
6. 张俊．幼儿园科学教育．北京：人民教育出版社，2004．
7. 刘占兰．幼儿科学教育．北京：北京师范大学出版社，2000．
8. 刘金桂等．幼儿园主题活动案例．福建教育出版社，2004．
9. 幼儿园探究式活动课程编写组．幼儿园探究式活动课程（教师用书）．大连：辽宁师范大学出版社，2010．
10. 王志明．学前儿童科学教育．南京：南京师范大学出版社，2001．
11. 杨爱华．学前教育科学研究．南京：南京师范大学出版社，2001．
12. 施燕．学前儿童科学教育．上海：华东师范大学出版社，1999．
13. 中华人民共和国教育部．幼儿园教育指导纲要（试行），2001．
14. 教育部基础教育司组织编写．幼儿园教育指导纲要（试行）解读．江苏教育出版社，2002．
15. 中华人民共和国教育部．3~6岁儿童学习与发展指南，2012．
16. 鹏燕君．学前儿童科学教育．北京：高等教育出版社，2011．
17. 李云翔，张俏．幼儿园探究式科学教育活动指导．沈阳：辽海出版社，2007．
18. 做中学科学教育实验项目专家组．做中学在中国．北京：教育科学出版社，2004．
19. 王厥轩．幼儿园探索型主题活动案例100例．上海科技教育出版社，2003．